创新型高等教育精品教材

数字经济学

主审 曾 祁
主编 许智科 桂芳昕

航空工业出版社

北京

内 容 提 要

本书立足时代特点,从实用的角度出发,全面系统地阐述了数字经济学的相关理论知识和实践应用,旨在帮助学生理解数字经济的本质,培养数字素养,提高数字技能,以更好地适应数字时代的变革。本书共 7 章,内容涵盖数字经济认知、数字经济的市场特征、数字产业化、产业数字化、企业数字化、数据价值化、数字化治理。

本书结构鲜明,层次清晰,内容新颖,实用性强,案例丰富,通俗易懂,可作为各类院校各专业学生的通用公共课教材,也可供企业管理人员、数字经济从业人员参考使用。

图书在版编目（CIP）数据

数字经济学 / 许智科,桂芳昕主编. -- 北京 : 航空工业出版社,2024.8
 ISBN 978-7-5165-3751-0

Ⅰ．①数… Ⅱ．①许… ②桂… Ⅲ．①信息经济学－高等职业教育－教材 Ⅳ．①F062.5

中国国家版本馆 CIP 数据核字(2024)第 108420 号

数字经济学
Shuzi Jingjixue

航空工业出版社出版发行
（北京市朝阳区京顺路 5 号曙光大厦 C 座四层　100028）
发行部电话：010-85672666　　　010-85672683

北京谊兴印刷有限公司印刷	全国各地新华书店经销
2024 年 8 月第 1 版	2024 年 8 月第 1 次印刷
开本：787×1092　1/16	字数：306 千字
印张：13.25	定价：48.00 元

PREFACE

党的二十大报告明确指出,要加快发展数字经济,促进数字经济和实体经济深度融合,打造具有国际竞争力的数字产业集群。发展数字经济已成为推进中国式现代化的重要驱动力量。

同时,数字经济的发展不仅为大学生提供了多样化的就业选择和广阔的发展空间,而且对大学生的数字素养和创新能力提出了更高的要求。为了助力大学生把握时代脉搏,应对数字经济所带来的各种机遇和挑战,为未来的职业生涯打下坚实的基础,编者在广泛听取数字化人才和企业专家建议的基础上,精心策划和编写了本书。

具体而言,本书具有以下特色。

1 春风化雨,立德树人

党的二十大报告指出:"育人的根本在于立德。"本书有机融入党的二十大精神,积极践行"立德树人"的教育理念,以培养学生正确的世界观、人生观和价值观为己任,设置了"砥砺前行""辉煌中国"特色模块,传承中华优秀传统文化,弘扬科技强国、创新发展、终身学习、绿色低碳环保等主旋律,厚植爱国主义情怀,使学生专业知识、实践能力和综合素养同步提升,以期对学生起到"润物细无声"的教育效果。

2 校企合作,职业引领

本书由一线"双师型"教师合作编写而成,聚焦数字经济学的理论与实践,紧跟时代经济发展的步伐,体例结构设计充分考虑教学大纲要求与企业人才需求,提升了教材的职业属性,强调了内容的实用性和针对性。同时,本书精选案例,并按照学生的认知特点和认知水平精心设计任务实施、项目实训等实践环节,注重技能训练的针对性、实用性和可操作性。

3 理念创新,形式多样

本书切实践行"以学生为主体,以教师为主导,以能力为根本"的教育理念,力求将知识性、实践性、时代性和实用性相结合构建知识体系，内容既系统全面，又重点突出。同时，本书设有"案例精选""知识拓展""提示""课堂讨论"等栏目，以丰富课堂教学，活跃课堂气氛，帮助学生加深对知识的理解，拓宽学生的知识面。

4 数字资源，丰富多彩

本书数字资源丰富，读者可以借助手机或其他移动设备扫描二维码观看相关内容的微课视频，以便更好地理解和掌握本书内容。此外，本书还配有课件、教案等配套教学资源，读者可以登录文旌综合教育平台"文旌课堂"查看和下载。读者在学习过程中有任何疑问，都可以登录该平台寻求帮助。

本书由曾祁担任主审，许智科、桂芳昕担任主编，谭黎君担任副主编。

在本书编写过程中，我们参考了大量的资料并引用了部分文章。这些引用的资料大部分已获原作者授权，但由于部分资料来自网络，我们未能确认出处，也暂时无法联系到原作者。对此，我们深表歉意，并欢迎原作者随时与我们联系，我们将按规定支付稿酬。

由于编者水平有限，书中存在的疏漏或不当之处，敬请广大读者批评指正。

本书配套资源下载网址和联系方式

网址：https://www.wenjingketang.com
电话：400-117-9835
邮箱：book@wenjingketang.com

CONTENTS

项目一 数字经济认知 1

任务一 认识数字经济 2
任务导入 2
一、什么是数字经济 2
二、数字经济的特点 4
三、数字经济的战略布局 6
四、我国数字经济的发展现状 11
任务实施 调研我国数字经济的发展阶段 14

任务二 了解数字经济的相关理论 15
任务导入 15
一、信息经济 15
二、网络经济 16
三、知识经济 19
四、平台经济 20
五、共享经济 23
任务实施 讨论数字经济及其他相关理论 25

项目实训 调研数字经济对日常生活的影响 26
项目考核 27

项目二 数字经济的市场特征 28

任务一 了解网络外部性 29
任务导入 29
一、网络外部性的概念 29
二、网络外部性的类型 29

三、网络外部性影响下的市场法则 ··· 30
　　任务实施　讨论网络外部性与用户选择的关系 ······························ 33

任务二　了解双边市场和平台竞争 ··· 35
　　任务导入 ·· 35
　　一、双边市场 ·· 35
　　二、平台竞争 ·· 39
　　任务实施　分析双边市场中平台的竞争策略 ·································· 43
项目实训　数字经济市场特征的探索与实践 ······································· 44
项目考核 ·· 45

项目三　数字产业化　46

任务一　了解数字产业化的发展条件 ··· 47
　　任务导入 ·· 47
　　一、法律法规和政策的支持 ·· 47
　　二、数字技术及相关基础设施 ·· 48
　　三、数字化人才队伍的建设 ·· 63
　　任务实施　调研某新兴数字技术在日常生活中的应用 ····················· 65

任务二　了解数字产业化的发展现状 ··· 66
　　任务导入 ·· 66
　　一、数字化产业的构成 ··· 66
　　二、数字化产业的整体发展现状 ··· 67
　　三、数字化产业的行业发展现状 ··· 67
　　任务实施　调研我国 5G 产业的发展历程 ···································· 75
项目实训　分析某省（市）某数字化产业发展的条件及现状 ················ 76
项目考核 ·· 77

项目四　产业数字化　78

任务一　了解数字化与产业融合 ··· 79
　　任务导入 ·· 79
　　一、数字化 ··· 79
　　二、产业融合 ·· 79
　　三、数字化推动产业融合 ··· 81
　　任务实施　分析数字化推动产业融合的实例 ·································· 82

任务二　了解传统产业数字化转型发展 ………………………………………… 84
　　任务导入 ………………………………………………………………………… 84
　　一、数字农业 …………………………………………………………………… 84
　　二、数字工业 …………………………………………………………………… 90
　　三、数字服务业 ………………………………………………………………… 96
　　任务实施　调研某一数字服务业的发展现状 ………………………………… 106
项目实训　调研传统产业数字化发展的现状 …………………………………… 107
项目考核 …………………………………………………………………………… 108

项目五　企业数字化　　　　　　　　　　　　　　　　　　　　109

任务一　认识企业数字化转型 ……………………………………………………… 110
　　任务导入 ………………………………………………………………………… 110
　　一、企业数字化转型的模型 …………………………………………………… 110
　　二、企业数字化转型面临的挑战 ……………………………………………… 111
　　三、推动企业数字化转型的对策 ……………………………………………… 113
　　四、企业数字化转型的发展趋势 ……………………………………………… 116
　　任务实施　调研某企业数字化转型之路 ……………………………………… 120
任务二　理解企业数字化转型战略 ………………………………………………… 121
　　任务导入 ………………………………………………………………………… 121
　　一、企业组织形式数字化 ……………………………………………………… 121
　　二、企业人才数字化 …………………………………………………………… 128
　　三、企业生产数字化 …………………………………………………………… 130
　　四、企业营销数字化 …………………………………………………………… 132
　　五、企业供应链数字化 ………………………………………………………… 138
　　任务实施　分析某企业的数字化转型战略 …………………………………… 143
项目实训　调研某地区企业数字化转型的现状 ………………………………… 144
项目考核 …………………………………………………………………………… 145

项目六　数据价值化　　　　　　　　　　　　　　　　　　　　146

任务一　了解数据要素 ……………………………………………………………… 147
　　任务导入 ………………………………………………………………………… 147
　　一、数据要素的概念 …………………………………………………………… 147
　　二、数据要素的特征 …………………………………………………………… 148

三、数据要素的五大议题 …………………………………………………… 149
　　任务实施　讨论数据要素的五大议题 ……………………………………… 152
任务二　理解数据要素价值的释放途径 …………………………………………… 153
　　任务导入 ……………………………………………………………………… 153
　　一、资源：释放数据要素价值的"原材料" ……………………………… 153
　　二、主体：企业和政府双向发力推进数据要素发展 ……………………… 160
　　三、市场：场内外结合推动数据资源最优配置 …………………………… 165
　　四、技术：为数据要素价值释放保驾护航 ………………………………… 169
　　任务实施　讨论数据要素价值的释放途径 ………………………………… 170
项目实训　调研我国数据要素市场的发展现状 ……………………………………… 172
项目考核 …………………………………………………………………………………… 173

项目七　数字化治理　174

任务一　了解数字化治理的内容　175
　　任务导入 ……………………………………………………………………… 175
　　一、用数字技术治理 ………………………………………………………… 175
　　二、对数字技术治理 ………………………………………………………… 187
　　任务实施　调研我国智慧政务的应用情况 ………………………………… 188
任务二　了解数字化治理的问题及发展　189
　　任务导入 ……………………………………………………………………… 189
　　一、数字化治理的问题 ……………………………………………………… 189
　　二、数字化治理的发展 ……………………………………………………… 192
　　任务实施　调研某乡村数字治理的现状 …………………………………… 200
项目实训　调研某省（市）数字治理的现状及发展趋势 …………………………… 202
项目考核 …………………………………………………………………………………… 203

参考文献　204

项目一

数字经济认知

项目导读

随着全球信息化和数字化的加速发展，数字经济成为推动各国经济发展的重要力量和新生动能。世界各国加快数字经济布局，在数字技术与产业、产业数字化、数据要素等领域积极抢抓发展机遇。我国作为数字经济大国，也应顺应信息化、数字化、网络化、智能化的发展趋势，抓住发展机遇，积极应对挑战，推动数字经济的高质量发展，进一步提升我国数字经济的国际竞争力。

知识目标

- 了解什么是数字经济、数字经济的特点、数字经济的战略布局及我国数字经济的发展现状。
- 了解信息经济、网络经济、知识经济、平台经济及共享经济的概念和特点。

技能目标

- 能够认识数字经济。
- 能够了解数字经济的相关理论。

素养目标

- 强化数字意识，提升数字素养。

任务一　认识数字经济

任务导入

数字经济发展速度快、辐射范围广、影响程度深，正推动生产方式、生活方式和治理方式深刻变革，成为重组全球要素资源、重塑全球经济结构、改变全球竞争格局的关键力量。近年来，各国竞相制定数字经济发展战略、出台鼓励政策，以促进数字经济的发展。当代大学生应当对数字经济有整体性的了解和认识，以便在未来的职业生涯中更好地适应和把握数字经济发展的机遇，成为数字经济发展大潮中具有潜力和奋斗精神的新生力量。

一、什么是数字经济

（一）数字经济的概念

数字经济是继农业经济、工业经济之后的一种新的经济社会发展形态。随着移动互联网、大数据、云计算、人工智能等数字技术的快速创新和应用，社会经济数字化程度不断提升，人们对数字经济的认识不断深化，数字经济一词的内涵和外延也在逐渐发生变化。目前，世界各经济组织、权威机构对于数字经济给出了不同的概念，下面简要列举比较权威的数字经济的概念。

2014年，经济合作与开发组织（organization for economic co-operation and development，OECD）将数字经济视为一种广义的数字技术集群，从生态系统视角对数字经济的范围进行了界定。即数字经济是一个由数字技术驱动的、在经济社会领域发生持续数字化转型的生态系统，该生态系统至少包括大数据、物联网、人工智能和区块链。

2016年，二十国集团（group of 20，G20）杭州峰会发布的《二十国集团数字经济发展与合作倡议》中提出，数字经济是指以使用数字化的知识和信息作为关键生产要素、以现代信息网络作为重要载体、以信息通信技术的有效使用作为效率提升和经济结构优化的重要推动力的一系列经济活动。

2022年，国务院发布的《"十四五"数字经济发展规划》中提出，数字经济是以数据资源为关键要素，以现代信息网络为主要载体，以信息通信技术融合应用、全要素数字化转型为重要推动力，促进公平与效率更加统一的新经济形态，如图1-1所示。

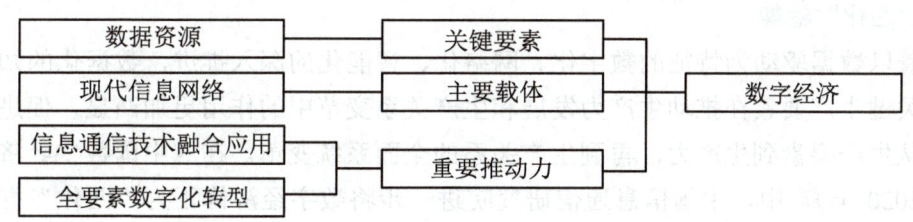

图 1-1　数字经济的概念

（二）数字经济的内涵

数字经济中的"数字"至少有两方面的含义：① 数字技术，包括仍在不断发展的信息网络、信息技术，如大数据、云计算、人工智能、区块链等，这些新技术将极大地提高生产力，扩大经济发展空间，产生新的经济形态，创造新的增量财富，同时也将推动传统产业转型升级，优化产业结构，从传统实体经济向新实体经济转型；② 数字，即数据，数据作为一种新的生产要素，不仅能够提高其他生产要素（如资本、劳动等）的使用效率和质量，而且能够改变经济活动的组织方式，如通过平台化的方式加速资源重组，提升全要素生产率，推动经济增长。

课堂讨论

数字技术在我们日常生活中有着广泛的应用，请列举你所知道的数字技术并讨论其给我们的日常生活所带来的影响。

根据中国信息通信研究院发布的报告，数字经济的发展经历了由"两化"到"三化"，再到"四化"的演化过程。

1. "两化"框架

中国信息通信研究院结合数字经济的发展特点，在《中国数字经济发展白皮书（2017年）》中，从生产力角度提出了数字经济"两化"框架，即"数字产业化"和"产业数字化"。数字产业化，也称为数字经济基础部分，即信息产业，具体业态包括电子信息制造业、信息通信业、软件服务业等；产业数字化，也称为数字经济融合部分，即各行各业应用数字技术而带来的产出增加和效率提升。

2. "三化"框架

数字经济的蓬勃发展，不仅仅推动经济发展质量变革、效率变革、动力变革，更带来政府、组织、企业等治理模式的深刻变化。中国信息通信研究院注意到组织和社会形态的显著变迁，在《中国数字经济发展与就业白皮书（2019年）》中，从生产力和生产关系的角度提出了数字经济"三化"框架，即"数字产业化""产业数字化"和"数字化治理"。数字化治理包括治理模式创新、利用数字技术完善治理体系、提升综合治理能力等。

3. "四化"框架

随着以数据驱动为特征的数字化、网络化、智能化的深入推进，数据化的知识和信息作为关键生产要素在推动生产力发展和生产关系变革中的作用更加凸显，促进经济社会实现从生产要素到生产力，再到生产关系的全面系统变革。在《中国数字经济发展白皮书（2020年）》中，中国信息通信研究院进一步将数字经济修正为"四化"框架，即"数字产业化""产业数字化""数字化治理"和"数据价值化"。数据价值化具体指大数据的开发与利用，包括但不限于数据采集、数据标准、数据确权、数据标注、数据定价、数据交易、数据流转、数据保护等。数字经济的"四化"框架如图1-2所示。

数字产业化	数字化治理
电子信息制造业 电信业 软件和信息技术服务业 互联网行业	多主体参与 数字技术+治理 数字化公共服务
产业数字化	**数据价值化**
数字技术在农业中的边际贡献 数字技术在工业中的边际贡献 数字技术在服务业中的边际贡献	数据采集　数据标准 数据确权　数据标注 数据定价　数据交易 数据流转　数据保护

图1-2　数字经济的"四化"框架

（资料来源：中国信息通信研究院）

总而言之，在数字经济发展中，数字产业化和产业数字化重塑生产力，是数字经济发展的核心；数字化治理引领生产关系深刻变革，是数字经济发展的保障；数据价值化重构生产要素体系，是数字经济发展的基础。

二、数字经济的特点

（一）数据化

人类社会发展的历史经验表明，每一次经济形态的重大变革，往往催生并依赖新的生产要素。正如劳动和土地是农业经济时代主要的生产要素，资本和技术是工业经济时代主要的生产要素，进入数字经济时代，数据正逐渐成为驱动经济社会发展的新的生产要素。一方面，数据具有突出的乘数效应，数据流带动资金流、人才流、物资流，不断突破地域、组织、技术边界，促进资源配置从单点优化向多点优化演进，从局部优化向全局优化演进，从静态优化向动态优化演进，显著提升资源的配置效率和水平。另一方面，数据具备可复制性强、迭代速度快、复用价值高、无限增长和供给等特点，这些特点促使数据规模越大、维度越多，数据的边际价值越大，从而能够打破传统要素有限供给的束缚，为经济高质量发展提供充足的要素支持。因此，数据成为未来企业之间、国家之间竞争的核心资产，是"未来的新石油"。

（二）智能化

智能化是指事物在互联网、大数据、物联网、人工智能等技术支撑下能动地满足人类需求的属性。以 5G、云计算、大数据、人工智能等为代表的数字技术，通过算法让数据处理能力得到指数级的增长，并广泛运用于多个领域。伴随着数字化产业应用规模的不断突破，人工智能产业逐渐发展，智能化水平逐步提高，并且已经开始赋能各行各业的数字化变革与发展。数字技术与实体经济在更大范围、更宽领域、更深层次融合，催生了更多新生产方式、新产业形态、新商业模式和新经济增长点，极大地提升了社会生产力。

（三）平台化

平台成为数字经济时代协调和配置资源的基本经济组织，是价值创造和价值汇聚的核心。一方面，互联网平台新主体快速涌现，商贸、生活、交通、工业等垂直细分领域的平台企业发展迅猛；另一方面，传统企业通过平台实现从线下向线上延伸，获得发展新生机。

平台推动产业组织关系从线性竞争向生态共赢转变。在平台中，价值创造不再单纯强调竞争，而是通过整合产品和服务供给者，并促成他们之间的交易协作和适度竞争，共同创造价值，以应对外部环境的变化。这表明平台在本质上是共建共赢的生态系统。在发展中，平台企业通常广泛采取开放的平台策略，打造生态系统，以增强平台的吸引力和竞争力。

> **提示**
>
> 工业经济时代，传统企业作为价值创造的主体，从上游购买原材料，加工后再向下游出售产成品，这种模式是线性价值创造模式。这些企业的经营目标是打败竞争对手，并从上下游企业中获取更多的利润。

（四）普惠化

数字技术的开放性降低了技术门槛，提供了多样化的服务与产品，使更多普通公民享受到数字基础设施带来的便利，提高了人们的生活水平，同时，为更多人创造了就业与发展的机会。

（五）融合化

数字技术与工艺、知识、流程等的深度融合，引发了多行业系统性、革命性的突破，深刻改变了传统行业的链条环节、业务形态和服务模式，催生出新的消费理念、商业活动和价值空间，为经济增长持续注入源头活水。新兴业态融合性特征日益明显，农业、制造业服务化延伸加快，不同服务业跨界融合成为常态，一、二、三产业边界正在消融。新兴业态通过数字技术实现服务增值和内容增值，智慧课堂、互联网医疗、协同办公、数字娱乐等新兴在线服务日新月异，打造传统行业更多的新属性标签，甚至从根本上改变整个行业的发展生态。

三、数字经济的战略布局

（一）国际组织积极倡导数字经济的发展

自21世纪特别是近10年以来，多个主要国际论坛和组织均将数字经济作为重要议题，在研讨磋商的基础上发表共同倡议和声明，提出了相关国家在数字经济发展方面的战略布局和未来愿景。

1. 世界银行

世界银行一直将数字经济作为帮助发展中国家实现经济增长、减少贫困、增加就业的重要手段。2016年，世界银行在《2016年世界发展报告》中首次系统性阐述了"数字红利"的概念，指出了数字技术的广泛应用所带来的影响，呼吁各国进一步推广数字技术，消除横亘于眼前的数字鸿沟，以确保让更多人平等享受数字革命所带来的红利。2024年，世界银行发布《2023年数字化进展与趋势报告》，未来将每年发布更新报告，以密切衡量国家、地区、全球层面的数字化进展，有助于政策制定者和私营部门把工作重点放在缩小数字鸿沟的关键领域。

知识拓展

数字红利和数字鸿沟

数字红利是指由于数字技术的普及和广泛应用所产生的积极影响和益处。数字鸿沟是指在全球数字化进程中，不同国家、地区、行业、企业、社区、人群之间，由于对信息的拥有程度、数字技术的应用程度及创新能力的差别而造成的信息落差及贫富进一步两极分化的趋势。弥合数字鸿沟，是数字经济时代推动各国尤其是广大发展中国家经济发展的关键，从而让更多的人能够分享到数字红利。

2. 世界经济论坛

为了推动数字经济的健康发展，2016年，世界经济论坛（world economic forum, WEF）联合国际贸易和可持续发展中心（international centre for trade and sustainable development, ICTSD）共同发起"E15项目"，提出将世界贸易组织（world trade organization, WTO）规模扩大到数字经济的范围，开启数字贸易协定的谈判进程，扩大和深化数字贸易议题下的规则合作，政府、企业和非政府组织协同支持数字贸易。随后，世界经济论坛发布

《2016年全球信息技术报告：数字经济时代推动创新》，该报告是世界经济论坛发布的重要年度报告之一，指出了数字经济是"第四次工业革命"框架中不可缺少的一部分。2021年，世界经济论坛发布《面向数据经济的数据交换框架》白皮书，旨在阐明数据交换作为一种数据共享机制如何能够负责任地发挥关键作用，释放数据经济的潜力。

3. 经济合作与发展组织

经济合作与发展组织高度重视数字经济的发展，多年来，分析和阐述数字经济的发展进程和新兴机遇与挑战，并提出了许多新的概念框架与政策建议，影响力广泛。2015年，经济合作与发展组织发布《2015年OECD数字经济展望》报告，认为数字经济的全部潜能尚未实现，鼓励成员国以战略方式发展数字经济。2016年，经济合作与发展组织召开数字经济部长级会议，提出各国政府应迅速行动起来，以帮助人们和企业更加充分地利用网络，并破除数字创新的监管障碍。2017年，经济合作与发展组织发布《2017年OECD数字经济展望》报告，全面概述了数字经济的发展趋势、政策发展、供给侧和需求侧数据，并阐述了数字化转型对当今世界经济和社会产生的影响。2024年，经济合作与发展组织发布《2023年数字教育展望：迈向高效数字教育生态系统》，对经济合作与发展组织国家的数字教育生态系统和治理进行了专题比较分析，以期为各国构建数字教育生态系统和治理提供政策参考。

4. 亚太经合组织

亚太经合组织（Asia-Pacific economic cooperation, APEC）高度重视亚太地区数字经济发展与合作，下设专门的数字经济领导小组，就数字基础设施、数据流动、数字贸易等议题组织成员方展开讨论。2002年，亚太经合组织第十次领导人非正式会议中，成员国通过了《领导人关于执行贸易与数字经济政策的声明》，首次为贸易和数字经济制定了政策框架。2014年，亚太经合组织领导人在北京批准《亚太经合组织经济创新发展、改革与增长共识》，通过《亚太经合组织促进互联网经济合作倡议》，首次将互联网经济引入亚太经合组织合作框架。2017年，亚太经合组织通过《APEC互联网和数字经济路线图》，以促进成员经济体间的技术和政策交流，促进创新、包容和可持续的增长，并弥合亚太地区的"数字鸿沟"。2020年，亚太经合组织通过《2040年亚太经合组织布特拉加亚愿景》，开启亚太经合组织2020年后的合作愿景，其中，在数字经济方面，亚太经合组织成员一致表示，将推动数字经济新业态新模式发展，推动亚太人民和工商界更好地参与和引领数字时代的全球经济发展。

5. 二十国集团

2015年，在安塔利亚峰会上，二十国集团领导人认识到，互联网经济时代给全球经济增长带来的机遇与挑战并存。2016年，在杭州峰会上，二十国集团首次把数字经济纳入议程，探讨共同利用数字机遇、应对挑战，促进数字经济推动经济实现包容性增长和发展。2017年，二十国集团数字经济任务组成立，并提出每年举办一次二十国集团数字经济部长会议。2021年，第五届二十国集团数字经济部长会议以线上线下相结合的方式举行，围绕生产数字化转型、数字经济测度、区块链、智慧城市、数据流动、人工智能等议题展开讨论，会议通过了《数字部长宣言》，各方一致同意将二十国集团数字经济任务组升级为常设工作组。

（二）主要国家积极推进数字经济发展

许多国家较早地认识到数字经济在推动经济发展和社会进步中的关键作用，因此，及时进行了数字经济战略布局，将数字经济作为拉动经济复苏，促进经济增长、提升国家竞争力的重要引擎。

1. 美国

美国是全球最早布局数字经济的国家。20世纪90年代，美国政府公布"国家信息基础设施行动计划"，开始建设"信息高速公路"。1998年，美国商务部发布《浮现中的数字经济》报告，引起了强烈反响。1998年至2003年的6年间除2001年外，美国商务部每年均发布年度数字经济报告，推动了早期数字经济概念的普及，为数字经济的发展打下了坚实的基础。2010年，美国商务部提出"数字国家"概念。在接下来的5年内，美国国家电信和信息管理局联合经济和统计管理局连续发布了6份关于"数字国家"的报告，主要围绕基础设施、互联网、移动互联网等方面进行统计和分析。2015年，美国商务部发布《数字经济议程》，把发展数字经济作为实现繁荣和保持竞争力的关键。2018年，美国商务部发布《数字经济的定义和衡量》，对新时代人们认识和度量数字经济起到了促进作用。

2. 欧盟

1993年，欧盟委员会发布《成长、竞争力与就业白皮书》，首次提出欧洲信息社会具体意见，重点在于加快信息社会的网络基础设施建设。1994年，欧盟委员会提出"欧洲迈向信息社会之路"的行动计划，该项计划的主要目标是加速电信服务产业的自由化，以及整合欧盟有关信息社会方面的相关政策。2000年，欧盟达成并通过了一项关于欧盟10年经济发展的规划，即《里斯本战略》，提出要使欧盟在2010年前成为"以知识为基础、世界上最有活力和竞争力的经济体"。2009年，欧盟相继出台《数字红利战略》和《未来物联网发展战略》，大力推动欧盟数字化进程。2010年，欧盟委员会通过《欧洲2020战略》，提出构建数字化统一市场。2015年，欧盟委员会启动《数字化单一市场战略》，通过采取一系列措施消除法律和监管障碍，增进成员国间的合作与交流。2021年，欧盟委员会发布《2030数字罗盘：欧洲数字十年之路》纲要文件，涵盖了欧盟到2030年实现数字化转型的愿景、目标和途径，为欧盟数字化转型提供了较为全面的指导。

3. 英国

英国政府注重数字经济顶层设计与立法保障，是最早出台数字经济政策的国家。2009年，英国政府发布《数字英国》计划，从国家战略的高度为推进英国社会、经济、文化等方面的数字化进程设立了明确目标,这是数字化战略首次以国家顶层设计的形式出现。2010 年,英国议会通过《数字经济法(2010)》,且该法案获得王室批准,将数字经济的治理范围从传统媒体扩大到互联网和新媒体,并规范了在线版权和互联网域名注册等相关事宜,发展数字经济从此"有法可依"。2013 年,英国政府发布《信息经济战略 2013》,进一步提出了繁荣信息经济,增强国家竞争力的愿景,对政府、企业和个体三方都提出了发展目标。2015 年,英国政府发布《数字经济战略(2015—2018)》,倡导通过数字化创新来驱动经济社会发展,把英国建设成数字强国。2017 年,英国政府发布《英国数字战略 2017》,从连接性、数字技能、数字经济等方面提出了打造"数字英国"的构想,旨在提升国家在数字时代的整体竞争力。同年,英国议会通过《数字经济法(2017)》,且该法案获得王室批准,规定了数字经济中如何构建法律框架并明确监管机构职能等问题,弥补了相关领域的法律空白,有利于减少数字经济发展过程中的不确定性。2022 年,英国政府发布新版《英国数字战略》,旨在通过数字化转型建立更具包容性、竞争力和创新性的数字经济,提升英国在数字标准治理领域的全球领导地位。

> **提示**
>
> 《数字经济法(2017)》拓展了《数字经济法(2010)》所关注的与数字媒体相关的媒体政策问题,对公民所获取的数字化服务提供全面的保护,不仅要求普及和完善数字基础设施,而且进一步深入至网络内容的规制。

4. 德国

为了弥合数字鸿沟,2010 年,德国联邦经济和技术部发布《德国 ICT 战略:数字德国 2015》,将其作为指导德国信息通信技术发展的纲领性文件。2013 年,德国政府提出实施"工业 4.0"战略,旨在推动德国进入以信息物理系统为特征、以智能工厂为具体体现的智能化时代,全面提高德国工业的竞争力。2014 年,德国政府发布《数字议程(2014—2017)》,倡导通过数字化创新驱动经济社会发展,为把德国建设成未来的数字强国部署战略方向。2016 年,德国政府发布《数字化战略 2025》,提出了迈向数字化的 9 项行动计划。2018 年,德国政府发布《建设数字化战略》,提出建设数字化能力、数字化基础设施、数字化转型创新、数字化转型社会和现代国家五大行动领域,强调政府部门各自应对数字化转型的工作重点。2022 年,德国政府发布新的《数字化战略》,同时强调人工智能的主导作用,并致力于开发 6G 技术的潜能。

(三)中国高度重视数字经济发展

中国视数字经济的发展为百年变局的重要组成部分。近年来,我国数字经济政策密集出台,已基本形成比较完善的数字经济顶层设计与细化的地方推进举措相结合的政策体系。数字经济政策部署已成为我国构建现代化产业、市场、治理体系的重要组成部分,成为推进中国式现代化的重要驱动力量。

我国数字经济体系的构建始于 1997 年，自此之后，我国高度重视发展数字经济，将数字经济上升为国家战略，从国家层面部署推动数字经济发展，为我国数字经济的快速腾飞奠定了良好的政策体系基础。党的十八大以来，随着《中华人民共和国国民经济和社会发展第十四个五年规划和 2035 年远景目标纲要》《"十四五"数字经济发展规划》《数字中国建设整体布局规划》等政策的相继出台，我国数字经济顶层战略规划体系渐趋完备。

在国家政策的引导下，各级地方政府将大力发展数字经济作为推动经济高质量发展的重要举措，加快数字经济政策落地实施。部分省市数字经济相关政策如表 1-1 所示。

表 1-1　部分省市数字经济相关政策

地区	发布时间	政策
河北省	2020 年	《河北省数字经济发展规划（2020—2025 年)》
海南省	2020 年	《智慧海南总体方案（2020—2025 年)》
甘肃省	2020 年	《甘肃省"上云用数赋智"行动方案（2020—2025 年)》
浙江省	2020 年	《浙江省数字经济促进条例》
安徽省	2021 年	《安徽省国民经济和社会发展第十四个五年规划和 2035 年远景目标纲要》
福建省	2021 年	《福建省"十四五"制造业高质量发展专项规划》
山东省	2021 年	《山东省"十四五"数字强省建设规划》
辽宁省	2021 年	《数字辽宁发展规划（2.0 版）》
河南省	2021 年	《河南省数字经济促进条例》
陕西省	2022 年	《陕西省加快推进数字经济产业发展实施方案（2021—2025 年)》
江西省	2022 年	《江西省数字政府建设三年行动计划（2022—2024 年)》
江苏省	2022 年	《江苏省数字经济促进条例》
上海市	2022 年	《上海市数字经济发展"十四五"规划》
湖北省	2022 年	《湖北数字经济强省三年行动计划（2022—2024 年)》
北京市	2022 年	《北京市数字经济促进条例》
贵州省	2023 年	《贵州省数字经济发展创新区标准化体系建设规划（2023—2025 年)》
广东省	2023 年	《广东省"数字政府 2.0"建设落实"实体经济为本，制造业当家"工作若干措施》
内蒙古自治区	2023 年	《内蒙古自治区推动数字经济高质量发展工作方案（2023—2025 年)》

四、我国数字经济的发展现状

(一)数字经济持续为国民经济稳增长保驾护航

1. 数字经济整体实现量的合理增长

2022年,我国数字经济规模达到50.2万亿元,同比名义增长10.3%。数字经济占GDP比重达到41.5%,这一比重相当于第二产业占国民经济的比重(2022年,我国第二产业占GDP比重为39.9%),数字经济作为国民经济的重要支柱地位更加凸显。自2012年以来,我国数字经济增速已连续11年显著高于GDP增速,数字经济持续发挥经济"稳定器""加速器"作用。2017—2022年我国数字经济规模如图1-3所示。

全球数字经济发展态势

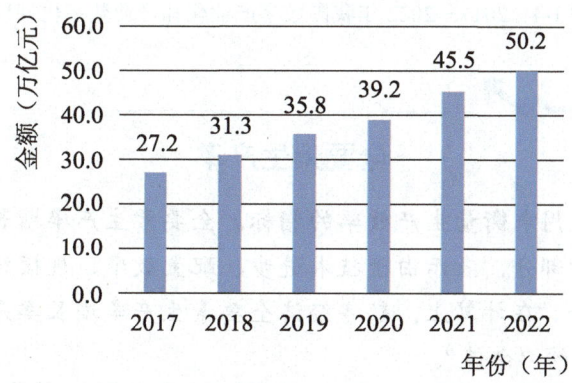

图1-3 2017—2022年我国数字经济规模

2. 数字经济的二八比例结构较为稳定

2022年,我国数字产业化规模达到9.2万亿元,占数字经济比重为18.3%,数字产业化向强基础、重创新、筑优势方向转变;产业数字化规模为41万亿元,占数字经济比重为81.7%,互联网、大数据、人工智能等数字技术更加突出赋能作用,与实体经济深入融合发展,产业数字化探索更加丰富多样,产业数字化对数字经济增长的主引擎作用更加凸显。2017—2022年我国数字产业化和产业数字化规模如图1-4所示。

3. 数字经济全要素生产率稳步提升

从总体看,我国数字经济全要素生产率从2012年的1.66上升至2022年的1.75,提升了0.09,同期国民经济全要素生产率由1.29提升至1.35,仅提升了0.06,数字经济全要素生产率对国民经济生产效率起到了支撑、拉动作用。分产业看,第一产业数字经济全要素生产率平稳发展,由1.03上升至1.04,提升幅度较小;第二产业数字经济全要素生产率10年间整体呈现出先升后降的态势,由2012年的1.65上升至2018年的1.69,随后持续下降至2022年的1.54;第三产业数字经济全要素生产率快速提升,由2012年的

1.70 上升至 2022 年的 1.90，提升幅度最大，成为驱动数字经济全要素生产率增长的关键力量。

图 1-4　2017—2022 年我国数字产业化和产业数字化规模

知识拓展

全要素生产率

全要素生产率是用来衡量生产效率的指标。全要素生产率增长率是产出增长率超过要素投入增长率的部分，表示由于技术进步、配置效率、规模经济、范围经济等带来的产出增长的部分。在计算上，数字经济全要素生产率增长率是除去劳动、资本、土地等要素贡献之后的"余值"。

（二）数字产业化占 GDP 比重创五年来最大增幅

2022 年，数字产业总体保持平稳增长，内部结构趋于稳定。从规模看，2022 年，数字产业化增加值规模达 9.2 万亿元，比 2021 年增长 10.3%，已连续两年增速保持在 10% 以上，数字产业化占 GDP 比重为 7.6%，较 2021 年提升 0.3 个百分点，达到 2018 年以来的最大增幅。

（三）服务业和工业数字化发展促进质的有效提升

新一轮科技革命和产业变革与我国加快转变经济发展方式形成历史性交汇，为我国加快发展数字经济提供重大机遇。2022 年，我国各行各业对数字化转型重要性的认识进一步加深，我国迈入转型发展的深水区，产业数字化转型提速发展。从农业看，数字技术加速向研发、生产、销售等环节渗透，农业数字化生产经营持续取得新进展。从工业看，工业互联网体系化发展全面推进，"5G+工业互联网"发展进入快车道，智能制造推动中国制造高质量发展，工业数字化转型多维度探索成效显现。从服务业看，电子商务在东北和中部地区渗透明显加快，即时零售进一步挖掘现有电商市场潜力，适老化改造推动网络支付向老年群体渗透，服务业数字化向长尾市场寻求突破。第一、二、三产业的数字经济渗透率分别为 10.5%、24.0%和 44.7%，同比分别提升 0.4、1.2 和 1.6 个百分点，第二产业渗透率增幅与第三产业渗透率增幅差距进一步缩小，形成服务业和工业数字化共同驱动的发展格局。

（四）数字化治理中发展能力与规范水平同步提升

我国数字化治理正不断推动治理体系进入优化、升级、重构阶段。2023 年以来，数字经济治理相关制度规则进一步细化完善，提升常态化监管水平成为监管主基调。2022 年，国务院发布《关于加强数字政府建设的指导意见》，明确了数字政府的体系框架，完善了数字政府的建设路径，健全了数字政府的推进机制，数字政府建设进入体系化推进新阶段。我国数字孪生城市正逐渐成为各地智慧城市建设和城市数字化转型的重要探索方向。此外，乡村数字化治理模式不断涌现，乡村智慧应急能力明显增强，信息化成为提高乡村治理水平的重要支撑。

（五）数据基础制度和数据要素市场建设取得突破

2022 年，中共中央、国务院发布《关于构建数据基础制度更好发挥数据要素作用的意见》，这是我国首部从生产要素高度部署数据要素价值释放的国家级专项政策文件，在数据要素价值释放中具有里程碑式的重大意义。数据产权、流通交易、收益分配、安全治理等方面的数据基础制度加快建设，破解数据价值释放过程中的系列难题。同时，数据要素市场建设进程加快，数据产业体系进一步健全，数据确权、定价、交易流通等市场化探索不断涌现。

> **砥砺前行**
>
> 近年来，随着数字技术的迅猛发展，人们的生活足迹已经悄然从现实世界延伸至广阔的虚拟世界。数字技术不再仅仅是学习、工作的辅助工具，而是逐渐演变成影响人们生活态度与行为能力的重要标尺。因此，数字素养的重要性日益凸显，成为衡量社会文明程度、国民素质水平及国家软实力的重要指标。作为身处数字化浪潮前沿的当代大学生，应强化数字意识，提升数字素养，在数字化大变革中抢抓先机，为建设数字中国贡献青春力量。

调研我国数字经济的发展阶段

📋 任务要求

调研我国数字经济的发展阶段,了解我国数字经济的演变历程和各个发展阶段的特点。

📋 任务流程

(1)学生分组:全班学生以 5~8 人为一组进行分组,各组选出一名成员担任本组的组长。

(2)展开调研:每位同学通过在线搜集资料、查阅书籍和文献等方式,调研我国数字经济的发展阶段,以及各个发展阶段的特点。

(3)调研总结:每位同学根据调研情况进行总结,并将表 1-2 填写完整。

表 1-2 我国数字经济的发展阶段及特点

发展阶段	特 点

(4)展开讨论:以小组为单位,讨论下列问题。

① 我国数字经济发展可以划分为哪几个阶段,你的划分依据是什么?

② 当前我国数字经济处于什么发展阶段?这个发展阶段的特点是什么?

📋 任务评价

各组成员按照表 1-3 中的评价标准对每个成员的任务实施完成情况进行自评和互评,并请老师进行评价。

表 1-3　任务评价

评价标准	分值	自评	互评	师评
能按照任务流程完成任务实施活动	25 分			
能积极参与讨论	25 分			
能了解我国数字经济的发展阶段	25 分			
能了解我国数字经济各个发展阶段的特点	25 分			
合计	100 分			
总分=自评（30%）+互评（30%）+师评（40%）				

任务二　了解数字经济的相关理论

数字经济并非一个突然出现的概念，而是随着经济社会发展历程的演变逐渐产生的。从经济社会发展的历程来看，数字经济是信息化、网络化、智能化趋势下的必然产物。同时，数字经济的研究也有着深厚的历史沿革。随着信息技术的不断发展和广泛应用，出现了一些相关理论，如信息经济、网络经济、知识经济、平台经济、共享经济等。当前，数字经济逐渐成为推动经济社会发展的重要力量。在了解数字经济的过程中，我们需要了解并清晰地区分与其密切相关的理论，以便全面、准确地认识数字经济。

一、信息经济

（一）信息经济的概念

20 世纪 40 年代，微电子领域取得重大技术突破，第二代晶体管电子计算机和集成电路得以发明。人类的知识储备和信息处理能力大幅提高，数字技术对经济生活的影响初步显现。1962 年，弗里兹·马克卢普（Fritz Machlup）在《美国知识的生产与分配》一书中首次提出"信息经济"的概念，建立了一套关于信息产业的核算体系，奠定了研究"信息经济"概念的基础。1985 年，保罗·霍肯（Paul Hawken）在《未来的经济》一书中提出信息经济是一种以新技术、新知识和新技能贯穿于整个社会活动的新型经济形式，其根本特征是经济运行过程中信息成分大于物质成分占主导地位，以及信息要素对经济的贡献。20 世纪 90 年代以来，全球范围内拉开了讨论"信息经济"概念及理论体系的序幕。我国学者对信息经济的研究开始于 20 世纪 80 年代，以著名经济学家乌家培为代表的学者于20世纪90年代开始对信息经济进行系统的研究。

中国信息通信研究院发布的《2015中国信息经济研究报告》指出,信息经济是以数字化信息资源为核心生产要素,以信息网络为运行依托,以信息技术为经济增长内生动力,并通过信息技术、信息产品、信息服务与其他领域紧密融合,形成的以信息产业、融合性新兴产业及信息化应用对传统产业产出和效率提升为主要内容的新型经济形态。

目前,比较成熟的研究观点认为信息经济可以从微观和宏观两个角度理解。从宏观经济的角度看,信息经济主要研究信息作为生产要素在经济系统中的运作规律,这种观点与知识经济相通,二者属于同一个范畴;从微观经济的角度看,信息经济所涉及的重点研究内容是分析信息产业和信息产品的特征及信息产业对国民经济的贡献力度,这种观点强调信息经济是信息产业经济。由于信息技术对经济社会的微观领域产生重要影响,因而相当多的专家学者更倾向于认为信息经济在一定程度上主要是指信息产业经济。

(二)信息经济的特点

1. 包含技术经济范式的突破

信息经济包含了技术经济范式的全新突破,全面扩展和深化了人与人、人与物、物与物之间的联系。以互联网为代表的新一代信息技术将人头脑中的隐性知识显性化,将分散的知识系统化,并进一步将抽象的知识和思想转化为具体的物质运动过程,搭建认识世界和改造世界之间的信息桥梁。

2. 经济社会发展形态的更新

信息经济是一种新的经济社会发展形态。具体而言,信息经济就是信息通信技术在经济社会各领域的深度应用。即在信息通信网络泛在连接、广泛普及的基础上,充分发挥互联网等信息技术应用平台优势,推动技术进步、效率提升、组织变革,形成更广泛的以信息为创新要素的经济社会发展新形态。

3. 信息化发展实施路径和手段的创新

信息经济为新时期信息化发展提供了更明确的实施路径和手段。信息经济更侧重移动互联网、云计算、大数据、物联网等新技术在信息化发展中的基础性和创新性应用;更侧重跨企业、跨行业、跨区域的网络化连接和信息流动,打破信息不对称,实现供需精准对接,促进资源高效配置;更侧重平台化的数据聚集和深度应用,构建开放共赢的生态体系,集聚创业智慧,激发创新活力;更侧重跨界融合对推进改革深化、倒逼政府创新、助推社会进步、构建新型生产关系的驱动作用。

二、网络经济

(一)网络经济的概念

与"数字经济"和"信息经济"类似,"网络经济"是一种世界范围内新兴的经济形态。网络经济兴起于 20 世纪 90 年代，经历了 2000 年前后的互联网泡沫之后进入蓬勃发展阶段，并从网络宽带逐渐发展到移动互联网的新阶段。

中国信息通信研究院发布的《2015 中国信息经济研究报告》指出，网络经济又称为互联网经济，是指基于互联网进行资源的生产、分配、交换和消费为主的新形式的经济活动。互联网的广泛应用及电子商务的蓬勃兴起在网络经济的形成和发展过程中发挥了举足轻重的作用。一方面，伴随着互联网的发展，大量新兴行业不断涌现，资源配置进一步优化，互联网构成网络经济不可缺少的一部分；另一方面，电子商务带来虚拟网络交易模式，传统交易活动演变成通过互联网进行的网络交易活动，电子商务构成网络经济的重要组成部分。总而言之，网络经济突出了网络化的特征，并将基于互联网进行的电子商务看作是网络经济的核心内容。

（二）网络经济的特点

1. 快捷性

网络经济具有快捷性的特点。互联网的使用消除了时空差距，把整个世界变成了"地球村"，使地理距离变得无关紧要。首先，互联网极大地削弱了人们对空间的依赖，打破了传统的地域界限，将世界各地紧密连接在一起。在网络上，人们可以不分国家、职业和社会地位，自由地交流、探索。其次，互联网消除了时间对信息传递和经济活动的限制，人们可以在更短的时间内完成信息传输和经济往来。网络经济更是实现了 24 小时不间断地运行，大大减少了时间因素对经济活动的影响。再者，网络经济是一种速度型经济，能够以近乎实时的速度收集、处理和应用信息，从而显著地加快了经济活动的节奏。

2. 高渗透性

随着信息技术和网络技术的迅猛发展，网络经济的高渗透性使得信息服务业迅速向第一、第二产业扩张，导致三大产业之间的界限变得模糊，并呈现出相互融合的趋势。这一变化使得传统的三大产业分类法受到了挑战。为此，学术界提出了"第四产业"的概念，用以涵盖广义的信息产业。信息产业作为网络经济的重要组成部分，已经广泛渗透到传统产业中。对于商业、银行业、传媒业、制造业等传统产业而言，利用信息技术和网络技术，实现产业内部的升级和改造，以面对网络经济带来的机遇和挑战，这已然成为一种必然的选择。信息技术不仅深刻影响了传统行业，更以其高渗透性催生了众多新兴产业，这些产业在技术与应用的交叉点上蓬勃发展，为经济增长注入了新的活力。

3. 自我膨胀性

随着技术的不断进步、用户规模的不断扩大和市场竞争的加剧，网络经济的规模和价值将不断膨胀。这种趋势是网络经济作为一个整体所具备的一种内在动力，也是其能够持续发展和繁荣的关键所在。

互联网的普及和移动设备的广泛应用推动了网络经济用户规模的快速增长。这种增长不仅极大地增加了网络流量和数据量，更为网络经济的多元化和创新提供了源源不断的动力。网络经济用户规模的快速增长促使网络经济的市场规模不断扩大，各种网络产品和服务不断涌现，满足了人们日益增长的需求。在技术创新方面，人工智能、大数据、云计算等前沿技术的不断发展促使网络经济的应用场景不断拓展，提高了网络经济的效率和质量，也带来了更多的商业机会和增长点。随着用户数量的增加，网络经济的价值呈现出指数级增长，这种强大的网络效应进一步增强了网络经济的竞争力，并为其带来了更多的市场份额和利润。

4. 边际效益递增性

边际效益随着生产规模的变化会表现出不同的变化趋势。在工业社会的物质产品的生产过程中，边际效益递减是一种普遍规律，因为传统生产要素，如土地、资本和劳动等，都具有边际成本递增和边际效益递减的特性。相反，网络经济则表现出明显的边际效益递增性。

（1）网络经济的边际成本递减性。信息网络成本主要包括网络建设成本、信息传递成本及信息的收集、处理和制作成本。由于信息网络可以长期使用，并且其建设成本及信息传递成本通常与入网人数无关，因此网络建设和信息传递的边际成本几乎为零，这两部分的平均成本都呈现出明显的递减趋势。而信息的收集、处理和制作成本与入网人数相关，即入网人数增加会导致这部分总成本上升，但其平均成本和边际成本均呈下降趋势。因此，随着入网人数的增加，信息网络的平均成本显著递减，边际成本也缓慢递减，边际效益却呈递增趋势。即网络规模越大，边际效益越高。

（2）网络经济的累积增值性。在网络经济中，对信息的投资不仅能获得常规的投资回报，还能享受信息累积带来的增值回报。这是由于信息网络能够将大量无序的资料、数据和信息按照用户需求进行加工、处理、分析和综合，生成高质量、有序的信息资源，从而为经济决策提供科学依据。此外，信息的使用还具有传递效应，即信息的利用能够带来不断增长的回报。这种传递效应进一步促使网络经济表现出边际效益递增的趋势。

5. 外部经济性

市场交易作为买卖双方基于各自独立决策而达成的契约，其传统意义上仅对缔约双方具有约束力而不涉及或影响其他市场主体的利益。然而，在某些情况下，契约的履行结果却往往影响到除缔约双方之外的第三方（个人或群体）。这些非直接参与契约却又受到其影响的经济主体，我们称之为外部，他们所受到的影响即为外部效应。

外部效应可以表现为积极的一面，即外部经济性，也可以表现为消极的一面，即外部非经济性。网络通过形成自我增强的虚拟循环，使得其价值的增长呈现出螺旋上升的趋势。每当有新的用户加入网络，其带来的价值不仅提升了整个网络的价值，同时也进一步增强了网络的吸引力，从而吸引更多的用户加入。这种正反馈机制使得网络经济中的外部效应主要体现为外部经济性。

6. 直接性

随着网络技术的迅猛发展，经济组织结构正逐渐趋向扁平化。网络使得生产者与消费者之间能够直接建立联系，大大削弱了传统中间商层次存在的必要性。这种直接联系的模式不仅降低了交易成本，还提高了经济效益。信息网络化的发展正在逐渐重构信息流、物流、资本流之间的关系，压缩甚至消除不必要的中间环节，优化资源配置，提高经济运行效率。

三、知识经济

（一）知识经济的概念

20世纪90年代，联合国的研究机构第一次正式提出知识经济的概念。1996年，经济合作与发展组织在年度报告《以知识为基础的经济》中提出，知识经济是以知识为基础的经济，直接依赖于知识和信息的生产、传播和应用。从生产要素的角度看，知识要素对经济增长的贡献高于土地、劳动、资本等要素。因而知识经济是一种以知识为基础要素和增长驱动器的经济模式。特别是随着现代信息和通信技术的发展，知识和信息的传播和应用达到了空前的规模，知识对经济增长的影响更加明显，已成为提高劳动生产率和实现经济增长的重要引擎。

知识经济、信息经济、网络经济和数字经济的关系

知识经济、信息经济、网络经济和数字经济之间存在差异。知识经济强调知识作为要素在经济发展中的作用；信息经济强调信息技术相关产业对经济增长的影响；网络经济强调以互联网进行资源分配、生产、交换和消费为主的经济活动；数字经济则突出表现为整个经济领域的数字化。

"知识经济——信息经济、网络经济——数字经济"之间也存在内在联系，都是新兴的经济形态，它们之间的关系表现为"基础内容——催化中介——结果形式"。知识的不断积累是当今世界变化的基础；信息产业、网络经济的蓬勃发展是当代社会发生根本变化的催化剂；数字经济是社会经济发展的必然结果和表现形式。

（二）知识经济的特点

1. 知识与创新成为核心驱动力

知识经济时代，知识与创新成为经济增长的主要源泉。知识的创造、传播和应用成为推动经济发展的核心动力，而创新则是实现知识价值转化的关键手段。在这一背景下，知识和创新能力的竞争成为国际竞争的重要内容。

2. 高度依赖信息化和网络化技术

信息技术的迅猛发展和广泛应用，为知识的传播、共享和创新提供了便捷的工具和平台。网络成为知识经济发展的重要载体，通过网络化技术，人们可以打破时空限制，实现全球范围内的知识交流和合作。

3. 产业结构优化升级

知识经济时代，产业结构发生了深刻的变化。知识密集型产业成为主导产业，信息技术、生物技术、新材料等高新技术产业得到快速发展。同时，传统产业也在向高技术、高附加值产业转型升级，通过技术创新和知识应用提升产业竞争力。

4. 无形资本的重要性凸显

与传统经济形态相比，知识经济更加注重无形资本的价值。知识、技能、专利等无形资本在经济发展中的地位日益凸显，成为推动经济增长的重要力量。这些无形资本不仅具有较高的附加值，而且能够为企业带来长期的竞争优势。

5. 全球化与开放性特征明显

知识经济促进了全球范围内的知识交流和技术合作，推动了经济的全球化和开放性。跨国公司在全球范围内配置资源、开展研发和创新活动，形成了全球性的知识创新网络。同时，国际的知识交流和技术合作也日益频繁，共同推动了全球经济的发展。

6. 人才资源成为关键要素

在知识经济时代，人才资源成为推动经济发展的关键要素。高素质的人才队伍是知识创新和技术进步的基础，也是企业提升竞争力的重要保障。因此，培养和吸引优秀人才成为各国经济发展的重要战略。

7. 政策环境对知识经济发展具有重要影响

政府通过制定优惠政策、加大研发投入、建设创新平台等措施，为知识经济的发展提供良好的政策环境。同时，政府还通过完善知识产权保护制度、推动产学研合作等方式，促进知识的创造和应用，推动知识经济的创新发展。

四、平台经济

（一）平台经济的概念

20 世纪 90 年代末以来，我国平台经济实现孕育起步，一批网络平台企业迅速壮大，国际影响力逐步增强。同时，平台经济不断涌现新业态，由互联网应用为主的单一模式向电子商务、在线医疗、在线出行、在线教育等各领域延伸渗透，行业渗透边界不断拓展。2021 年，国务院反垄断委员会制定发布《国务院反垄断委员会关于平台经济领域的反垄断指南》，该指南将平台定义为互联网平台，即通过网络信息技术，使相互依赖的双边或者多边主体在特定载体提供的规则下交互，以此共同创造价值的商业组织形态。中国信息通信研究院发布的《中国数字经济发展白皮书（2020 年）》指出，平台经济是以平台企业为核心，通过汇聚整合多类市场主体和资源，围绕数字化平台组织起来的新模式新业态，构成现代意义上的平台经济。当前，平台经济已与国民经济深度融合，正深刻影响我国生产制造的全流程、全产业链、全生命周期，成为推动我国产业降本增效、迈向中高端的关键支撑。

（二）平台经济的特点

1. 规模经济效应

传统产业集中度不高，多数产业中会有数家甚至数十家企业共同竞争。相比之下，平台经济因其经营不受地域、时间及自然资源等因素的限制，具备显著的规模经济效应。领先的平台企业凭借积累的大数据优势，能够迅速确立市场领先地位，形成进入壁垒，从而有效抑制后发企业的进入与发展。

平台经济的集聚效应与规模效应，使得庞大的长尾利基商品也能通过满足少数人的需求而带来极大的收益，即平台经济也表现出长尾效应。

  知识拓展

长尾效应

长尾效应是指那些原来不受到重视的销量小但种类多的产品或服务由于总量巨大，累积起来的总收益超过主流产品的现象。

2. 范围经济效应

范围经济效应是指由企业的经营范围而非规模所带来的经济效应，即企业同时经营多种产品的总成本低于分别经营各个产品的成本之和。在平台经济中，范围经济效应得到了尤为突出的体现，平台企业发展到一定阶段时，可以充分利用其现有设备、渠道和技术能力，增加一些产品种类，满足用户多样化的需求，进一步提高用户黏性和活跃度，实现产品平均成本的降低，从而提高经济效益。

3. 双边网络外部性

平台经济具有双边网络外部性的特点。双边网络外部性是指平台一侧用户的数量对另一侧用户价值的影响。双边网络外部性对市场的吸引力具有显著影响。例如，在网络购物平台里，卖方数量的增加，会使买方拥有更多的选择，从而吸引更多的买方加入平台；同样，买方的活跃参与也会吸引更多的卖方加入平台，从而形成了典型的正外部性循环。这种双边网络外部性不仅增强了平台的活跃度，也提升了平台的整体价值。

4. 双（多）边市场

平台上的众多参与者拥有清晰的分工。平台运营商负责整合社会资源和吸引合作伙伴，通过优化交易环境、提升服务质量，不断扩大用户规模，并使得各参与方能够从中受益；消费者可以在平台上找到丰富多样的商品或服务，满足自身需求；商家则能够通过平台拓展销售渠道，提高品牌知名度。随着用户规模的扩大，平台的价值和用户价值也得以实现最大化。

5. 大数据分析

平台本身不是一个新事物，但由于新技术的应用，数字平台突破了传统平台面临的地域、时间、交易规模、信息沟通等方面的约束，获得了全新的规模、内涵、效率和影响力。数字平台与传统平台相比，最为显著的特点体现在其规模、速度及数据处理能力上。首先，从规模上看，数字平台具有前所未有的扩展能力。通过云计算、大数据等技术的支持，数字平台能够轻松容纳数以亿计的用户和数据量，实现服务的广泛覆盖。其次，数字平台在速度上具备显著优势。传统的信息传输和处理方式往往受限于物理条件，而数字平台则利用高速的网络连接和先进的算法，实现了信息的实时传递和快速处理，极大地提高了工作效率。此外，数据处理是数字平台的又一核心优势。数字平台能够收集、分析、整合大量的数据资源，从中提取有价值的信息，从而为决策提供有力的支持。

正是这些突出的特点，使得数字平台在信息的传送、收集、分析和使用等方面拥有巨大的优势，从而为用户提供更加便捷、高效的服务，还能够通过深度挖掘数据价值，帮助商家实现更加精准和个性化的服务。

案例精选

京东商智——让数据启发你的想象力

京东商智是京东为商家提供的大数据分析工具。它可利用丰富的运营数据提升运营效率，还可提供多维度行业竞争数据，刻画行业趋势，洞察消费特征，辅助运营决策。

（1）即刻洞察实时数据。显示实时销售数据、流量数据，便于商家精准把握任务进度。显示实时商品明细和实时成交转化率，便于商家拆分细节，发现问题。"大促"时期，实时分享大屏数据，提升运营士气，烘托"大促"气氛。

（2）深度解析流量明细。细分流量来源去向，全面覆盖付费免费流量，提供丰富的流量数量、质量、转化指标，支持商家评估引流效果。提供搜索排名服务，支持商家获取更准确的原始排名。

（3）全面分析商品表现。提供全方位的商品表现数据，如流量、销量、关注、加购和评价等，深度解读单品流量来源、客户画像等内容，助力商品运营。

（4）深度挖掘交易转化。全面汇总订单明细、下单转化漏斗等数据，多维度剖析交易构成，为客户制订营销策略提供合理的科学理论依据。

（5）多维解读行业态势。全面开放类目、品牌、属性、客户数据，实时掌握行业特征，多维解读行业数据，实时了解行业动态，跟踪 TOP 商家商品的运营进展，洞察行业客户的消费需求，为商家运营决策提供更全面的数据支持。

（6）全程跟踪竞争对手。全程跟踪竞店竞品的核心数据，便于商家知己知彼，良性角逐，洞悉流失问题，实现精细化运营。

五、共享经济

（一）共享经济的概念

共享经济也称为分享经济。共享经济理念与实践起步于西方发达国家，21 世纪初引入国内。近年来，我国共享经济商业模式不断发展成熟。自 2016 年《中华人民共和国国民经济和社会发展第十三个五年规划纲要》首次提出"共享经济"概念以来，我国政府不断助推共享经济的发展。2022 年 10 月 12 日，共享经济行业领域首个国家标准 GB/T 41836-2022《共享经济 指导原则与基本框架》正式发布。该标准界定了共享经济的定义，即共享经济是指资源供给者通过平台与资源使用者进行资源共享的经济模式，交易标的仅涉及被交易资源的分时使用权，而不涉及其所有权。

我国共享经济发展态势

共享经济的出现，对传统商业模式提出了颠覆性挑战，其参与者包括资源供给者、资源使用者及平台运营者等。共享经济的商业模式是通过平台将资源供给者提供的可共享的资源，与资源使用者的需求相匹配，并扩大资源使用者对资源和交易方式的选择范围，从而实现资源的更优配置。共享经济基础框架如图 1-5 所示。

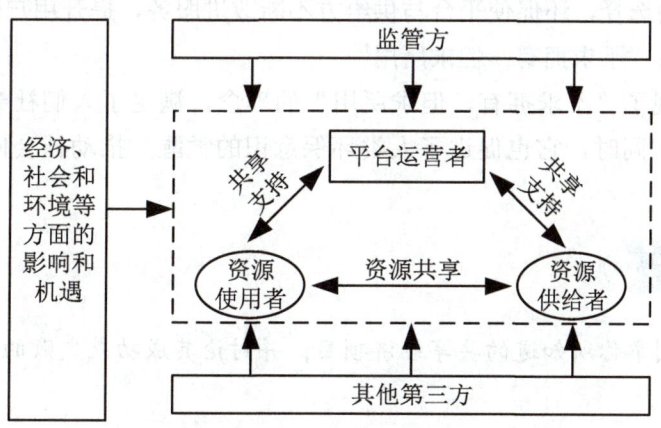

图 1-5 共享经济基础框架

（二）共享经济的特点

1．技术特征：基于互联网平台

互联网尤其是智能终端的迅速普及，使得海量的供给方与需求方得以迅速建立联系。互联网平台并不直接提供产品或服务，而是将参与者连接起来，提供即时、便捷、高效的技术支持、信息服务和信用保障。离开互联网，现代意义上的共享经济将不复存在。

2．主体特征：大众参与

共享经济的发展离不开大众的广泛参与。互联网平台的开放性使得普通个体能够很方便地参与到共享经济中来。同时，共享经济属于典型的双边市场，即供需双方通过平台进行交易，一方参与者越多，另一方参与者得到的收益越大，两个群体相互吸引，相互促进，双边网络外部性得到进一步放大。

3．客体特征：资源要素的快速流动与高效配置

现实世界的资源有限，但资源闲置与浪费现象普遍存在。共享经济通过互联网平台，将这些海量、分散、闲置的资源整合起来，实现其最大化利用。共享经济让空闲的车座、房间、设备、时间等资源得到充分利用，满足个体多样化的需求，实现"稀缺中的富足"。

4．行为特征：权属关系的新变化

一般而言，共享经济通过所有权与使用权的分离，采用以租代售、以租代买等方式，让渡或获得产品或服务的部分使用权，实现资源利用效率的最大化。随着共享经济的发展，股权众筹等业态的出现已经涉及所有权的分享。

5．效果特征：用户体验最佳

在信息技术的推动下，共享经济极大地降低了交易成本，提供了快速、便捷、低成本且多样化的服务，满足了用户的个性化需求。用户评价的及时反馈与公开透明，不仅影响了其他用户的选择，还促使平台与供给方不断改进服务，提升用户体验。

6．文化特征："不求拥有，但求所用"

共享经济体现了"不求拥有，但求所用"的理念，满足了人们社会化交往、分享和自我实现的需求。同时，它也促进了人类环保意识的觉醒，推动社会向更加绿色、可持续的方向发展。

课堂讨论

列举你所知道的共享经济项目，并讨论其成功或失败的原因。

讨论数字经济及其他相关理论

■ 任务要求

讨论数字经济及其他相关理论的定义和特点,了解不同理论之间的联系和区别。

■ 任务流程

(1)学生分组:全班学生以 5~8 人为一组进行分组,各组选出一名成员担任本组的组长。

(2)展开讨论:各组通过学习本任务内容、搜集相关理论信息,讨论数字经济及其他相关理论的概念和特点,分析不同理论之间的联系和区别。

(3)进行总结:每位同学根据讨论结果进行总结,并将表 1-4 填写完整。

表 1-4　数字经济及其他相关理论对比表

相关理论	概　念	特　点	联　系	区　别
数字经济				
信息经济				
网络经济				
知识经济				

表 1-4（续）

相关理论	概　念	特　点	联　系	区　别
平台经济				
共享经济				

任务评价

各组成员按照表 1-5 中的评价标准对每个成员的任务实施完成情况进行自评和互评，并请老师进行评价。

表 1-5　任务评价

评价标准	分　值	自　评	互　评	师　评
能按照任务流程完成任务实施活动	25 分			
能积极参与讨论	25 分			
能了解数字经济及其他相关理论的概念和特点	25 分			
能了解不同理论之间的联系和区别	25 分			
合计	100 分			
总分=自评（30%）+互评（30%）+师评（40%）				

项目实训

调研数字经济对日常生活的影响

"双 11"看直播抢货、通过视频会议在线讨论下一步工作计划、在商场询问智能机器人"哪里有好吃的"、回家前先请"智能管家"打开电饭煲煮饭……随着数字社会新形态的图景展开，我们的生活正在被重构，人们的思维方式和生活方式也正经历着前所未有的变革。这是一场技术变革，更是一种时代更迭。

请你选取一个日常生活中与数字经济相关的具体场景，深入思考数字经济对人们日常生活的影响，探索如何更好地拥抱和适应数字经济时代的新生活，具体要求如下。

（1）搜集相关资料，选取一个日常生活中与数字经济相关的具体场景，如购物、出行、娱乐、学习等方面。

（2）展开调研，通过在线搜集资料、访谈、发布调查问卷、查阅文献等方式调研所选生活场景在数字经济影响下的具体变化，并分析这些变化对人们的日常生活带来了哪些影响。

（3）汇总调研情况，分析所选生活场景在数字经济影响下的变化对人们的日常生活所带来的影响，并将表 1-6 填写完整。

表 1-6　数字经济对日常生活的影响

生活场景	
生活场景在数字经济影响下的具体变化	
这些变化对人们日常生活的影响	

（4）撰写调研报告，详细阐述所选生活场景在数字经济影响下的具体变化（如提升便捷性、提高效率、增加个性化服务等），并分析这些变化对人们的日常生活带来了哪些影响（如思维方式的变化、消费习惯的变化、娱乐方式的多样化、学习方式的创新等）。

项目考核

（1）简述你所在省份发展数字经济的顶层设计，并阐述其数字经济的发展方向。
（2）根据我国数字经济的发展现状，总结我国数字经济的发展特点。
（3）举例说明平台经济在现实中的应用。
（4）你认为知识经济、信息经济、网络经济和数字经济有何区别？
（5）列举几个与数字经济相关的就业岗位及其需要掌握的技能。

项目二

数字经济的市场特征

项目导读 ▶▶

相较于传统经济市场，数字经济市场具有网络外部性、双边市场和平台竞争等市场特征。网络外部性表现为随着某产品用户数量的增加会使每个用户从该产品获得的效用增加，双边市场通过连接双边用户群体，实现价值创造，而平台之间的竞争则促进了创新和服务质量的提升。在这些特征的共同作用下，数字经济市场展现出更高的效率和更强的竞争力，成为推动全球经济发展的重要力量。

知识目标 ▶▶

- 了解网络外部性的概念和类型，理解网络外部性影响下的市场法则。
- 了解双边市场和平台竞争。

技能目标 ▶▶

- 能够基于网络外部性影响下的市场法则帮助企业做决策。
- 能够分析双边市场的特点和制订平台竞争策略。

素养目标 ▶▶

- 不忘初心，坚持准则，树立诚信品质，践行诚信理念。

项目二　数字经济的市场特征

任务一　了解网络外部性

在数字经济中，网络外部性的存在使得产品或服务的价值、网络价值随着用户规模的增长而增加。在存在网络外部性的情况下，网络外部性与用户选择、企业定价和市场垄断之间存在着相互影响的关系。深入理解网络外部性与用户选择、企业定价和市场垄断之间的关系，有助于企业把握市场规律，优化经营策略，提升竞争力。

一、网络外部性的概念

网络外部性是数字经济中的一个重要概念，可以从不同的角度来理解。迈克尔·L.卡兹（Michael L. Katz）和卡尔·夏皮罗（Carl Shapiro）于1985年对网络外部性的现象进行了深入的分析和探讨后给出了网络外部性的概念：网络外部性是指当某一产品的用户数量增加时，每个用户消费该产品所获得的效用增量。

例如，支付宝最初作为一种电子商务支付工具，主要提供网上购物支付服务，随着用户的逐渐增加，其提供的服务越来越丰富，极大地满足了用户的需求，支付宝的价值越来越大，用户所获得的效用也会增加。

> **提示**
>
> 简单地讲，网络外部性，又称网络效应，是指一个网络的价值随着用户数量的增加而增加的现象。

二、网络外部性的类型

从 Michael L. Katz 和 Carl Shapiro 所给出的网络外部性的概念考虑，网络外部性按照其来源，可以分为以下两种类型。

（一）直接的网络外部性

直接的网络外部性是指当某一产品或服务的用户数量增加时，会直接提高每个用户从该产品或服务中获得的效用（满足感、价值或收益）。

例如，学习者购买了某在线学习平台的网络课程，随着该在线学习平台用户数量的增加，学习者可以访问更多的学习资源，参与更多的学习社区活动，从而获得更广泛的知识和技能。

（二）间接的网络外部性

间接的网络外部性是指当一个产品或服务的用户数量增加时，会带动与该产品或服务相关的互补品或服务的需求增加，从而间接提高用户从该产品或服务中获得的效用。

例如，随着参与网络购物活动的用户数量的增加，市场对物流服务的需求也随之增加。为了满足这一需求，市场不断优化物流配送体系，提高物流效率。这种物流服务的提升，使得用户可以更快速、更便捷地收到自己购买的商品，从而间接提高了用户从网络购物活动中获得的效用。

三、网络外部性影响下的市场法则

（一）网络外部性与用户选择

在存在网络外部性的情况下，网络外部性与用户选择之间存在着密切的相互影响的关系。

1. 网络外部性对用户选择的影响

（1）网络规模效应与用户偏好。

网络外部性通常表现为正向规模效应，即用户基数越大，网络的整体价值越高。用户在选择产品或服务时，会倾向于加入用户基数大、活跃度高的网络平台，因为这样的平台能提供更广泛的连接、更丰富的内容、更多的交易机会或更佳的社交体验。平台随着更多用户的加入，自身的网络价值将进一步提升。

（2）锁定效应与用户黏性。

网络外部性可能导致用户对某一平台产生依赖感，形成锁定效应。例如，某个互联网平台凭借其先进入某一市场的机会，通过价格优势、产品或服务优势，迅速聚集用户群体，使用户对其产生依赖感，并通过不断的技术创新和用户体验优化，进一步巩固其市场地位。在这个过程中，随着用户的聚集和其对平台的依赖性，就形成了用户黏性。而后进入市场的平台则因为需要克服用户黏性，面临更大的市场挑战。

锁定效应

锁定效应是指在技术、市场或文化等领域，一旦某种状态或路径被选定，就会在后续的发展中自我强化，使得这种状态或路径难以被其他替代品所替代的现象。

（3）标准化与兼容性。

在存在多种标准或协议竞争的领域（如通信技术、软件平台等），网络外部性会影响用户对标准的选择。用户倾向于选择那些具有广泛兼容性、能够与更多其他用户无缝对接的标准，以最大化享受网络外部性带来的好处。标准的统一有利于形成大规模网络，降低用户间的沟通成本和交易成本。

（4）口碑传播与群体影响。

用户的选择行为在一定程度上受到他人行为的影响。即用户在做出选择时，不仅会考虑产品或服务本身的特性，还会关注其他用户的评价、推荐和使用情况。网络外部性强化了用户间的信息传递和口碑效应。在高度网络化的环境中，正面的反馈可以迅速传播，吸引更多用户加入；反之，负面的反馈也可能引发用户流失。

（5）创新接纳与先驱客户。

对于具有创新性质的产品或服务而言，早期用户会基于对其潜在网络外部性的预期而率先尝试。即如果预期产品或服务的市场价值将随着用户增长而显著提升，则这些早期用户愿意承担一定的风险，成为"先驱者"。他们的选择可能会促使这种潜在的网络外部性变成现实，吸引更多的后续用户，从而进一步提高产品或服务的市场接纳程度。

2. 用户选择对网络外部性的影响

（1）用户基数增长与网络价值提升。

当用户基于网络外部性的预期选择加入某一网络时，他们的加入直接增加了该网络的用户基数，提升了该网络的整体价值，使得该网络的现有用户享受到更多的连接、信息、交易机会或更佳的社交体验。用户的这种选择行为会吸引更多其他用户加入该网络，进一步强化网络外部性。

（2）用户流失与网络价值衰减。

如果用户因不满服务质量、竞争对手吸引力增强、个人需求变化等原因选择离开某一网络，会导致该网络用户基数减少。用户的这种选择行为会对网络外部性产生消极的影响，若不及时采取措施改善，可能会导致该网络的萎缩。

（3）用户需求与网络创新。

市场竞争会驱动网络的创新与发展，有助于网络不断优化，保持其网络外部性优势。而创新的解决方案如果能够有效提升网络性能、增强用户间互动或解决网络痛点，则可以吸引新用户并保留现有用户，从而进一步增强网络外部性。

（4）用户选择的多元化与网络多样性。

用户选择的多元化有助于形成多样化的网络社群，丰富网络内容和功能，满足不同用户群体的需求。多元化的用户基础可以增强网络的包容性和适应性，吸引更广泛的用户群体，进一步扩大网络规模，强化网络外部性。用户选择的多元化趋势对网络的长期发展和网络外部性的持续增强具有积极意义。

（5）用户参与与网络社区建设。

用户积极参与网络社区的建设，如贡献内容、参与治理、提供反馈等，可以增强网络的凝聚力和归属感，提高用户留存率。健康的网络社区氛围和高用户参与度可以吸引新用户加入，提升网络社区的整体价值，增强网络外部性。

（二）网络外部性与企业定价

在存在网络外部性的情况下，网络外部性对企业定价有着重要的影响，而企业定价也会反过来影响网络外部性的产生和传播。

1. 网络外部性对企业定价的影响

（1）渗透定价策略。

网络外部性促使企业在产品进入市场初期采用渗透定价策略，即设定较低的价格以快速吸引用户。这是因为初期低价策略有助于企业快速扩大用户基础，随着使用该产品的用户数量增加，每个用户从中获得的效用随之增加，即产生网络外部性，从而进一步帮助企业扩大市场份额。

（2）分级定价策略。

分级定价策略，是指企业在制定价格时，把同类产品分成几个等级，不同等级的产品，其价格有所不同。采用分级定价策略，能够帮助企业吸引不同的用户群体，扩大用户基数，产生网络外部性。

（3）动态定价策略。

由于网络外部性的存在，企业可以采用动态定价策略。例如，当产品用户数量增加且产品不断引入新功能或服务时，企业可以适当提高产品价格；当产品用户数量增长速度放缓时，企业可以降价促销，以维持产品的竞争力和吸引力。

2. 企业定价对网络外部性的影响

（1）对用户基础规模的影响。

企业定价会影响用户规模。较低的价格可以迅速扩大用户基数，增强网络外部性。反之，高价策略可能会限制用户增长，减弱网络外部性。

（2）对用户留存与流失的影响。

高流失率会减弱网络外部性，而稳定的用户群则持续增强网络外部性。合理定价能提高用户满意度和忠诚度，减少用户流失，这对于维护网络外部性至关重要。

3. 网络外部性影响下常见的企业定价策略

（1）需求导向定价。

对于具有网络外部性的产品，消费者对产品的需求受到该产品用户数量的影响，随着产品用户数量的增加，每位用户消费该产品所获得的效用也随之增加，进而刺激消费者对该产品的需求。企业可以根据市场需求和消费者对该产品的预期价值来设定价格，以满足消费者对产品的需求。

（2）成本导向定价。

网络外部性将企业自身的利益与用户利益绑定在一起，随着用户的聚集，容易形成规模效应和用户黏性，使企业能够在生产、研发和运营等方面实现成本节约。因此，企业可以降低产品价格，以吸引更多消费者购买本企业产品，从而进一步提高市场份额。

（3）竞争导向定价。

网络外部性使企业更加关注自身在市场中的竞争地位及市场份额，因此，企业定价时需要更多地关注竞争对手的定价策略。企业应根据市场竞争态势，结合自身优势和劣势，制订合适的价格策略。例如，在竞争激烈的市场中，企业可以通过差异化定价和创新产品功能来吸引消费者，提高市场竞争力。

大数据"杀熟"

 知识拓展

差异化定价

差异化定价策略是指企业根据产品或服务的特性及客户需求的不同而制订不同价格的策略。差异化定价策略有助于企业更好地满足市场需求，提高市场份额和利润。

（三）网络外部性与市场垄断

在存在网络外部性的情况下，网络外部性与市场垄断之间存在着相互影响的关系。

1. 网络外部性对市场垄断的影响

网络外部性可能会使市场上拥有大量用户的企业通过积累用户数据、优化服务吸引更多用户，并增加用户黏性而形成市场垄断。

2. 市场垄断对网络外部性的影响

市场垄断者往往会采取各种手段限制其他竞争者的进入，以保护其市场份额和垄断利润，使新进入者面临更高的进入壁垒，限制了其他竞争者利用网络外部性，从而阻碍了市场经济的良性竞争与发展。

讨论网络外部性与用户选择的关系

 任务要求

讨论网络外部性与用户选择的关系，理解数字经济市场网络外部性的相关理论及网络外部性对日常生活的影响。

任务流程

（1）学生分组：全班学生以5～8人为一组进行分组，各组选出一名成员担任本组的组长。

（2）展开讨论：各组通过学习本任务内容、搜集网络外部性的相关理论，选择日常生活中的场景（如在线学习、在线购物、交通出行等）作为分析对象，讨论网络外部性与用户选择的关系，分析网络外部性对日常生活的影响。

（3）进行总结：每位同学根据讨论结果进行总结，并将表2-1填写完整。

表2-1　网络外部性与用户选择的关系

日常生活场景	
网络外部性对用户选择的影响	
用户选择对网络外部性的影响	

任务评价

各组成员按照表2-2中的评价标准对每个成员的任务实施完成情况进行自评和互评，并请老师进行评价。

表2-2　任务评价

评价标准	分值	自评	互评	师评
能按照任务流程完成任务实施活动	25分			
能积极参与讨论	25分			
能理解网络外部性的相关理论	25分			
能理解网络外部性对日常生活的影响	25分			
合计	100分			
总分=自评（30%）+互评（30%）+师评（40%）				

项目二　数字经济的市场特征

 了解双边市场和平台竞争

在当今数字经济的浪潮中，双边市场和平台竞争相互依赖、相互促进，共同推动着商业领域的进步与繁荣。双边市场的形成为平台竞争提供了必要的基础和条件，而双边市场的健康发展也离不开平台竞争的推动。在平台间的激烈角逐中，各个平台会争相创新，通过更优质的技术支持和更佳的用户体验，吸引更多的用户加入，以提高市场竞争力，从而实现自身在双边市场中的竞争优势。这种竞争不仅促进了平台自身的发展，也不断激发双边市场的创新和活力。

一、双边市场

（一）什么是双边市场

双边市场，一般是指通过一个平台将两个相互依存的用户群体聚集起来，双边用户通过平台进行交互和交易，且一边用户的收益取决于另一边用户的数量。

（二）双边市场成员

双边市场的市场成员通常包括以下 3 个角色。

1. 卖方（生产者）

这一用户群体通常提供商品、服务、内容或信息。在不同的市场中，卖方可以是个人、企业或组织。

2. 买方（消费者）

这一用户群体是商品、服务、内容或信息的需求者。买方同样可以是个人、企业或组织。

3. 平台

平台是双边市场中的中介机构，扮演着匹配买卖双方、降低交易成本、建立信任机制和制订交易规则的角色。它需要同时吸引和服务好双边用户，通过平衡双边用户的需求来优化市场交易效率，促成买卖双方交易的进行，确保买卖双方都能从交易或者其他形式的互动中获得收益。

双边市场的基本结构如图 2-1 所示。

35

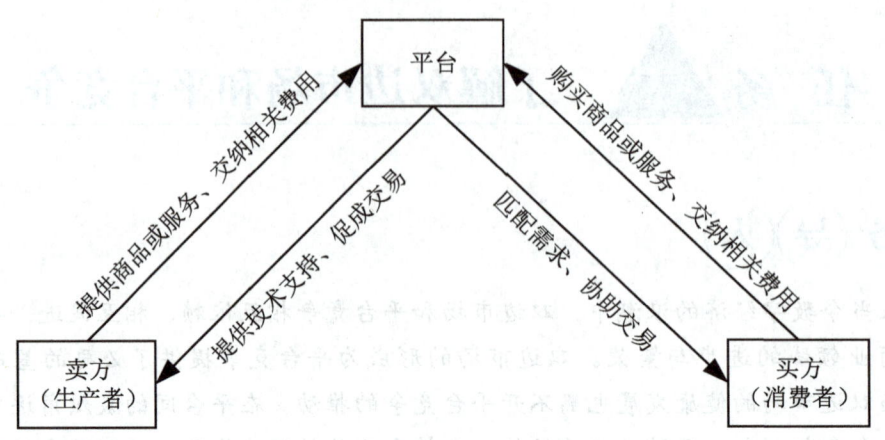

图 2-1 双边市场的基本结构

结合日常生活，请列举一些典型的双边市场实例。

（三）双边市场的特点

1. 市场双边用户的需求具有互补性

在双边市场中，双边用户的需求具有互补性，双边用户之间相互依存，而平台的作用是成为双边用户的中介，为他们提供高效的供需匹配服务，从而提高交易的效率。一方的需求消失会导致另一方的需求消失，从而影响双边市场的形成与运作。

2. 双边网络外部性

双边网络外部性是指在双边市场中，平台将买方和卖方的需求进行匹配，平台一边用户的规模越大，则对于另一边用户的吸引力就越大。

3. 倾斜式的价格结构

双边市场的市场价格结构一般具有非对称性。在双边网络外部性的作用下，若 A 边用户对 B 边用户的双边网络外部性强度较高，则平台企业往往会通过转移定价的方式，向 B 边用户收取较高的价格，而向 A 边用户收取较低的价格，以吸引用户加入，扩大双边市场规模。

例如，双边市场中的餐饮外卖平台，主要通过向商家收取费用来实现盈利，同时向商家提供订单流量和技术支持，而对于消费者几乎免费。这种定价策略不仅有助于平台快速积累用户数量，形成规模优势，更能提高商家与消费者之间的交易活跃度。

4. 数据驱动

双边市场中的平台通常会收集和分析大量的用户数据，以优化平台的功能和服务，提高用户体验和交易效率。

5. 交易规则明确性

为了确保交易的公平性和有效性，双边市场须制订明确的交易规则。这些规则可能包括用户注册流程、交易方式、争议解决机制等，旨在保护各方参与者在交易中的权益，促进双边市场的健康发展。

提高平台规则的透明度

（四）双边市场的分类

按照不同的分类标准，双边市场可以分为不同的类型。

1. 按交易主体类型分类

（1）B2B 双边市场是指企业对企业的市场。

（2）B2C 双边市场是指企业对消费者的市场。

（3）C2C 双边市场是指消费者对消费者的市场。

2. 按照平台功能分类

（1）市场创造型双边市场中的平台企业是基于已有的市场，其主要功能在于促进双边用户的匹配和交易，提高交易效率，如淘宝、京东等综合商品交易类平台。这些平台能够降低搜索成本，为买卖双方创造更多的交易机会，提高交易匹配的成功率。

（2）受众创造型双边市场中的平台企业是"先"吸引到消费者，"后"吸引商家，其主要功能在于聚集大量消费者用户群体，以此吸引商家来投放广告或推广产品，如社交娱乐类平台。这些平台通过提供内容或服务吸引用户，从而聚集大量对企业有价值的目标受众群体。

3. 按照用户结构分类

用户的单归属与多归属问题是双边市场中的重要问题之一。单归属指的是用户只使用一个平台的行为，多归属则是指用户使用两个或多个平台的行为。按照双边用户的归属情况不同，可以将双边市场分为以下 4 种类型。

（1）"竞争瓶颈"型市场是指一边用户单归属，另一边用户多归属的市场。例如，数字内容订阅服务市场，内容创作者可能只在特定平台发布作品，而消费者可能在多个平台订阅内容。

（2）纯粹多归属市场是指双边用户均为多归属的市场。例如，餐饮外卖市场，商家一般会在多个平台上销售以扩大市场份额，而消费者一般最初也会在不同平台上订购以比较价格和服务。

（3）部分多归属市场是指在一边用户中，用户归属行为不一致，即部分用户多归属，而其他用户单归属的市场。例如，在线零售市场，部分商家可能只在一个平台上销售商品，而其他商家则选择多个平台。

（4）单归属市场是指双边用户均为单归属的市场。例如，通信行业，一个用户通常只会选择一家通信公司，而通信公司通常也只能对应特定的平台，如中国电信、中国移动和中国联通。

4. 按照交易对象的具体内容分类

（1）商品市场涉及各种有形商品的买卖。例如，消费者可以通过淘宝、京东等综合商品交易类平台购买各种有形商品。

（2）服务市场提供各种无形服务。例如，消费者可以通过美团、大众点评等本地生活服务类平台进行家政、餐饮、娱乐等服务的预订和交易。

（3）金融市场包括股票、债券、期货等金融产品的交易。例如，投资者可以通过天天基金等金融服务类平台买卖股票、债券等金融产品。

（4）数据市场涉及大数据、用户数据等的交易和共享。例如，用户可以通过和讯网等信息资讯类平台查询相关的数据。

截至2022年底，国内大数据交易所（中心、平台等）建设历程如图2-2所示。

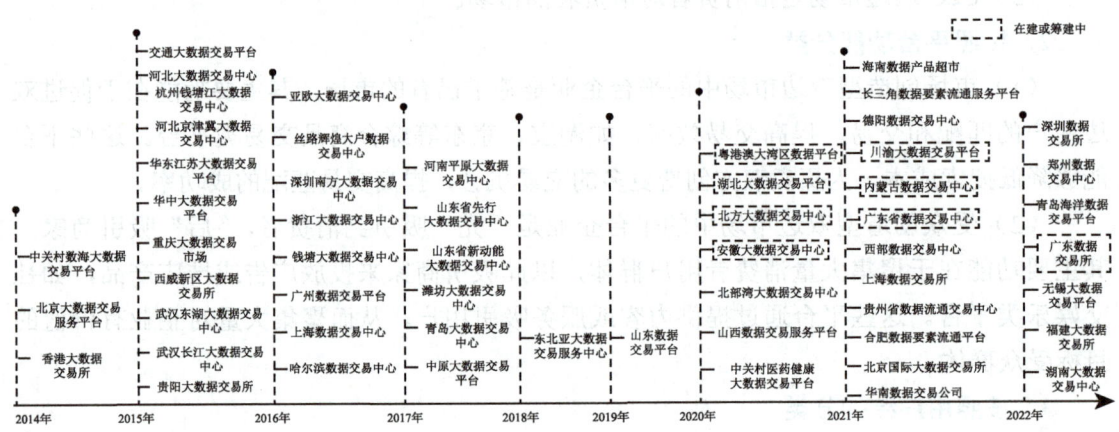

图2-2　国内大数据交易所（中心、平台等）建设历程

上海数据交易所提出"五大首发"

2021年11月25日，上海数据交易所挂牌成立，全数字化交易系统上线。当日完成挂牌的数据产品有20个，涉及金融、交通、通信等8大类。

上海数据交易所的设立，重点是聚焦确权难、定价难、互信难、入场难、监管难等关键共性难题，形成一系列创新安排，提出"五大首发"：① 全国首发数商体系，全新构建"数商"新业态，培育和规范新主体，构筑更加繁荣的流通交易生态；② 全国首发数据交易配套制度，确立了"不合规不挂牌，无场景不交易"的基本原则，让数据流通交易有规可循、有章可依；③ 全国首发全数字化数据交易系统，上线新一代智能数据交易系统，保障数据交易全时挂牌、全域交易、全程可溯；④ 全国首发数据产品登记凭证，实现一数一码,可登记、可统计、可普查;⑤ 全国首发数据产品说明书,以数据产品说明书的形式使数据可阅读,将抽象数据变为具象产品。

其中,"数商"核心功能是为数据供需方提供各类数据服务与市场服务。上海数据交易所以打造数商生态为特色,围绕完善交易制度、扩大产品供给、完善基础设施建设、提升交易活跃度 4 项内容,初步构建数商生态体系。2023 年 6 月,上海数据交易所上线"数商生态"服务平台,通过多元化途径协助数商开展业务,将服务渗透到数据交易的各个环节,调动数商参与数据要素市场的积极性。

二、平台竞争

(一)平台类型

结合我国平台发展现状,依据平台的主要功能,平台可分为 6 种类型,如表 2-3 所示。

表 2-3　平台类型

平台类型	主要功能
网络销售类平台	交易功能
生活服务类平台	服务功能
社交娱乐类平台	社交娱乐功能
信息资讯类平台	信息资讯功能
金融服务类平台	融资功能
计算应用类平台	网络计算功能

1. 网络销售类平台

网络销售类平台专注于商品交易,帮助消费者找到其想要的商品,同时也为商家提供了展示和销售商品的渠道。网络销售类平台主要包括综合商品交易类平台、垂直商品交易类平台、商超团购类平台等。

垂直商品交易类平台

垂直商品交易类平台是一种特殊的网络销售类平台。它只专注于某一特定行业或领域,如服装、家居、电子产品等。垂直商品交易类平台通过深度挖掘某一行业或领域的需求和特点,提供更加专业、精准的产品或服务,以满足该行业或领域内用户的需求。

2. 生活服务类平台

生活服务类平台提供各类日常生活所需的便捷服务，主要包括出行服务类平台、旅游服务类平台、配送服务类平台、家政服务类平台、房屋经纪类平台等。

3. 社交娱乐类平台

社交娱乐类平台提供社交娱乐服务，主要包括即时通信类平台、游戏休闲类平台、视听服务类平台、直播视频类平台、短视频类平台、文学类平台等。

4. 信息资讯类平台

信息资讯类平台致力于提供新闻资讯、搜索服务等，主要包括新闻门户类平台、搜索引擎类平台、用户生成内容类平台、视听资讯类平台、新闻机构类平台等。

5. 金融服务类平台

金融服务类平台提供各种金融服务，主要包括综合金融服务类平台、支付结算类平台、消费金融类平台、金融资讯类平台、证券投资类平台等。

6. 计算应用类平台

计算应用类平台提供信息管理、云计算和网络服务等服务，主要包括智能终端类平台、操作系统类平台、手机软件应用商店类平台、信息管理类平台、云计算类平台、网络服务类平台、工业互联网类平台等。

（二）用户的多重归属行为

用户的多重归属行为是指用户同时使用多个平台的现象。用户的多重归属倾向越明显，平台的竞争格局越趋向于分散。

不同双边用户的归属情况下平台竞争的特点如表 2-4 所示。

表 2-4 不同双边用户的归属情况下平台竞争的特点

双边市场类型	用户归属情况	平台竞争的特点
"竞争瓶颈"型市场	一边用户单归属，另一边用户多归属	平台竞争集中在吸引和保持单归属用户，同时提供足够的价值以吸引多归属用户
纯粹多归属市场	双边用户均为多归属	平台竞争激烈，需要不断创新和提供差异化服务以吸引和保留用户
部分多归属市场	在一边用户中，用户归属行为不一致，即部分用户多归属，而其他用户单归属	平台竞争侧重于吸引多归属用户，同时需要确保单归属用户的忠诚度
单归属市场	双边用户均为单归属	平台竞争主要集中在快速吸引单归属用户的加入和培养用户忠诚度

（三）平台竞争的特点

平台效率和流量的竞争决定了平台的此消彼长。

1. 效率的竞争

平台效率包括供应链效率、信息效率、履约效率，分别对应产品或服务从生产到供需匹配再到交付的 3 个阶段。平台效率的构成如图 2-3 所示。

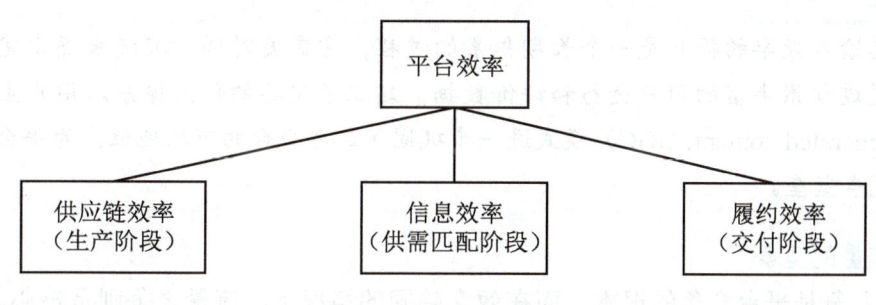

图 2-3　平台效率的构成

（1）供应链效率。

供应链效率是指产品或服务被生产出来的效率，主要指标是生产成本，对应着产品或服务的生产阶段。例如，在农产品供应链中，一家电商平台通过大数据分析，精准预测某种农产品的市场需求。基于这个预测，平台提前与农户合作，进行集中采购和标准化生产。这样农产品在生产阶段就实现了规模化，从而降低了生产成本，提高了供应链效率。

（2）信息效率。

信息效率是指产品或服务和消费者之间匹配的效率，主要指标是匹配准确度，对应着产品或服务的供需匹配阶段。

知识拓展

信息效率的 3 个部分

信息效率可以进一步拆分为 3 个部分：信息匹配效率、信息输入效率、信息输出效率。

信息匹配效率：将生产者与消费者进行准确匹配的效率。

信息输入效率：平台所反映生产者相关信息的效率，要求信息真实、详细。

信息输出效率：消费者接受和理解平台信息的效率，要求产品设计简洁易懂。

（3）履约效率。

履约效率是指将产品或服务交付给消费者的效率，主要指标是履约成本，对应着产品或服务的交付阶段。

在大多数情况下，信息效率之争是重中之重。因为互联网的本质就是信息交互的革命，所以信息效率往往是互联网平台的核心竞争力。例如，网络销售类平台的核心竞争力是信息匹配效率和信息输入效率,生活服务类平台的核心竞争力是信息输入效率和履约效率。

> **提示**
>
> 信息输入效率的提升是一个长期积累的过程,它需要时间的沉淀来逐步完善。头部平台通过积累丰富的用户交易和评价数据,建立了完善的信用体系。用户生成内容(user generated content, UGC)模式进一步巩固了这些平台的市场地位,为平台构建了坚实的竞争壁垒。

2. 流量的竞争

效率之争是平台竞争的根本,而在效率趋同的情况下,流量之争则是核心。流量的重要性主要体现在以下几点。

(1)提升平台曝光度。

流量是平台曝光度的直接体现,高流量意味着更多的用户能够访问和了解平台,从而提高平台的知名度和影响力。

(2)增强用户黏性。

通过精准的流量引导和优质的产品或服务推荐,平台能够吸引用户长期驻留,增强用户黏性,提高用户留存率。

(3)提升转化率。

流量不仅是用户数量的体现,更是潜在商业价值的载体。通过有效的流量转化策略,平台能够将流量转化为实际收益,实现商业价值最大化。

> **砥砺前行**
>
> 诚信是我国道德体系的基础和根本价值取向,是社会主义核心价值观的道德基石。对于平台竞争而言,提高效率、聚集流量固然重要,但更重要的是不忘初心,坚守道德和法律的底线,诚信经营,维护用户权益,确保市场的公平公正和健康发展,为社会创造真正的价值。只有这样,平台才能赢得用户的信任,实现长远的繁荣与发展。当代大学生也应以身作则,树立诚信品质,践行诚信理念,为营造一个诚信、和谐的社会环境而努力。

(四)平台竞争策略

随着市场环境的变化和竞争的加剧,平台需要不断调整和改善竞争策略,以确保自身适应市场环境的变化并在激烈的竞争中脱颖而出。常见的平台竞争策略如表2-5所示。

表 2-5 常见的平台竞争策略

平台竞争策略	具体内容
用户锁定策略	为用户提供更多权益和更优质的服务，吸引用户加入平台，提高转换成本，增强用户黏性。例如，实行会员制度
差异化竞争策略	树立独特的品牌形象，提高平台的可辨识度，吸引特定用户群体
生态系统构建策略	建立平台内资源共享机制，促进各参与者之间的互利合作
创新策略	技术创新：采用前沿技术改善平台性能和用户体验 服务创新：通过改进服务流程、增加服务多样性或创造新的服务形态来满足用户需求 商业模式创新：探索新的价值创造和收益获取方式，以适应市场变化和用户需求
网络外部性策略	与其他相关平台建立合作关系，共享资源，扩大整体的市场影响力
低价竞争策略	通过降低注册费和交易费来吸引更多用户加入平台，扩大用户基础

分析双边市场中平台的竞争策略

任务要求

选择一个具有代表性的双边市场平台（如网络销售类、生活服务类等）作为分析对象，分析该双边市场平台的竞争策略，理解平台竞争的策略。

任务流程

（1）学生分组：全班学生以 5~8 人为一组进行分组，各组选出一名成员担任本组的组长。

（2）选取实例：各组搜集相关资料，选择一个具有代表性的双边市场平台（如网络销售类、生活服务类等）作为分析对象。

（3）展开分析：每位同学对本组所选的分析对象进行分析，分析内容围绕所选双边市场平台采取的竞争策略，以及针对性的改善建议。

（4）进行总结：每位同学根据分析情况进行总结，并将表 2-6 填写完整。

表 2-6 平台的竞争策略分析

平台名称	
竞争策略	
改善建议	

（5）展开讨论：以小组为单位，讨论下列问题。

① 本组所选平台在双边市场中采取的竞争策略有哪些？

② 这些竞争策略给本组所选平台的发展带来了哪些影响？

③ 你认为本组所选平台采取的竞争策略是否合理，有哪些改善建议？

任务评价

各组成员按照表 2-7 中的评价标准对每个成员的任务实施完成情况进行自评和互评，并请老师进行评价。

表 2-7 任务评价

评价标准	分值	自评	互评	师评
能按照任务流程完成任务实施活动	25 分			
能积极参与讨论	25 分			
能理解平台的类型	25 分			
能对双边市场中平台的竞争策略进行分析	25 分			
合计	100 分			
总分=自评（30%）+互评（30%）+师评（40%）				

数字经济市场特征的探索与实践

数字经济时代，网络外部性、双边市场和平台竞争成为影响市场运作的重要因素。请你选择一个双边市场平台，分析该平台网络外部性与双边市场的表现及平台策略，具体要求如下。

（1）搜集相关资料，选择一个双边市场平台，如生活服务类平台、网络销售类平台、社交娱乐类平台等，分析该平台的发展阶段及网络外部性的表现，并将表 2-8 填写完整。

表 2-8 双边市场平台的发展阶段及网络外部性的表现

平台名称	
发展阶段	
网络外部性的表现	

（2）分析所选平台双边市场特点的表现，并将表 2-9 填写完整。

表 2-9　平台双边市场特点的表现

平台名称	
双边网络外部性	
倾斜式的价格结构	
数据驱动	
交易规则	

（3）分析所选平台采用了哪些竞争策略来应对市场中其他平台的竞争，并将表 2-10 填写完整。

表 2-10　双边市场平台的竞争策略

平台名称	
竞争策略	

项目考核

（1）请阐述你对网络外部性的理解，并分析它如何作用于数字经济的发展。
（2）请举例说明网络外部性如何影响企业的定价决策。
（3）请举例说明双边市场有哪些特点。
（4）对于平台竞争而言，流量的竞争和效率的竞争哪个更重要，为什么？
（5）在双边市场中，平台通常会采取哪些竞争策略来增强自身的市场地位？

项目三

数字产业化

项目导读

数字产业化作为数字经济的基础部分，聚焦于数字技术的创新与融合，推动新一代数字技术产业发展，实现数字技术的现实生产力转化。这一进程加速了数字技术的研发与产业化，促进了数字技术跨行业、跨领域的广泛应用，实现了数字技术与实体经济的深度融合，赋能传统产业转型升级，催生新产业新业态新模式，促进我国数字经济的整体发展。

知识目标

- 了解数字产业化发展需要的条件。
- 了解数字化产业的构成、数字化产业的整体发展现状及数字化产业的行业发展现状。

技能目标

- 能够理解数字技术在日常生活中的应用。
- 能够理解数字产业化发展对推动我国数字经济发展的重要意义。

素养目标

- 了解我国 5G 发展成效，增进对科技强国的认识。
- 提升数字技能，勇于创新实践。
- 积极践行绿色低碳理念，培养社会责任感。

项目三　数字产业化

任务一　了解数字产业化的发展条件

数字产业作为当今社会最具前瞻性的产业之一，其发展受到多方面因素的影响。其中，法律法规和政策的支持是数字产业化发展的基石；数字技术及相关基础设施则构建了数字化生态环境，为数字产业化发展提供了技术支撑和保障，尤其是新一代数字技术的不断创新，推动了数字产业化向更高层次迈进，为数字产业化发展注入了新的创新动力；数字化人才队伍的建设是推动数字产业化发展的核心力量，为数字产业化发展提供了人才保障。

一、法律法规和政策的支持

健全的法律法规体系，可以为数字产业化发展提供政策支持和法律保障。近年来，我国数字产业化相关的政策主要有以下几点。

（一）推进重点领域数字产业发展

我国高度重视数字产业创新发展，以顶层设计和专项规划、指导意见等合力推进数字产业基础高级化。《"十四五"数字经济发展规划》提出，要"加快推动数字产业化"，要增强传感器、量子信息、网络通信、集成电路、关键软件、大数据、人工智能、区块链、新材料等战略前瞻技术创新能力，提升核心产业竞争力。

（二）加大力度推动关键领域战略布局和落地

我国加大力度推动关键领域战略布局和落地，发布了《计量发展规划（2021—2035年）》《关于推动能源电子产业发展的指导意见》，以硬科技为引导，产业化为目标，助力计量领域和能源电子领域的发展。

（三）重视关键领域产业链供应链协同发展

我国充分认识到提升产业链供应链韧性和完整性的重要性，完善主导产业体系，加强重点领域布局。工业和信息化部办公厅、国家市场监督管理总局办公厅、国家能源局综合司联合发布《关于促进光伏产业链供应链协同发展的通知》，为优化建立全国光伏大产业大市场、促进光伏产业高质量发展、积极推动建设新能源供给消纳体系提供重要指导。工业和信息化部办公厅、国家市场监督管理总局办公厅联合发布《关于做好锂离子电池产业链供应链协同稳定发展工作的通知》，从科学谋划、供需对接、监测预警、监督

47

检查、管理服务等 5 个角度为保障锂电产业链供应链协同稳定提出解决思路。

（四）系统布局新型基础设施建设

新型基础设施是现代化基础设施体系的重要组成部分，是实施创新驱动发展战略，推动经济社会高质量发展的重要支撑。2018 年 12 月中央经济工作会议首次提出，"加快 5G 商用步伐，加强人工智能、工业互联网、物联网等新型基础设施建设"。2022 年 12 月出台的《扩大内需战略规划纲要（2022—2035 年）》从加快建设信息基础设施、全面发展融合基础设施、前瞻布局创新基础设施等方面对新型基础设施系统布局。2023 年 1 月，国家发展和改革委员会表态将会同有关方面进一步支持新型基础设施建设，并引导社会资本增加相关领域投入。

二、数字技术及相关基础设施

（一）计算机技术

1. 计算机技术的发展历程

计算机是 20 世纪人类最伟大的发明之一。1946 年，世界上第一台电子数字积分计算机"埃尼阿克"（ENIAC）诞生，标志着人类迈入了电子计算机时代。此后，计算机技术获得了迅猛发展。计算机技术的发展历程分为 4 个阶段，如表 3-1 所示。

表 3-1　计算机技术的发展历程

发展阶段	发展时间	电子器件	软　件	特　点	主要应用
第一代	1946—1957 年	电子管	机器语言、汇编语言	运算速度较慢、体积庞大、功耗大、存储容量小、可靠性差、价格昂贵	科学计算
第二代	1958—1964 年	晶体管	高级语言、操作系统	体积、功耗减小，可靠性及运算速度提高，价格下降	事务管理、工业控制
第三代	1965—1970 年	中小规模集成电路	多种高级语言、完善的操作系统	体积、功耗进一步减小，可靠性及运算速度进一步提高	文字处理、图形处理等
第四代	1971 年至今	大规模及超大规模集成电路	各种应用软件、数据库管理系统、网络操作系统等	性能大幅度提高，价格大幅度下降，编程语言和软件更加丰富多样	网络应用、人工智能及社会各个领域

2. 数字经济时代的计算机技术——超级计算机

（1）超级计算机的概念与特点。

超级计算机，是指能够执行一般个人计算机无法处理的大量数据与高速运算的计算机。其基本组成组件与普通计算机基本相同，但在规模与性能方面则有较大差异。

超级计算机的主要特点包括两个方面,即极大的数据存储容量和极快的数据处理速度。

(2)超级计算机的应用领域。

① 科学研究领域。超级计算机的最初应用领域就是科学研究。科学研究是一个非常复杂的过程,需要进行大量的数据处理和计算。而超级计算机在这方面有着得天独厚的优势。它可以处理大量的数据和复杂的算法,同时还可以模拟各种实验环境,为科学家提供更加精确的数据和分析结果。例如,在物理学中,超级计算机可以用于模拟宇宙大爆炸、黑洞、量子物理等现象;在化学领域,它可以预测分子的结构和性质,为新材料的研发提供支持。

② 工程设计与制造领域。在航空航天、汽车制造、建筑设计、能源开发等领域中,超级计算机能够进行复杂的仿真和优化计算,帮助工程师提高设计效率、优化设计方案、减少试验成本。

③ 药物研发和生物医学研究领域。超级计算机可以用于满足分子模拟、基因组学分析、蛋白质结构预测等计算需求。通过模拟生物分子的结构和行为,超级计算机可以帮助科学家理解疾病的发病机制,加速药物的研发过程。

④ 金融领域。在复杂的金融市场中,投资者需要进行大量的计算和数据分析,才能够做出更加精确的决策。而超级计算机可以通过分析金融市场的各种变化和预测趋势,为投资者提供更加准确的投资策略和风险评估。例如,在股票交易中,超级计算机可以通过大数据分析和机器学习,预测股价的走势和波动情况,以及对交易系统进行监控和预警,从而减少投资者的投资风险。

⑤ 人工智能领域。人工智能需要进行大量的数据分析和深度学习,超级计算机可以处理大规模的数据,从而提高人工智能系统的效率和准确性,推动人工智能的发展和应用。

(二)网络技术

1. 网络技术的发展历程

网络技术的发展是一个逐步演化和创新的过程,从最初的简单通信系统到如今的全球互联网,历经了 4 个阶段。网络技术的发展历程如表 3-2 所示。

表 3-2 网络技术的发展历程

发展阶段	发展年代	关键事件
萌芽阶段	20 世纪 50 年代	半自动化地面防空系统(semi-automatic ground environment, SAGE)的建立
形成阶段	20 世纪 60 年代	ARPANET 正式建立
互联互通阶段	20 世纪 70—80 年代	传输控制协议/网络协议(transmission control protocol/Internet protocol, TCP/IP)和开放系统互连(open system interconnection, OSI)体系结构的发展与应用
高速发展阶段	20 世纪 90 年代至今	光纤分布式数字接口、千兆以太网、移动通信技术、第 6 版互联网协议(Internet protocol version 6, IPv6)等一系列新型网络技术的广泛应用

2. 数字经济时代的网络技术——工业互联网

（1）工业互联网的概念。

工业互联网是新一代信息技术与工业经济深度融合的全新经济生态、关键基础设施和新型应用模式，通过人、机、物的全面互联，实现全要素、全产业链、全价值链的全面连接，将推动形成全新的生产制造和服务体系。

（2）工业互联网的产业体系。

工业互联网作为新一代信息技术与工业经济深度融合形成的新兴业态和应用模式，是实现产业数字化转型的关键基础。近年来，工业互联网的发展走向深入，产业规模与参与主体迅速壮大，加速传统工业支撑体系变革，并带动新兴产业发展。

从产业界定看，工业互联网核心产业体系包括工业互联网平台与工业软件产业、工业互联自动化产业、工业数字化装备产业、工业互联网网络产业、工业互联网安全产业，如图 3-1 所示。

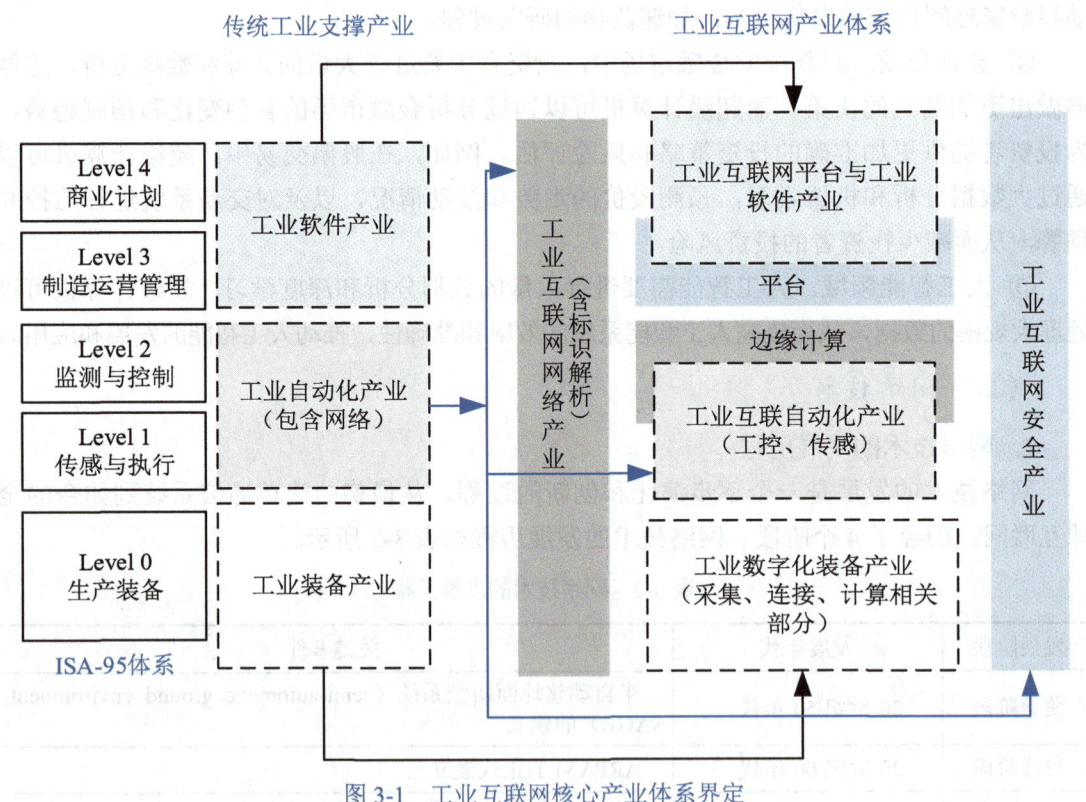

图 3-1　工业互联网核心产业体系界定

（资料来源：中国信息通信研究院）

3. 网络技术的重要支撑——宽带技术

（1）宽带的概念。

宽带是一种基于数字信号的连接方式，它将数字信号转化为传输数据的信号，从而能够实现比传统模拟信号更快速的网络传输。

（2）我国宽带的发展建设情况。

我国宽带发展政策环境日益优化，党和国家多点发力完善顶层设计，主要表现如下：① 构建现代化基础设施体系，指明宽带发展新方向；② 促进数实深度融合，为宽带发展做出新部署；③ 构建新增长引擎，激发宽带发展新活力。此外，相关部委多措并举推动战略落地，地方政府多管齐下助推实践创新。

在相关政策的助力支持下，我国宽带发展取得显著成效，主要表现如下：① 接入能力迭代升级；② 网络架构持续优化；③ 算力供给大幅增强；④ 产业基础日益夯实；⑤ 融合应用规模发展；⑥ 普惠民生成效显著；⑦ 绿色发展深入推进。

（三）移动通信技术

1. 移动通信技术的发展历程

移动通信技术自诞生以来，经历了多次变革，从最初的模拟通信技术到如今的数字化、网络化，每一次变革都极大地改变了人们的沟通方式和生活习惯。移动通信技术的发展历程如表 3-3 所示。

表 3-3　移动通信技术的发展历程

发展阶段	发展年代	关键技术	应用场景
1G（第一代移动通信技术）	20 世纪 80 年代	模拟技术、频分多址技术	实现区域性的移动通信
2G（第二代移动通信技术）	20 世纪 90 年代	数字语音传输技术、码分多址技术	实现通话、短信等简单的传送服务
3G（第三代移动通信技术）	20 世纪 90 年代至 21 世纪初	时分同步码分多址技术、宽带码分多址技术、码分多址技术	处理图像、音乐、视频等多种媒体形式，提供网页浏览、电话会议、电子商务等多种信息服务
4G（第四代移动通信技术）	21 世纪 10 年代至今	正交频分复用技术、多进多出技术、智能天线技术、软件定义无线电技术	将无线局域网与 3G 相结合，使图像的传输速度更快、质量更好，上网速度更加迅速

2. 数字经济时代的移动通信技术——5G

（1）5G 的概念。

5G 即第五代移动通信技术，是指具有高速率、低时延和大连接等显著特征的新一代宽带移动通信技术，是实现人、机、物互联的网络基础设施。

辉煌中国

中国 5G 发展成效

2023 年以来，我国 5G 在网络建设、用户增长、产业发展、应用创新等方面取得了积极成效，为 5G 释放对经济社会发展的叠加倍增作用提供了坚实支撑。2023 年 1—10 月我国新增 5G 基站 90.3 万个，5G 基站在移动基站总数占比约 30%。5G 用户渗透率、5G 流量占比均超 40%，第三季度 5G 手机出货量同比增长 34.9%，推动数字消费潜能充分释放。个人应用创新发展，裸眼 3D、大模型等提升优化个人用户体验。虚拟电厂、无人机等新兴业态萌芽发展，对实体经济提质增效的带动作用逐步凸显。行业应用趋向规模发展态势，加速从单环节向全流程覆盖、从外围环节向核心环节渗透，彰显赋能赋智作用。

随着 5G 逐步迈入规模发展期，5G 对经济社会高质量发展的带动效应进一步增强。中国信息通信研究院测算了 2023 年 5G 的经济社会影响，预计 2023 年 5G 将直接带动经济总产出约 1.86 万亿元，直接带动经济增加值约 5 512 亿元，分别比 2022 年增长 29%、41%，间接带动总产出约 4.24 万亿元，间接带动经济增加值约 1.55 万亿元，分别比 2022 年增长 22%、22%。

（资料来源：中国信息通信研究院，《中国 5G 发展和经济社会影响白皮书（2023 年）》，中国信息通信研究院，2023 年）

（2）5G 的应用场景。

国际电信联盟（international telecommunication union, ITU）定义了 5G 的三大类应用场景：① 增强移动宽带主要面向移动互联网流量爆炸式增长，为移动互联网用户提供更加极致的应用体验；② 超高可靠低时延通信主要面向工业控制、远程医疗、自动驾驶等对时延和可靠性具有极高要求的垂直行业应用需求；③ 海量机器类通信主要面向智慧城市、智能家居、环境监测等以传感和数据采集为目标的应用需求。

 知识拓展

"5G+工业互联网"重点行业典型应用场景

根据应用场景的技术成熟度、应用成效及影响力等因素综合考虑，"5G+工业互联网"重点行业典型应用场景如图 3-2 所示。

项目三　数字产业化

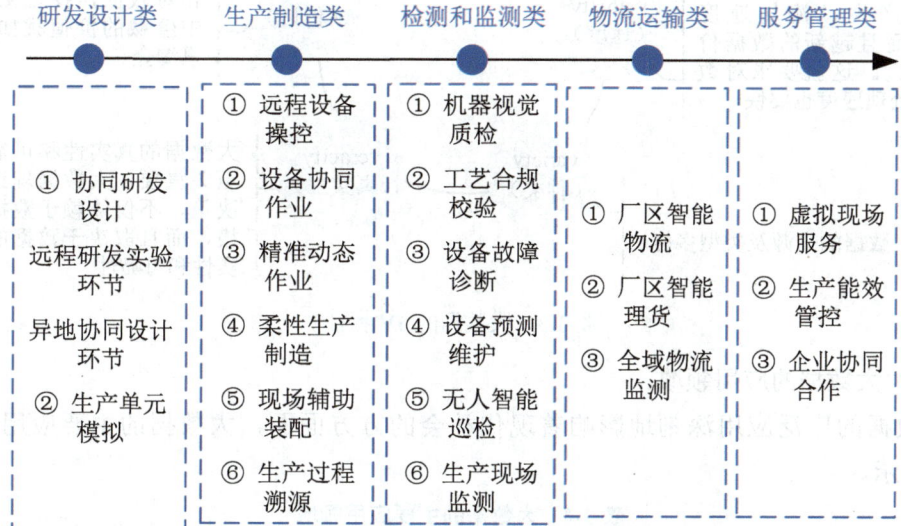

图 3-2　"5G+工业互联网"重点行业典型应用场景

（资料来源：中国信息通信研究院）

典型应用场景覆盖了研发设计、生产制造、检测和监测、物流运输、服务管理等核心环节，体现了数字化研发、智能化制造、个性化定制、网络化协同、服务化延伸、精益化管理等工业互联网六大模式，形成了规模复制推广的良好基础和巨大应用潜力。

（四）新一代数字技术

数字产业化是数字经济的基础部分，是国民经济稳步发展的压舱石，是数字经济发展的根基和动力源泉。以大数据、云计算、人工智能、物联网、区块链为代表的新一代数字技术，促进了数字产业化的进一步变革和发展。

1. 大数据技术

（1）大数据的概念。

大数据（big data）又称海量数据或巨量数据，是指数据量大到无法利用传统数据处理技术在合理的时间内获取、存储、管理和分析的数据集合。"大数据"一词除用来描述信息时代产生的海量数据外，也被用来命名与之相关的技术、创新与应用。

（2）大数据的特征。

大数据具有 volume、velocity、variety、veracity、value 五大方面的特征，简称 5V，如图 3-3 所示。

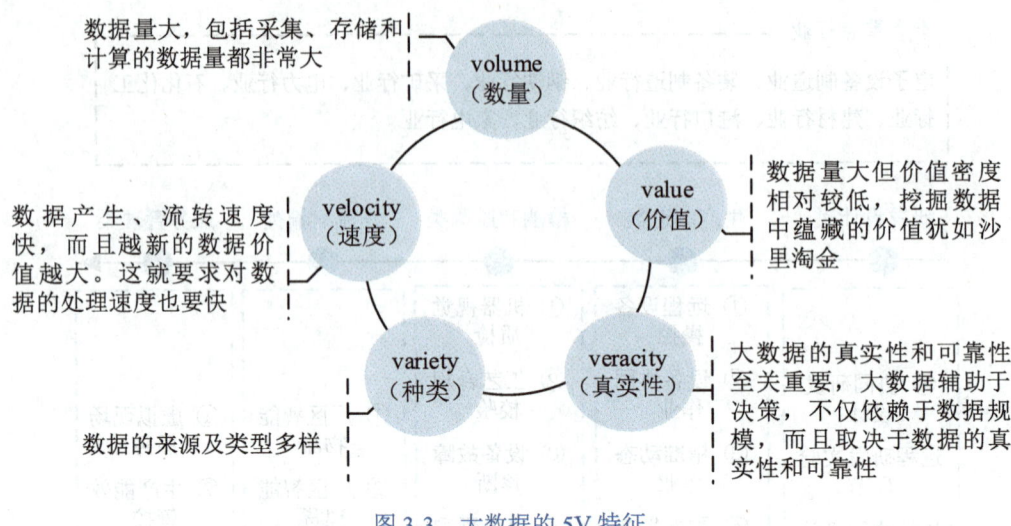

图 3-3 大数据的 5V 特征

（3）大数据的应用领域。

大数据的广泛应用深刻地影响着现代社会的方方面面，大数据的主要应用领域如表 3-4 所示。

表 3-4 大数据的主要应用领域

应用领域	典型应用
电商领域	个性化推荐、精准营销、供应链管理等
医疗领域	疾病预测、药物研发、医疗资源优化等
金融领域	风险控制、信用评估等
教育领域	个性化教学、学生管理、教学能力评估，教育资源优化等
交通领域	交通规划、拥堵预测、智能交通系统构建等
政府领域	城市规划、环境监测、公共安全监控等
传媒领域	生成内容优化、广告投放优化等
农业领域	农业现代化解决方案、智能无人机植保系统、农情大数据监测系统等
能源领域	能源规划、节能减排等

2. 云计算技术

（1）云计算的概念。

工业和信息化部电信研究院发布的《云计算白皮书（2012 年）》中对云计算的定义是：云计算是一种通过网络统一组织和灵活调用各种信息与通信技术（information and communications technology, ICT）资源，实现大规模计算的信息处理方式。云计算利用分布式计算和虚拟资源管理等技术，通过网络将分散的 ICT 资源（包括

我国云计算发展现状

计算与存储、应用运行平台、软件等）集中起来形成共享的资源池，并以动态按需和可度量的方式向用户提供服务。用户可以使用各种形式的终端（如 PC、平板电脑、智能手机、智能电视等）通过网络获取 ICT 资源服务。"云"是对云计算服务模式和技术实现的形象比喻。"云"由大量组成"云"的基础单元（云元，cloud unit）组成。"云"的基础单元之间由网络相连，汇聚为庞大的资源池。

（2）云计算的特征。

云计算具备以下 4 个方面的核心特征。

① 宽带网络连接。"云"不在用户本地，用户要通过宽带网络接入"云"中并使用服务，"云"内节点之间也通过内部的高速网络相连。

② 对 ICT 资源的共享。"云"内的 ICT 资源并不为某一用户所专有。

③ 提供快速、按需、弹性的服务。用户可以按照实际需求迅速获取或释放资源，并可以根据需求对资源进行动态扩展。

④ 服务可测量。服务提供者按照用户对资源的使用量进行计费。

（3）云计算的服务模型。

① 基础设施即服务。基础设施即服务（infrastructure as a service, IaaS），是一种将服务器、存储器、网络设备等 IT 基础设施虚拟化，并通过 Internet 租给用户的云计算服务模型。IaaS 云服务的主要对象是需要硬件资源的用户，其关键技术是虚拟化技术。某用户使用 IaaS 云服务的大致过程如图 3-4 所示。

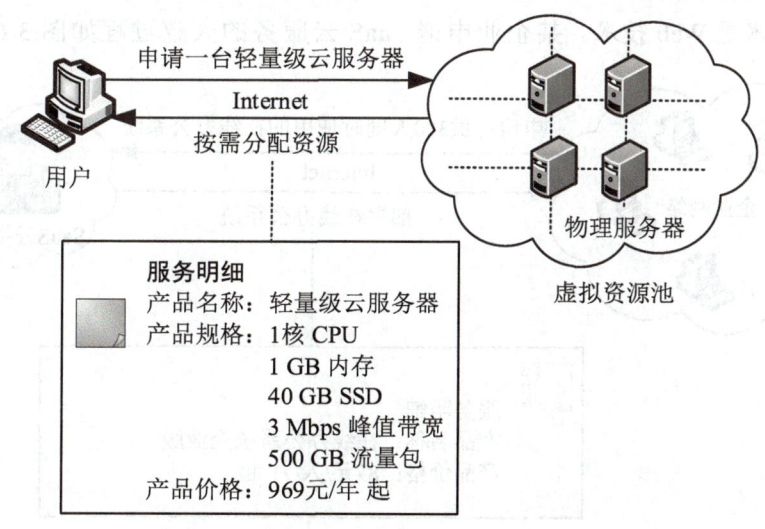

图 3-4 某用户使用 IaaS 云服务的大致过程

② 平台即服务。平台即服务（platform as a service, PaaS），是把服务器平台作为一种服务提供的商业模式。即 PaaS 为用户运行、测试和部署软件应用程序提供一个环境，而用户不需要管理和控制云端基础设施。PaaS 云服务的主要对象是应用程序开发人员，其

具有部署开发环境简单、代码实时托管、服务丰富、维护方便等特点，可大大节省应用程序开发人员的时间。因此，越来越多的开发人员选择在 PaaS 云服务提供的平台上开发和测试应用程序。某用户使用 PaaS 云服务的大致过程如图 3-5 所示。

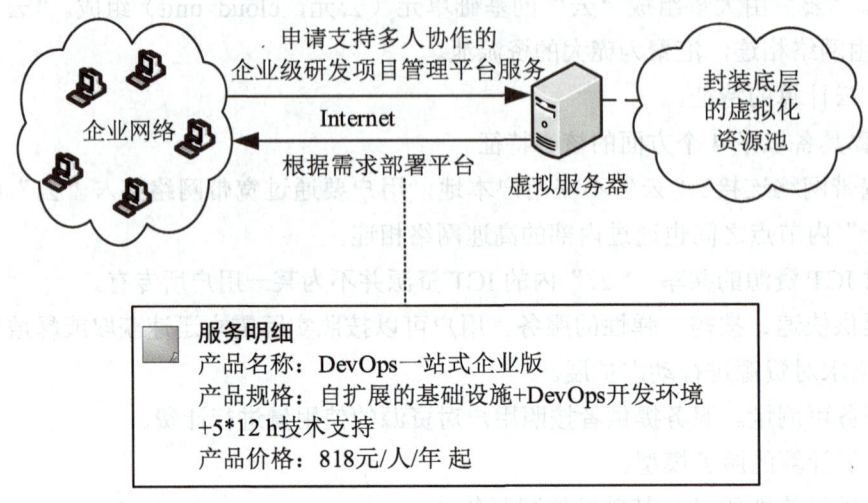

图 3-5　某用户使用 PaaS 云服务的大致过程

③ 软件即服务。软件即服务（software as a service, SaaS），是用户获取软件服务的一种新形式。即用户不必下载相应的软件，通过 Web 就可以直接使用相应的服务，同时不需要担心软件的更新和维护等问题。SaaS 云服务的主要对象是需要软件服务的企业或个人，其关键技术是 Web 技术。某企业申请 SaaS 云服务的大致过程如图 3-6 所示。

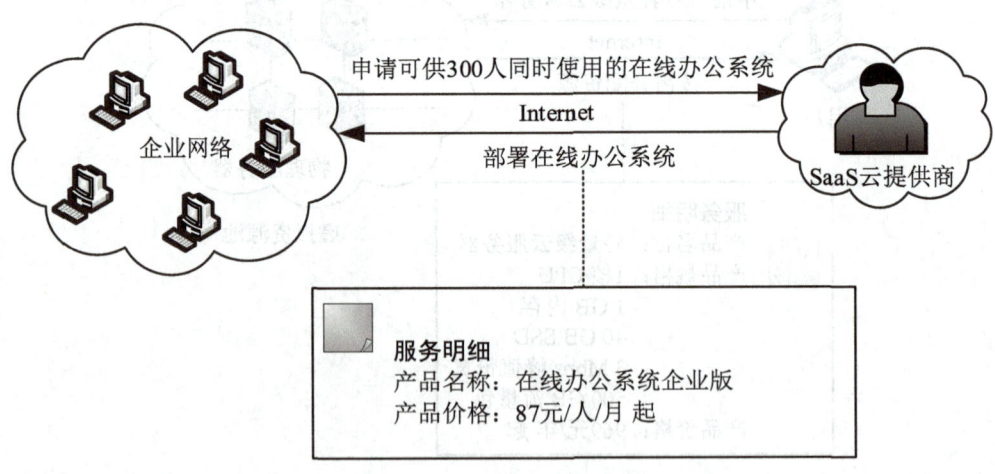

图 3-6　某企业申请 SaaS 云服务的大致过程

知识拓展

PaaS 与 SaaS 的关系

PaaS 实际上是指将软件研发的平台作为一种服务,以 SaaS 的模式提供给用户。因此,PaaS 也是 SaaS 模式的一种应用。PaaS 的出现可以加快 SaaS 的发展,尤其是加快 SaaS 应用的开发速度。SaaS 可基于 PaaS 构建,也可直接构建在 IaaS 上。

(4)云计算的部署方式。

① 公有云(public cloud)。公有云是由云服务提供商建立和维护的云平台,通过互联网向社会公众提供服务。用户可以通过互联网访问这些应用程序,公有云服务提供商(如华为云、阿里云、腾讯云等)负责管理基础设施、维护网络安全等问题。公有云的优势在于成本低廉和灵活性高,适用于个人用户和小型企业。公有云的部署如图 3-7 所示。

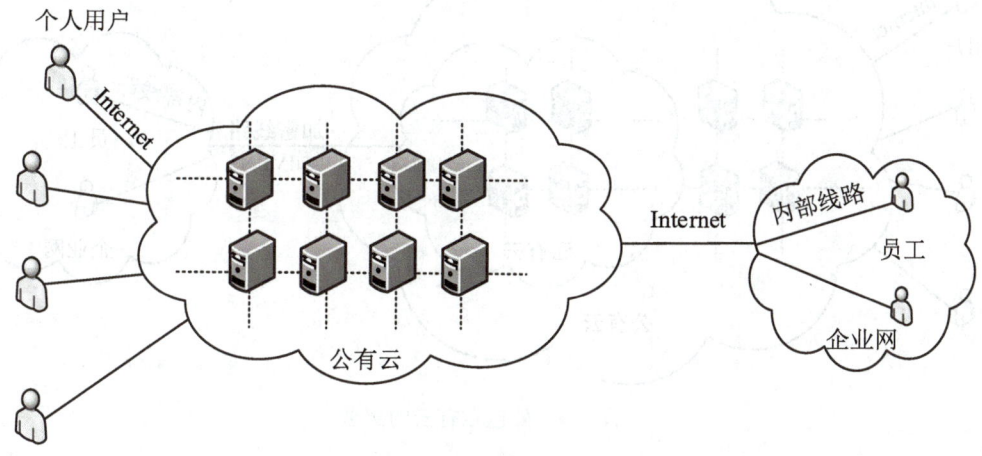

图 3-7 公有云的部署

② 私有云(private cloud)。私有云是为某个特定用户或机构建立的,所有的资源和服务都在企业内部运行。私有云的优势在于安全性和可控性高,适用于对数据安全性和服务稳定性有较高要求的企业。根据承运者的不同,私有云可分为本地私有云(on-site private cloud)和外包私有云(out-sourced private cloud)两种。

本地私有云是指基础设施和组织结构均由企业自行搭建和维护的私有云,本地私有云的部署如图 3-8 所示。

外包私有云是指由第三方云服务提供商为企业搭建和维护的私有云,外包私有云的部署如图 3-9 所示。

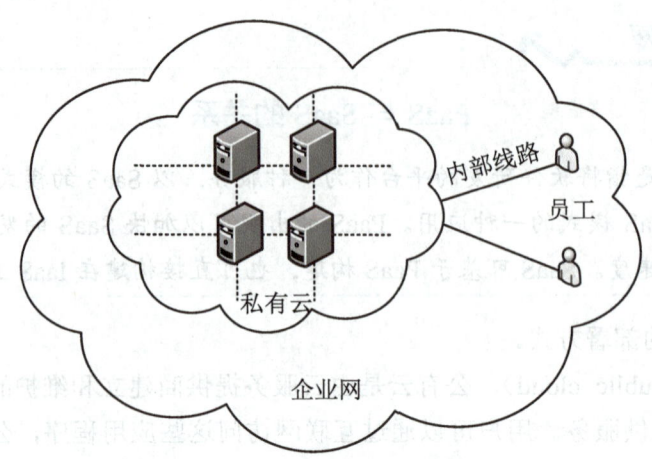

图 3-8 本地私有云的部署

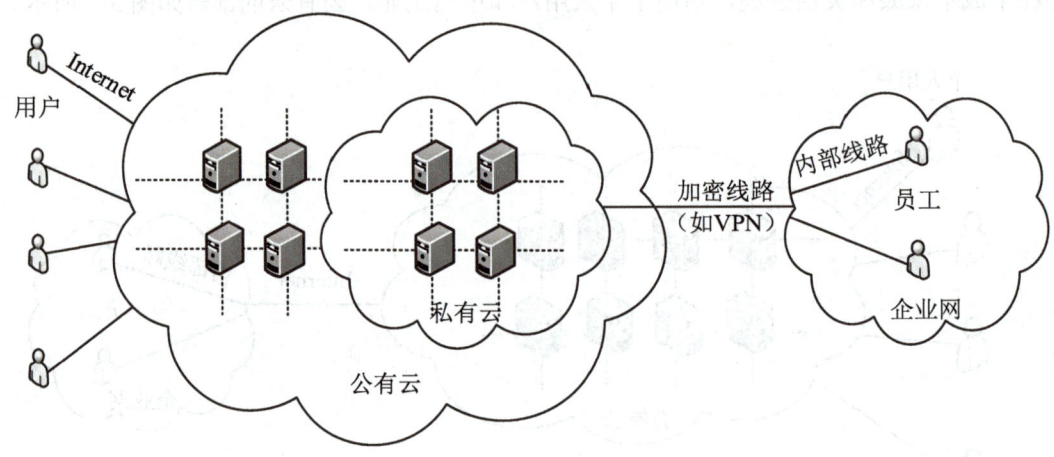

图 3-9 外包私有云的部署

③ 社区云（community cloud）。社区云是面向某"社区"中所有成员的云服务部署模式。"社区"是指由一组云消费者组成的集体，"社区"中的各成员共同制定了安全和隐私政策并统一遵守。与私有云类似，社区云仅对"社区"内的各成员开放，且也分为本地社区云和外包社区云两种。私有云与社区云的区别在于，私有云的服务对象是单个云消费者，而社区云的服务对象是一组云消费者。

④ 混合云（hybrid cloud）。混合云是由两种或两种以上的云（公有云、私有云或社区云）组成的云端基础设施。这种部署模式灵活性高，用户可以根据实际需求动态调整资源的使用情况。例如，敏感数据存储在私有云中，非核心业务可以部署在公有云上。

3．人工智能技术

（1）人工智能的概念。

人工智能（artificial intelligence, AI）是研究、开发用于模拟、延伸和扩展人类智能的理论方法、技术及应用系统的一门学科。作为引领未来的战略性技术，人工智能是新一轮科技革命和产业变革的重要驱动力量，已经成为国际竞争的新焦点、经济发展的新引擎。

(2) 人工智能的发展历程。

人工智能的发展历程曲折起伏，总体上可以分为 7 个时期，依次是孕育期、起步发展期、反思发展期、应用发展期、低迷发展期、稳步发展期和蓬勃发展期。人工智能的发展历程如图 3-10 所示。

人工智能发展时期	历史重要事件
孕育期（1956 年之前）。逻辑推理、计算机、图灵测试的出现孕育了人工智能的产生与发展	1936 年，艾伦·麦席森·图灵（Alan Mathison Turing）提出了一种理想计算机的数学模型，即图灵机。1950 年，他又提出"图灵测试"
	1946 年，世界上第一台电子数字积分计算机 ENIAC 诞生
起步发展期（1956—1975 年）。人工智能概念提出后，相继取得了一批令人瞩目的研究成果，掀起了人工智能发展的第一个高潮期	1956 年，达特茅斯会议上提出"人工智能"的概念，标志着人工智能的诞生
	1959 年，亚瑟·塞缪尔（Arthur Samuel）研发的跳棋程序击败了其本人
反思发展期（1976—1981 年）。人工智能的突破性进展使人们开始尝试一些不切实际的想法。然而，接二连三的失败和预期目标的落空使人工智能的发展走入低谷	1976 年，机器翻译等项目的失败及一些学术报告的负面影响，导致人工智能的研究经费普遍减少
应用发展期（1982—1986 年）。模拟人类专家的知识和经验解决问题的专家系统盛行，并在医疗、地质和化学等领域取得成功，推动人工智能进入应用发展的新高潮	1982 年，商用专家系统 R1 开始在公司运行，用于进行新计算机系统的结构设计
	1986 年，大卫·鲁梅尔哈特（David Rumelhart）提出反向神经网络
低迷发展期（1987—1996 年）。随着人工智能的应用规模不断扩大，专家系统的应用领域狭窄、缺乏常识性知识、知识获取困难、推理方法单一等问题逐渐暴露出来	1987 年，直接以 LISP 语言的系统函数为机器指令的通用计算机市场崩溃
稳步发展期（1997—2010 年）。由于网络技术，特别是互联网技术的发展，加速了人工智能的创新研究，促使人工智能技术进一步走向实用化	1997 年，电脑深蓝战胜国际象棋世界冠军加里·卡斯帕罗夫（Garry Kasparov）
	2006 年，杰弗里·辛顿（Geoffrey Hinton）在神经网络的深度学习领域取得突破
	2014 年，微软发布全球第一款个人智能助理微软小娜
蓬勃发展期（2011 年至今）。随着大数据、云计算、互联网、物联网等信息技术的发展，以深度神经网路为代表的人工智能技术飞速发展	2016 年，阿尔法围棋（AlphaGo）战胜世界围棋冠军李世石
	2018 年，央视春晚上，百度阿波罗（Apollo）无人车在荧幕上高调亮相
	截至 2023 年 11 月，我国已有近 200 家企业发布了大模型产品

图 3-10 人工智能的发展历程

(3) 人工智能的应用领域。

目前，人工智能已在多个领域内广泛应用。

① 深度学习。深度学习是机器学习研究中的一个新领域，其目标是建立、模拟人脑进行分析学习的神经网络，它模仿人脑的机制来解释图像、声音和文本等数据。深度学习与传统机器学习的差别如图 3-11 所示。

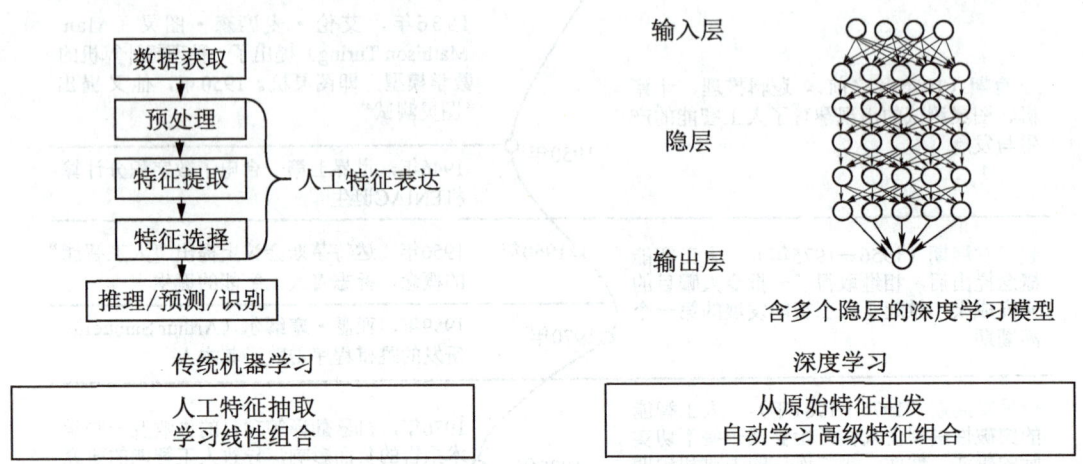

图 3-11　深度学习与传统机器学习的差别

（资料来源：中国信息通信研究院）

② 计算机视觉。计算机视觉是一门研究如何用机器"看"的科学，更进一步地说，就是指用摄影机和计算机模拟人眼对目标进行识别、跟踪和测量的一项技术。人工智能能够处理和分析图像和视频数据，进行人脸识别、物体识别、图像搜索等活动。这在安防监控、自动驾驶、医疗影像分析等领域有着广泛的应用。

③ 自然语言处理。自然语言处理是用自然语言同计算机进行通信的一种技术。人工智能可以解析、理解和生成人类语言，使得机器能够与人类进行自然语言交流。这包括智能助手、智能客服、语音识别和生成、机器翻译等应用。

④ 自动驾驶。人工智能技术在自动驾驶中发挥着重要作用，可以实现环境感知、路径规划、智能导航等功能，维护交通安全和提高交通效率。

⑤ 数据挖掘。数据挖掘是指从大量的数据中通过算法搜索隐藏于其中信息的过程。人工智能可以通过机器学习、模式识别、信息检索等方法来实现上述目标。

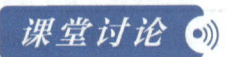

结合日常生活，谈谈你身边人工智能的应用场景有哪些？

4. 物联网技术

（1）物联网的概念。

物联网（Internet of things，IOT）是指通过射频识别（radio frequency identification，RFID）、红外感应器、全球定位系统、激光扫描器等信息传感设备，按约定的协议，将物体与网络相连接，进行信息交换和通信，以实现智能化识别、定位、跟踪、监管等功能的一种网络。

（2）物联网的特征。

① 全面感知。物联网通过各种传感器和终端设备，对人、物体或环境进行全方位、多维度的感知，获取其状态和属性的数据，形成对目标的全面感知。

② 可靠传递。物联网通过各种电信网络与互联网的融合，在适配各种异构网络和协议的基础上，将感知到的数据可靠地传输到云端或其他设备，保证数据的完整性和实时性。

③ 智能处理。物联网通过云计算、大数据、人工智能等技术，对接收到的数据进行存储、处理和分析，提取有价值的信息，为决策和控制提供支持，为各种应用场景提供智能化的解决方案。

（3）物联网的应用领域。

物联网的主要应用领域如表 3-5 所示。

表 3-5 物联网的主要应用领域

应用领域	典型应用
智能制造	智能工厂、智能生产线、智能机器人等
智慧物流	物流追踪系统、智慧仓储等
智能家居	智能家电、安防系统等
智慧医疗	智能健康监测设备、远程医疗等
智慧零售	无人便利店、智能售货机、智能支付等
智能交通	智能交通信号灯、智能车载设备、智能导航系统等

5. 区块链技术

（1）区块链的概念。

根据中国区块链技术和产业发展论坛编写的《中国区块链技术和应用发展白皮书（2016）》所述，区块链是一种按照时间顺序将数据区块以顺序相连的方式组合成的一种链式数据结构，并以密码学方式保证的不可篡改和不可伪造的分布式账本。广义来讲，区块链技术是利用块链式数据结构来验证与存储数据、利用分布式节点共识算法来生成和更新数据、利用密码学的方式保证数据传输和访问的安全、利用由自动化脚本代码组成的智能合约来编程和操作数据的一种全新的分布式基础架构与计算范式。

一般认为，区块链技术是伴随着以"比特币"为首的数字货币而出现的一项新兴技术，是一种以密码学算法为基础的点对点分布式账本技术，是分布式存储、点对点传输、共识机制、加密算法等计算机技术的新型应用模式。

（2）区块链的特征。

① 去中心化。区块链是一种去中心化的技术，区块链技术不依赖于额外的第三方管理机构或硬件设施，没有中心管制。除了区块链本身，通过分布式核算和存储，各个节点实现了信息自我验证、传递和管理。

② 开放性。区块链技术的基础是开源。除了交易各方的私有信息被加密外，区块链的数据对所有人开放，任何人都可以通过开放界面查询区块链数据并开发相关应用。因此，整个区块链系统的信息高度透明。

③ 独立性。基于协商一致的规范和协议，整个区块链系统不依赖其他第三方，所有节点都能够在系统内自动、安全地验证、交换数据，不需要任何人为的干预。

④ 安全性。只要不能掌控全部数据节点的51%，就无法肆意操控修改网络数据，这使区块链本身变得相对安全，避免了主观人为的数据变更。

⑤ 匿名性。除非有法律规范要求，单从技术上来讲，各区块节点的身份信息不需要公开或验证，信息传递可以匿名进行。

（3）区块链技术的发展历程。

区块链技术的演变分为以下3个阶段。

① 技术起源阶段。区块链的起源技术包括P2P网络技术、加密技术、数据库技术和电子现金。

② 区块链1.0阶段。在这一阶段，区块链通过对起源技术进行整合创新，形成一个可供网络成员共享、复制和同步的分布式账本，能够迅速归纳和验证区块数据的存在性和完整性的块链式和梅克尔树式数据结构，以及加密货币主流共识机制之一的工作量证明。

③ 区块链2.0阶段。在这一阶段，基于之前的技术积累，区块链进一步形成智能合约技术，该技术能以信息化的方式传播、验证或执行合同。同时，虚拟机技术也应运而生，它能通过软件模拟具有完整硬件系统功能的、运行在一个完全隔离环境中的完整计算机系统。此外，还诞生了去中心化应用，这类应用运行在分布式网络上，能有效保护参与者的信息安全。

（4）区块链的分类。

区块链按其接入范围可分为以下3种类型。

① 公有区块链（public blockchains），是指世界上任何个体或者团体都可以发送交易，且交易能够获得该区块链的有效确认，任何人都可以参与其共识过程。公有区块链是最早的区块链，也是目前应用最广泛的区块链。

② 联盟区块链（consortium blockchains），是由具有共同行业背景的多家不同机构共同构建的。在这种区块链结构中，共识节点来自联盟内的各个机构，且提供节点的审查、验证等关键管理机制。这种管理机制确保了联盟区块链上的数据仅在联盟机构内部共享，从而提供了更高的安全性和更好的隐私保护。

③ 私有区块链（private blockchains），通常部署于单个机构，适用于特定机构的内部数据管理与审计，共识节点均来自机构内部，专有链的各个节点的写入权限收归内部控制，而读取权限可视需求有选择性地对外开放。

 砥砺前行

近年来，大数据、云计算、人工智能、物联网和区块链等技术迅猛发展，大数据揭示世界的奥秘，云计算搭建起信息的桥梁，人工智能赋予机器以智慧，物联网实现万物互联的智能感知，区块链铸就信任的基石。当代大学生，不仅要掌握这些新一代的数字技术，更要理解它们的深层逻辑和社会价值，不断提升自身的数字技能，在数字化的征途上勇往直前，为构建智慧社会、实现数字强国注入青春活力。

三、数字化人才队伍的建设

近年来，我国致力于数字化人才队伍的建设，旨在为数字经济的高质量发展提供人才保障。国家层面，政策举措频出，不断加码对数字人才队伍建设的支持力度。

2024 年，人力资源和社会保障部、中共中央组织部、中央网信办、国家发展和改革委员会、教育部、科学技术部、工业和信息化部、财政部、国家数据局联合发布《加快数字人才培育支撑数字经济发展行动方案（2024—2026 年）》，明确提出了用 3 年左右时间，扎实开展数字人才育、引、留、用等专项行动，提升数字人才自主创新能力，激发数字人才创新创业活力，增加数字人才有效供给，形成数字人才集聚效应，着力打造一支规模壮大、素质优良、结构优化、分布合理的高水平数字人才队伍，更好支撑数字经济高质量发展。中央网信办等四部门联合发布《2024 年提升全民数字素养与技能工作要点》，明确提出将"培育高水平复合型数字人才"作为重点任务，包括全面提升师生数字素养与技能、提高领导干部和公务员数字化履职能力、培育高水平数字工匠、培育乡村数字人才、壮大行业数字人才队伍。

在国家政策的引领下，各级地方政府积极响应，形成上下联动的良好态势，纷纷出台数字人才培养政策。这些政策措施不仅仅聚焦于提升个体的数字技能，更着眼于人才的汇聚和引进，力求构建一支数量充足、数字素质良好、数字技能过硬、富有活力的数字人才队伍，为推动社会经济的全面数字化转型提供坚实的人才保障。

创新数字人才培养模式，打造电网卓越数字铁军

随着数字化转型的持续深入，人才培养与体系建设成为企业竞争与发展的关键支撑。南方电网广东惠州供电局（以下简称"惠州供电局"）在此领域积极探索，努力构建数字化人才培养与管理的新模式。

自2020年以来，惠州供电局累计在数字化领域获得国家级奖项28项，省部级以上奖项70项，公司级以上技术能手38人次。2023年11月17日，在全国电力企业管理创新颁奖典礼上，惠州供电局是唯一获得特等奖的三级单位。

惠州供电局数字化人才培养模式如下。

（1）创新体系，构建数字人才梯队。

惠州供电局将数字人才的培养对象从数字人员拓展到业务人员中，通过同时培养数字拔尖人才和数业融合型人才两支队伍，打造数字化人才梯队，探索将人才效益最大化的途径。

同时，惠州供电局创新设计"PMSCE数字化人才培养体系"，基于培养平台（platform）、培养方法（method）、组织形态（status）、培养文化（culture）、培养评价（evaluation）5要素，开始了对数字人才培养的大胆实践。

惠州供电局构建了"阶梯形"培养平台。第一层旨在通过数字知识普及，提升企业员工的数字化认知。第二层则是结合培养方法，让感兴趣的员工发展为数业融合型人才。最后依据培养评价，筛选出表现出色的融合型人才进入到第三层——培养拔尖数字人才层。而组织形态和培养文化就像水分和空气，以"流动"和"涵养"的方式，帮助数字化人才在各个地方生根发芽。

（2）横纵发展，激荡人才"源头活水"。

在组织形态的优化上，惠州供电局创新性地提出了"人才中台"的理念，旨在实现人才资源的灵活调配和高效利用。通过践行这一理念，惠州供电局成功地让人才像种子一样在各个岗位和层级间流动起来。

近3年来，惠州供电局成功对外输出了7名数字人才，同时引入了3名数业融合型人才。此外，惠州供电局还通过交流轮岗等方式培养了14名业务人员，将人才种子播撒至供电所、县区局、二级机构和核心职能部门等各个层级。这些人才在各自的岗位上积极运用RPA机器人、数据挖掘等先进技术，为多项业务难题提供了数字化解决方案，实现了惠州供电局各个领域的提质增效。

当前，惠州供电局的"数字人才"队伍已经从无到有、从小到大、从大到强，不断走向业务、走向社会、走向国家，在曾经荒渺的无人区绽放出绚丽的"数字之花"。

（资料来源：黎凯燕、陈栎如，《南网广东惠州供电：创新数字人才培养模型 打造电网卓越数字铁军》，中国能源新闻网，2023年12月4日）

项目三 数字产业化

调研某新兴数字技术在日常生活中的应用

任务要求

调研某新兴数字技术在日常生活中的应用,了解其技术特点、应用领域、社会影响及在数字产业化发展中的作用。

任务流程

(1)学生分组:全班学生以 5~8 人为一组进行分组,各组选出一名成员担任本组的组长。

(2)调研选择:各组搜集相关资料,选择一种新兴数字技术作为调研对象。

(3)展开调研:每位同学通过在线搜集资料、查阅文献等方式,调研本组所选新兴数字技术在日常生活中的应用。

(4)调研总结:每位同学根据调研情况进行总结,并将表 3-6 填写完整。

表 3-6 某新兴数字技术在日常生活中的应用

新兴数字技术的名称	
新兴数字技术在日常生活中的应用	

(5)展开讨论:以小组为单位,讨论下列问题。

① 本组所调研的新兴数字技术有哪些特点?

② 本组所调研的新兴数字技术对社会产生了哪些影响?

③ 本组所调研的新兴数字技术在数字产业化发展中起到了什么作用?

任务评价

各组成员按照表 3-7 中的评价标准对每个成员的任务实施完成情况进行自评和互评,并请老师进行评价。

表 3-7　任务评价

评价标准	分　值	自　评	互　评	师　评
能按照任务流程完成任务实施活动	25 分			
能积极参与讨论	25 分			
能了解新兴数字技术在日常生活中的应用	25 分			
能分析新兴数字技术在数字产业化发展中的作用	25 分			
合计	100 分			
总分=自评（30%）+互评（30%）+师评（40%）				

任务二　了解数字产业化的发展现状

任务导入

数字产业化是数字经济的基础部分，更是数字经济发展的核心驱动力之一。电子信息制造业、电信业、软件和信息技术服务业及互联网行业是数字化产业的主要构成内容。这些产业的发展不仅形成新的经济增长点，还引领着新一轮科技革命和产业变革。

一、数字化产业的构成

数字化产业，即信息通信产业，主要包括以下内容。

（一）电子信息制造业

电子信息制造业是国民经济的战略性、基础性、先导性产业，规模总量大、产业链条长、涉及领域广，是稳定经济增长、维护国家政治经济安全的重要领域。电子信息制造业包含计算机、通信和其他电子设备制造业及锂离子电池、光伏及元器件制造等相关领域。

2023 年我国电子信息制造业运行情况

（二）电信业

电信，是指利用有线、无线的电磁系统或者光电系统，传送、发射或者接收语音、文字、数据、图像及其他任何形式信息的活动。电信业务分为基础电信业务和增值电信业务。基础电信业务，是指提供公共网络基础设施、公共数据传送和基本话音通信服务的业务。增值电信业务，是指利用公共网络基础设施提供的电信与信息服务的业务。

> 2019年，为加快5G商用步伐，依据《中华人民共和国电信条例》，工业和信息化部对《电信业务分类目录（2015年版）》进行了修订，在A类"基础电信业务""A12蜂窝移动通信业务"类别下，增设"A12-4第五代数字蜂窝移动通信业务"业务子类。
>
> 第五代数字蜂窝移动通信业务是指利用第五代数字蜂窝移动通信网提供的语音、数据、多媒体通信等业务。

（三）软件和信息技术服务业

软件是新一代信息技术的灵魂，是数字经济发展的基础，是制造强国、网络强国、数字中国建设的关键支撑。软件和信息技术服务业包括软件开发、集成电路设计、信息系统集成和物联网技术服务、运行维护服务、信息处理和存储支持服务、信息技术咨询服务、数字内容服务和其他信息技术服务等行业。

（四）互联网行业

互联网行业，即互联网和相关服务业，包括互联网接入及相关服务、互联网信息服务、互联网平台、互联网安全服务、互联网数据服务和其他互联网服务。

二、数字化产业的整体发展现状

近年来，我国数字产业化基础实力持续巩固。2021年，我国数字产业化规模达到8.4万亿元，同比名义增长11.9%，占数字经济比重为18.3%，占GDP比重为7.3%，数字产业化发展正经历由量的扩张到质的提升转变。2022年，我国数字产业化规模达到9.2万亿元，同比名义增长10.3%，占数字经济比重为18.3%，占GDP比重为7.6%，数字产业化向强基础、重创新、筑优势方向转变。

课堂讨论

数字产业化对社会经济生活（如就业、生活方式等）有哪些影响？

三、数字化产业的行业发展现状

（一）电子信息制造业

1．产业规模与增长

我国电子信息制造业在过去的几十年里实现了飞速的增长。随着国家对高新技术产业的重视和扶持，电子信息制造业的规模不断扩大，增加值持续上升。2016年，规模以上电子信息制造业增加值同比增长 11.5%，高于工业平均水平。2019 年，规模以上电子信息制造业增加值同比增长 9.3%，增速虽有所放缓，但仍体现出该行业的持续发展态势。2021 年，规模以上电子信息制造业增加值同比增长 15.7%，增速创下近 10 年新高。2022 年，规模以上电子信息制造业增加值同比增长 7.6%，分别超出工业、高技术制造业 4 个和 0.2 个百分点。2023 年，规模以上电子信息制造业增加值同比增长 3.4%，增速比同期工业低 1.2 个百分点，但比高技术制造业高 0.7 个百分点。2022 年和 2023 年间电子信息制造业和工业增加值累计增速如图 3-12 所示。

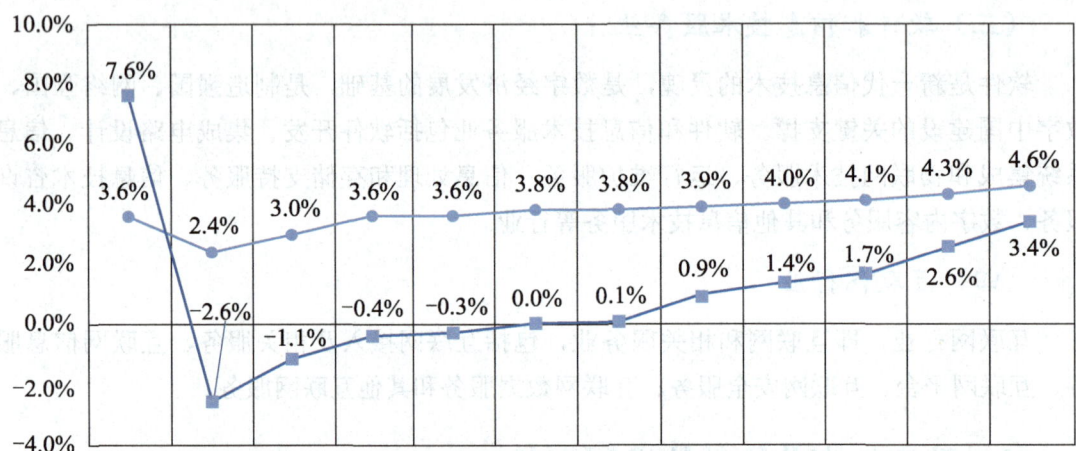

图 3-12　2022 年和 2023 年间电子信息制造业和工业增加值累计增速

2．产业升级与转型

随着市场的变化和技术的进步，我国电子信息制造业正在进行结构调整和产业升级。一方面，传统电子信息制造业正在向高端化、智能化、绿色化方向发展，提高产品的附加值和竞争力；另一方面，新兴电子信息制造业也在不断涌现，如物联网、云计算、大数据等领域，这些新兴产业正成为电子信息制造业的新增长点。

3．技术创新与突破

在技术创新方面，我国电子信息制造业取得了显著的进步。一方面，企业加大了对研发的投入，推动了核心技术的突破。例如，在高端芯片、操作系统、人工智能等领域，我国电子信息制造业已具备一定的自主创新能力。另一方面，国家也在积极推动产学研合作，加强科研院所、高校、企业之间的联合研发，共同推动电子信息制造业的技术进步。

（二）电信业

2023 年 12 月，中国信息通信研究院、中国电信股份有限公司研究院、中国移动通信研究院（中移智库）、中国联合网络通信有限公司研究院联合发布的《电信业发展白皮书——新时代高质量发展探索（2023 年）》指出，全球经济社会发展不确定因素增多，电信个人通信市场趋于饱和、政企市场亟待拓展新业务方向，电信业面临深刻挑战。人工智能的重大突破引领生活生产方式再次变革，数字中国、网络强国成为数字时代推进中国式现代化的重要引擎，为电信业提供了难得的发展机遇。在此背景下，电信业自身的高质量发展和国家的现代化建设变得更加紧密。

  知识拓展

电信业高质量发展

电信业高质量发展是：以满足人民日益增长的美好生活需要为根本任务，以持续增强信息化对中国式现代化的驱动引领作用为导向的发展；是践行创新、协调、绿色、开放、共享新发展理念，推进发展质量变革、效率变革、动力变革的发展；是实现自身转型升级与对外数智赋能协同共进，不断巩固提升行业竞争优势和领先地位的发展。

为推进高质量发展，电信业在以下 4 个方面不断创新探索。

1. **高质量赋能数字经济社会发展**

在高质量赋能数字经济社会发展方面，电信运营企业成为推动数字化发展的主力军。电信运营企业投入大量资源，健全组织体系，聚合生态资源，增强供给能力，在推进数字红利普惠、拉动数字产业发展、促进供需对接等方面发挥了重要作用，赋能广度和深度不断增强。同时打造了电信业自身收入增长的"第二曲线"，电信业"基础性、战略性、先导性"的发展定位也被赋予了新时代下的新内涵。

2. **高质量建设新型数字基础设施**

在高质量建设新型基础设施方面，电信运营企业新型数字基础设施建设"国家队"的战略定位持续巩固。深化网络覆盖，推进网络升级，深化空天地一体泛在连接，落实"东数西算"工程，积极推进绿色高质量算力网络建设，全面融入国家新型算力网络体系，支撑新时代国家竞争力提升。打造通用大模型、专用模型等赋能平台，助力人工智能、虚拟现实、区块链等新一代数字技术加速成熟和应用落地。

  知识拓展

空天地一体和"东数西算"工程

（1）空天地一体化信息网络是一个综合网络，通过多颗不同轨道、类型和性能的卫星全球覆盖，连接地面、海上、空中和深空用户及平台。它基于 IP 承载信息，运用智能高速星上处理技术，实现光学、红外等多谱段信息的快速获取、处理和高效传输，形成天基、空基、陆基一体化的高速宽带大容量信息网络。

（2）"东数西算"是一个国家级算力资源跨域调配战略工程，针对我国东西部算力资源分布总体呈现出"东部不足、西部过剩"的不平衡局面，引导中西部利用能源优势建设算力基础设施，"数据向西，算力向东"，服务东部沿海等算力紧缺区域，解决我国东西部算力资源供需不均衡的现状。

3. 高质量推动数据要素价值化

在高质量推动数据要素价值化方面，电信运营企业正处于从数据资源化向资产化迈进的关键期，探索数据要素价值释放路径。在数据质量提升方面，投入大量资源，从制度、组织、平台、工具多方面开展数据治理，基本实现数据资源化。在数据价值挖掘方面，不断丰富数据内部应用场景，研发多元化的数据能力服务，探索打造隐私计算平台，促进数据流通共享，为数据要素价值释放提供了新方案。

4. 高质量推动科技创新

在推动科技创新的征途上，电信运营企业积极转型为科技型企业，坚定追求高水平的科技自主和自强。为了强化电信运营企业的创新主体地位，电信运营企业持续完善科技创新的组织结构，针对关键核心领域，大力开展技术联合研发和产品自主创新，从而显著提升科技创新核心竞争力。同时，电信运营企业积极发挥行业领军企业的引领作用，并作为产业链中的"核心组织者"，支撑和促进整个产业链的协同发展。电信运营企业强化应用引领和供需协同，致力于带领产业链各方共同突破关键技术瓶颈，为战略性新兴产业的蓬勃发展及科技强国建设的宏伟目标做出重要贡献。

（三）软件和信息技术服务业

发展软件和信息技术服务业，对于加快建设现代产业体系具有重要意义。近年来，党中央、国务院高度重视软件和信息技术服务业发展，持续加强顶层设计，建立健全政策体系。软件和信息技术服务业规模效益快速增长，综合竞争力实现新的跃升，具体表现如下。

1. 规模效益快速增长，产业结构持续优化

软件和信息技术服务业业务收入从2015年的4.28万亿元增长至2020年的8.16万亿元，年均增长率达13.8%，占信息产业收入比重从2015年的28%增长到2020年的40%。2021年以来，软件和信息技术服务业规模进一步扩大，2021—2023年，软件和信息技术服务业业务收入分别为9.5万亿元、10.8万亿元、12.3万亿元，软件和信息技术服务业的利润总额分别为1.2万亿元、1.3万亿元、1.5万亿元。

在软件产品中，工业软件产品表现突出。2023年，工业软件产品实现收入同比增长12.3%。信息技术服务收入同比增长14.7%，云服务、大数据服务共实现收入1.2万亿元，同比增长15.4%，在一定程度上体现了制造业数字化转型的提速。此外，信息安全产

品和服务收入稳步增长。2023 年，信息安全产品和服务收入 2 232 亿元，同比增长 12.4%。

2. 创新体系更加完善，创新成果不断涌现

软件和信息技术服务业的创新体系基本建立，推动新技术、新产品、新模式和新业态的快速发展，促进生活方式、生产方式及社会治理的加速变革。在基础软件领域，如操作系统、数据库、中间件、办公软件等，实现了显著的突破，并取得了一系列具有标志性的成果。在应用软件方面，如高精度导航、智能电网、智慧物流、小程序等，均达到了国际先进水平。

3. 骨干企业实力提升，国际竞争力明显增强

2023 年，全国软件和信息技术服务业规模以上企业超 3.8 万家。同时，近年来，我国在 5G、云计算、文创软件、平台软件等关键领域，形成一批具有国际影响力的企业和品牌。

接下来，我国将加大对软件企业培育服务的力度。一是积极做强做大骨干企业。鼓励大型工业企业、重点行业企业培育骨干软件企业，支持软件和信息技术服务企业开展兼并重组和专业化、体系化整合。二是构建协同发展企业梯队。鼓励大企业向中小企业提供开发环境和科研基础设施，共同推进产业生态培育、大中小企业协同发展。三是推动中小企业专业化、特色化发展。支持中小型软件企业深耕特定行业、特定领域，形成具有市场竞争力的专用产品。

4. 产业集聚效应凸显，服务体系更加完善

目前，我国软件名城创建工作已取得很好的产业集聚成效。"十四五"期间，我国将进一步提升名城建设质量，重点在于发挥名城的应用牵引作用，进一步开放软件应用场景，推动软件产业高质量发展。

此外，软件园区已成为推动软件产业特色化发展的重要载体和集聚化发展的有力抓手。"十四五"期间，我国将重点推进软件名园创建工作，引导建立自上而下协同推进的工作体系，鼓励软件园区进一步加大资源投入、放大政策实施效果、优化产业发展环境，同时，引导产用、产教、产融合作，在关键软件领域做强主体、培育生态，加快实现软件园区的特色化、专业化、品牌化、高端化发展。

5. 融合应用日益深化，赋能作用显著提升

近年来，制造业关键领域的数字化进程显著加速。工业互联网平台快速发展，有力推动了制造业的转型升级。此外，一系列面向教育、金融、能源、医疗、交通等领域的软件产品和解决方案脱颖而出，企业软件化进程持续加快，上云企业数量超过百万家，软件信息服务在信息消费中的占比更是超过 50%。

软件对融合发展的有效赋能、赋值、赋智，全面推动经济社会数字化、网络化、智能化转型升级，持续激发数据要素创新活力，夯实设备、网络、控制、数据、应用等安全保障，加快产业数字化进程，为数字经济开辟广阔的发展空间。

（四）互联网行业

随着互联网技术的迅猛发展和普及，我国互联网产业已经取得了举世瞩目的成就。2024年，中国互联网络信息中心（China Internet network information center, CNNIC）发布《第53次中国互联网络发展状况统计报告》（以下简称《报告》）。《报告》数据显示，截至2023年12月，我国网民规模达10.92亿人，较2022年12月新增网民2 480万人，互联网普及率达77.5%。各类互联网应用用户规模和网民使用率如表3-8所示。

表3-8　各类互联网应用用户规模和网民使用率

应用	截至2023年12月用户规模（万人）	截至2023年12月网民使用率	截至2022年12月用户规模（万人）	截至2022年12月网民使用率
网络视频（含短视频）	106 671	97.7%	103 057	96.5%
即时通信	105 963	97.0%	103 807	97.2%
短视频	105 330	96.4%	101 185	94.8%
网络支付	95 386	87.3%	91 144	85.4%
网络购物	91 496	83.8%	85 529	79.2%
搜索引擎	82 670	75.7%	80 166	75.1%
网络直播	81 566	74.7%	75 065	70.3%
网络音乐	71 464	65.4%	68 420	64.1%
网上外卖	54 454	49.9%	52 116	48.8%
网约车	52 765	48.3%	43 708	40.9%
网络文学	52 017	47.6%	49 233	46.1%

《报告》显示，2023年，我国数字化、网络化、智能化发展日新月异，不断夯实数字底座，持续提升服务质量，有力推动互联网普及率增长。

1. 网络基础设施建设持续加强，服务质量深度优化

2023年，我国坚持稳字当头、稳中求进，持续发挥新一代信息技术的引领作用，推动我国高质量发展迈出新步伐。

（1）互联网基础资源不断优化。截至2023年12月，我国互联网基础资源发展状况如表3-9所示。

表3-9　截至2023年12月我国互联网基础资源发展状况

分类	单位	数量
IPv4	个	392 192 512
IPv6	块/32	68 042

表 3-9（续）

分 类	单 位	数 量
IPv6 活跃用户数	亿户	7.62
域名	个	31 595 563
".CN" 域名	个	20 125 764
移动电话基站	万个	1 162
互联网宽带接入端口	亿个	11.36
光缆线路长度	万公里	6 432

（2）物联网发展提质增速。截至 2023 年 12 月，我国累计建成 5G 基站 337.7 万个，覆盖所有地级市城区、县城城区；发展蜂窝物联网终端用户 23.32 亿户，较 2022 年 12 月净增 4.88 亿户，占移动网终端用户的比例达 57.5%。

（3）移动通信网络高质量发展。由 5G 和千兆光网组成的"双千兆"网络，全面带动智能制造、智慧城市、乡村振兴、文化旅游等各个领域创新发展，为制造强国、网络强国、数字中国建设提供了坚实基础和有力支撑。

2. 网络惠民走深走实，更多人共享互联网发展成果

2023 年，我国持续加快信息化服务普及，缩小数字鸿沟，坚持在发展中保障和改善民生，让更多人共享互联网发展成果。

（1）城乡上网差距进一步缩小。我国农村网络基础设施建设纵深推进，各类应用场景不断丰富，推动农村互联网普及率稳步增长。截至 2023 年 12 月，农村地区互联网普及率为 66.5%，较 2022 年 12 月提升 4.6 个百分点。近年来，我国城乡地区互联网普及率变化情况如图 3-13 所示。

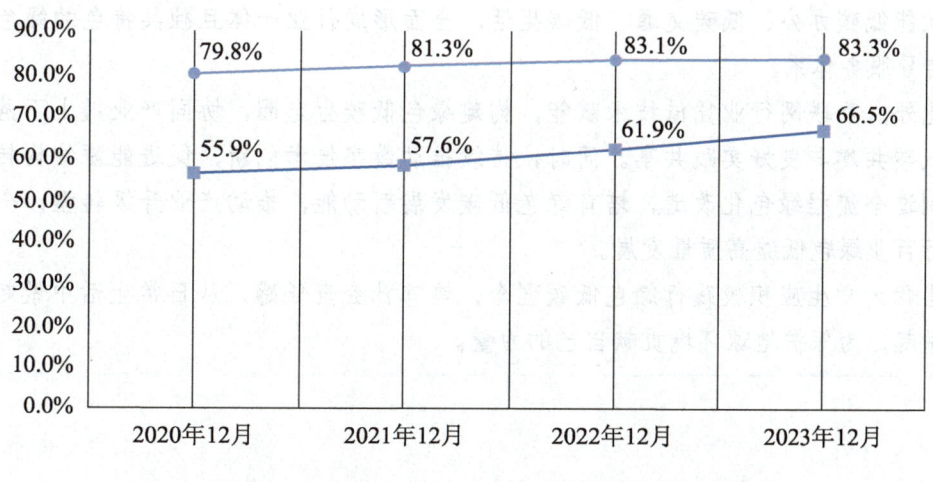

图 3-13　我国城乡地区互联网普及率变化情况

（2）群体间数字鸿沟持续弥合。我国对老年人、残疾人乐享数字生活的保障力度显著增强。2 577 家网站和 App 完成适老化及无障碍改造，超过 1.4 亿台智能手机、智能电视完成适老化升级改造。

（3）公共服务类应用加速覆盖。数字技术的发展使公共服务更加便捷与包容，智慧出行、智慧医疗等持续发展让网民数字生活更幸福。网约车、互联网医疗用户规模增长明显，较 2022 年 12 月分别增长 9 057 万人、5 139 万人，增长率分别为 20.7%、14.2%。

3．新型消费持续壮大，助推我国经济总体发展回升向好

2023 年，我国互联网应用持续发展，新型消费潜力迸发，数字经济持续发展，助推我国经济回升向好。

（1）文娱旅游消费加速回暖。以沉浸式旅游、文化旅游等为特点的文娱旅游正成为各地积极培育的消费增长点。截至 12 月，在线旅行预订的用户规模达 5.09 亿人，较 2022 年 12 月增长 8 629 万人，增长率为 20.4%。

（2）国货"潮品"引领消费新风尚。2023 年中央经济工作会议强调，培育壮大新型消费，大力发展数字消费、绿色消费、健康消费，积极培育智能家居、文娱旅游、体育赛事、国货"潮品"等新的消费增长点。当前，国货"潮品"正成为新的消费增长点。老字号推陈出新"翻红"，新国货大胆创新"出圈"。潮流化的创新表达，文化与科技相结合的新设计、新营销，让国货"潮品"展现新的活力。

砥砺前行

互联网行业充分发挥平台属性与信息传播特性，将绿色低碳价值理念与主营业务深度融合，探索开展以长效性、周期性、趣味性为基础的各类低碳价值传导活动。互联网企业面向消费者及客户、内部员工等相关方持续输出绿色低碳价值理念，通过互联网赋能低碳办公、低碳交通、低碳生活，全面形成行业一体且独具特色的绿色低碳价值传导服务体系。

此外，互联网行业凭借技术赋能，构建绿色低碳生态圈，协同产业链上下游实现绿色低碳共建与良好实践共享。同时，持续推动数字技术创新，促进能源结构转型和生产制造全流程绿色化改造，培育绿色低碳发展新动能，推动产业升级转型，全面赋能千行百业绿色低碳高质量发展。

当代大学生应积极践行绿色低碳理念，培养社会责任感，从日常生活中做起，从自己做起，为保护地球环境贡献自己的力量。

项目三　数字产业化

调研我国 5G 产业的发展历程

📘 任务要求

调研我国 5G 产业的发展历程，熟知我国 5G 在网络建设、用户增长、产业发展、应用创新等方面取得的积极成效。

📘 任务流程

（1）学生分组：全班学生以 5～8 人为一组进行分组，各组选出一名成员担任本组的组长。

（2）展开调研：每位同学通过在线搜集资料、查阅书籍和文献等方式，调研我国 5G 产业的发展历程。

（3）调研总结：每位同学根据调研情况进行总结，并将表 3-10 填写完整。

表 3-10　我国 5G 产业的发展历程

发展阶段	网络建设情况	用户情况	应用场景

（4）展开讨论：以小组为单位，讨论下列问题。

① 我国 5G 产业发展所获得的关键性政策支持有哪些？这些政策是如何促进 5G 产业发展的？

② 我国 5G 产业的发展现状如何？

③ 我国 5G 技术主要应用在哪些领域？

④ 我国5G技术在哪些领域取得了显著的成效？

任务评价

各组成员按照表3-11中的评价标准对每个成员的任务实施完成情况进行自评和互评，并请老师进行评价。

表3-11 任务评价

评价标准	分值	自评	互评	师评
能按照任务流程完成任务实施活动	25分			
能积极参与讨论	25分			
能简单阐述我国5G产业的发展历程	25分			
能分析汇总我国5G技术的应用领域及取得成效	25分			
合计	100分			
总分=自评（30%）+互评（30%）+师评（40%）				

项目实训

分析某省（市）某数字化产业发展的条件及现状

数字化产业包括电子信息制造业、电信业、软件和信息技术服务业、互联网行业等经济社会的核心领域。请你选择某一省（市）的某一数字化产业作为调研对象，分析其发展的条件及现状，具体要求如下。

（1）搜集相关资料，选择某一省（市）的某一数字化产业作为调研对象。

（2）展开调研，通过在线搜集资料、查阅文献等方式调研所选省（市）及数字化产业的发展条件及现状。

（3）分析调研对象发展的条件及现状，并将表3-12填写完整。

表3-12 某省（市）某数字化产业发展的条件及现状

调研对象	
发展条件	① 法律法规与政策的支持：

表 3-12（续）

发展条件	② 数字技术及相关基础设施： ③ 数字化人才队伍的建设：
发展现状	

（4）撰写分析报告，详细阐述所选省（市）及数字化产业发展的概况，深入分析该数字化产业发展的条件，评估其当前的发展现状（如产业规模、产业链成熟度、数字化应用水平等），并结合调研结果提出有针对性的建议和发展策略，以促进该数字化产业的进一步发展和优化。

项目考核

（1）数字产业化发展所需的条件有哪些？它们是如何共同推动数字产业化发展的？

（2）数字技术有哪些？这些数字技术如何融合促进数字经济的发展，请举例说明。

（3）请举例说明人工智能技术在各个领域的应用。

（4）数字化产业的整体发展现状如何？数字产业化的发展对我国数字经济的发展有何助推作用？

（5）我国互联网行业的典型应用有哪些？这些应用给人们的生活和工作带来了哪些影响？

项目四

产业数字化

项目导读

发展数字经济,要协同推进数字产业化和产业数字化。其中,数字产业化是数字经济的基础部分,为产业数字化发展提供数字技术、产品、服务、基础设施和解决方案。产业数字化则是在数字技术的支撑和引领下,以数据为关键要素,对传统产业进行数字化升级、转型和再造的过程。数字产业化,是数字经济发展的根基和动力源泉。产业数字化,是数字经济发展的"主战场",是加快产业转型升级的重要途径。同时,推动产业数字化对增强产业国际竞争力具有战略意义。

知识目标

- 了解数字化与产业融合。
- 了解传统产业数字化转型发展。

技能目标

- 能够理解数字化推动产业融合的作用。
- 能够理解数字农业、数字工业和数字服务业的发展现状。

素养目标

- 感受我国数字化智能化的快速发展,增强民族自豪感,提升爱国主义情怀。
- 提倡绿色发展,维护生态文明建设。
- 倡导终身学习,为社会发展贡献力量。

项目四 产业数字化

任务一 了解数字化与产业融合

随着数字规模和数字技术的迅猛发展,数字化在社会经济方面产生了深远影响,尤其是当前传统产业转型升级的核心力量。产业融合,是数字化时代的重要趋势,正在逐步打破不同产业之间的界限,尤其加快了服务业向其他产业的渗透,使跨界合作与创新成为常态,创造出更多前所未有的商业模式和机会。总体而言,数字化推动产业融合,不仅加速了产业升级与转型,更为经济的持续增长注入了新的活力。

一、数字化

数字化是信息技术发展的高级阶段,是数字经济的主要驱动力。新一代数字技术的快速发展,加快推动了各行各业的数字化变革。数字化的概念有狭义和广义之分。

狭义的数字化,是指将现实世界中的各类信息,通过技术手段转化为数字格式的过程。这一转换过程不仅为信息的存储、处理及传输带来了显著的效率提升,更开启了数据驱动的新时代。

广义的数字化,是指通过利用互联网、大数据、云计算、人工智能、区块链等数字技术,对企业、政府等各类主体的战略、组织结构、生产、营销等各个层面,进行系统性的、全面的变革,强调的是数字技术对整个主体的赋能和重塑。

二、产业融合

(一)产业融合的概念

产业融合是指不同产业或同一产业不同行业相互渗透、相互交叉,逐渐打破边界,实现相互融合,促进产业升级的动态发展过程。

(二)产业融合的动因

1. 技术创新

技术创新是产业融合的内在驱动力。技术创新带动传统产业的转型升级,有效推动不同产业间的融合发展,为经济高质量发展筑牢根基。一方面,技术创新带来传统产业升级和改造,降低成本,提升效率,增强传统产业供给新消费产品和服务的能力;另一方面,贯彻供给侧结构性改革,加快生产端与消费端在新的高度上的融合发展,通过传统产业的创新升级弥合供需结构失衡,进而用强大旺盛的新兴市场需求弥补技术创新与产业升级的高昂成本,形成进一步加快产业融合的内源动力。

2. 市场需求的变化

市场需求的日益多元化和个性化,推动了企业不断创新并寻求跨界合作,以满足消费者的新需求,进而促进了产业融合。例如,不同产业中的企业在进行多元化经营、多产品经营的过程中,可通过技术融合、业务融合形成差异化产品和服务,通过引导消费者的消费习惯和消费内容实现市场融合,最终促使产业融合。

3. 政策支持

党的二十大报告指出,推动战略性新兴产业融合集群发展,构建新一代信息技术、人工智能、生物技术、新能源、新材料、高端装备、绿色环保等一批新的增长引擎。构建优质高效的服务业新体系,推动现代服务业同先进制造业、现代农业深度融合。

政府通过制定相关政策,引导和支持产业融合的发展,为产业融合创造良好的外部环境。这些政策可能包括税收优惠、资金扶持、人才培养、市场准入等方面,旨在降低产业融合的门槛和成本,推动产业的跨界融合和升级。

4. 竞争与合作的博弈

企业要在不断变化的竞争环境中谋求发展扩张,不断探索如何更好地满足消费者需求以实现利润最大化和保持长期的竞争优势。在这个过程中,企业间越来越倾向于在竞争中寻求合作,通过合作激发创新,实现一定程度的产业融合。因此,企业间日益密切的竞争与合作关系,以及企业对于利润和持续竞争力的不懈追求,共同推动了产业融合的大潮。

(三)产业融合的形式

1. 数字技术的渗透融合

数字技术向传统产业不断渗透,成为提升和引领数字经济发展的关键性因素,数字技术及产业发展有利于提升传统产业的发展水平,促进传统产业提质增效,加速传统产业的信息化、智能化。

例如,数字技术正在以前所未有的广度和深度渗透到制造业的各个环节中,使制造业的产品和生产过程,以至管理方式发生了深刻的、甚至是革命性的变化。

2. 产业间的延伸融合

产业间的延伸融合,是指通过产业间的互补和延伸,赋予原有产业新的附加功能和更强的竞争力,形成融合型的产业新体系。这种融合更多地表现为第三产业向第一产业和第二产业的延伸和渗透。

例如,第三产业中相关的服务业正加速向第二产业的研发、设计和制造等过程展开全方位的渗透、延伸,金融、法律、管理、培训、研发、设计、客户服务、技术创新、运输、广告等服务在第二产业中的作用日趋加大,这些服务业和第二产业之间相互融合成新型产业体系。

又如，旅游业与传统农业相结合，开发农业观光旅游项目，游客可以体验农耕文化、品尝农家美食、参与农事活动等，从而增加农业的附加值和吸引力。

3. 产业内部的重组融合

产业内部的重组融合主要发生在具有紧密联系的产业或同一产业内部不同行业之间。在数字经济时代，重组融合更多地表现为以数字技术为纽带的、产业链的上下游产业的重组融合，融合后生产的新产品表现出数字化、智能化和网络化的发展趋势，如智能模糊洗衣机、绿色家电的出现就是重组融合的重要成果。

三、数字化推动产业融合

《中共中央关于制定国民经济和社会发展第十四个五年规划和二〇三五年远景目标的建议》提出"加快发展现代产业体系，推动经济体系优化升级"，要求"坚持把发展经济着力点放在实体经济上，坚定不移建设制造强国、质量强国、网络强国、数字中国，推进产业基础高级化、产业链现代化，提高经济质量效益和核心竞争力"，并给出了以数字化推动产业融合的具体任务。

杭州钢铁集团产业数字化转型策略

（一）提升产业链供应链现代化水平

保持制造业比重基本稳定，巩固壮大实体经济根基。坚持自主可控、安全高效，分行业做好供应链战略设计和精准施策，推动全产业链优化升级。锻造产业链供应链长板，立足我国产业规模优势、配套优势和部分领域先发优势，打造新兴产业链，推动传统产业高端化、智能化、绿色化，发展服务型制造。

完善国家质量基础设施，加强标准、计量、专利等体系和能力建设，深入开展质量提升行动。促进产业在国内有序转移，优化区域产业链布局，支持老工业基地转型发展。补齐产业链供应链短板，实施产业基础再造工程，加大重要产品和关键核心技术攻关力度，发展先进适用技术，推动产业链供应链多元化。

优化产业链供应链发展环境，强化要素支撑。加强国际产业安全合作，形成具有更强创新力、更高附加值、更安全可靠的产业链供应链。

（二）发展战略性新兴产业

加快壮大新一代信息技术、生物技术、新能源、新材料、高端装备、新能源汽车、绿色环保以及航空航天、海洋装备等产业。推动互联网、大数据、人工智能等同各产业深度融合，推动先进制造业集群发展，构建一批各具特色、优势互补、结构合理的战略性新兴产业增长引擎，培育新技术、新产品、新业态、新模式。促进平台经济、共享经济健康发展。鼓励企业兼并重组，防止低水平重复建设。

（三）加快发展现代服务业

推动生产性服务业向专业化和价值链高端延伸，推动各类市场主体参与服务供给，加快发展研发设计、现代物流、法律服务等服务业，推动现代服务业同先进制造业、现代农业深度融合，加快推进服务业数字化。

推动生活性服务业向高品质和多样化升级，加快发展健康、养老、育幼、文化、旅游、体育、家政、物业等服务业，加强公益性、基础性服务业供给。推进服务业标准化、品牌化建设。

（四）统筹推进基础设施建设

构建系统完备、高效实用、智能绿色、安全可靠的现代化基础设施体系。系统布局新型基础设施，加快第五代移动通信、工业互联网、大数据中心等建设。加快建设交通强国，完善综合运输大通道、综合交通枢纽和物流网络，加快城市群和都市圈轨道交通网络化，提高农村和边境地区交通通达深度。

（五）加快数字化发展

发展数字经济，推进数字产业化和产业数字化，推动数字经济和实体经济深度融合，打造具有国际竞争力的数字产业集群。加强数字社会、数字政府建设，提升公共服务、社会治理等数字化智能化水平。建立数据资源产权、交易流通、跨境传输和安全保护等基础制度和标准规范，推动数据资源开发利用。扩大基础公共信息数据有序开放，建设国家数据统一共享开放平台。保障国家数据安全，加强个人信息保护。提升全民数字技能，实现信息服务全覆盖。积极参与数字领域国际规则和标准制定。

任务实施

分析数字化推动产业融合的实例

▶ 任务要求

分析数字化推动产业融合的实例，了解产业融合的形式，理解数字化在产业融合过程中的推动作用。

▶ 任务流程

（1）学生分组：全班学生以 5~8 人为一组进行分组，各组选出一名成员担任本组的组长。

（2）选取实例：各组在网上搜索数字化推动产业融合的案例，并选取其中一个典型案例作为本组的分析对象。

（3）展开分析：每位同学针对本组所选的实例进行分析，分析内容主要围绕产业融合的形式、数字化的推动作用等。

（4）分析总结：每位同学根据分析情况进行总结，并将表 4-1 填写完整。

表 4-1　数字化推动产业融合的实例分析

分析对象	
产业融合的形式	
数字化的推动作用	

（5）展开讨论：以小组为单位，讨论下列问题。

① 产业融合的形式有哪些？本组所选的案例中采取的是什么形式？
② 本组所选的案例中数字化推动产业融合是如何实现的？

任务评价

各组成员按照表 4-2 中的评价标准对每个成员的任务实施完成情况进行自评和互评，并请老师进行评价。

表 4-2　任务评价

评价标准	分　值	自　评	互　评	师　评
能按照任务流程完成任务实施活动	25 分			
能积极参与讨论	25 分			
能了解产业融合的形式	25 分			
能理解数字化在产业融合过程中的推动作用	25 分			
合计	100 分			
总分=自评（30%）+互评（30%）+师评（40%）				

 了解传统产业数字化转型发展

党的二十大报告指出,坚持把发展经济的着力点放在实体经济上,促进数字经济和实体经济深度融合。实体经济是一国经济的立身之本、财富之源。而传统产业作为实体经济的主体,具备牢固的产业基础、丰富的应用场景和广阔的市场空间。加快推动传统产业数字化转型,在充分发挥传统产业优势的基础上叠加数字技术红利,对于塑造产业竞争新优势、构建现代化产业体系、实现经济高质量发展具有重要的战略意义。

一、数字农业

(一) 数字农业的概念

数字农业是指利用数字技术实现农业生产、管理、服务等方面的数字化、网络化、智能化,从而提高农业生产效率、降低生产成本、提高农产品质量和市场竞争力的现代农业模式。

(二) 数字农业的特征

1. 数据上升为关键生产要素

《"十四五"全国农业农村信息化发展规划》指出,夯实大数据基础,提升农业农村管理决策效能,并具体提出建立健全农业农村数据资源体系和深入推进农业农村大数据发展应用的规划。数据作为具有新质生产力特征的生产要素,正在数字农业生产中扮演着重要角色。它可以提高土地产出率、劳动生产力,优化农业产业结构,进而提高农业产业质量,提高农业经济的效益水平。

> **提示**
> 新质生产力是创新起主导作用,摆脱传统经济增长方式、生产力发展路径,具有高科技、高效能、高质量特征,符合新发展理念的先进生产力质态。

2. 数字技术向农业全产业链赋能

数字农业智能化水平显著提升,数字技术已经广泛应用于农业产业全流程,为农业现代化和精准农业提供了重要支持。

在运营模式上，数字技术将农业生产全产业链关键环节串联起来，构建并优化了农产品全链条数字化运营体系；在供应端，数字技术在农产品的生产、加工、销售、配送全链条应用，促进了农业生产智能化，有效降低了农产品全程追溯监管成本；在销售端，电商平台将线上资源整合优势与线下客户渠道资源融合打通，增强了农产品与消费者偏好的匹配度。同时，农业全产业链的数字化升级，将促进第一、二、三产业融合发展，使农业与科技、文化、旅游等领域融合发展。

3. 数字农业与乡村振兴战略联动融合

党的二十大报告指出，加快建设农业强国，扎实推动乡村产业、人才、文化、生态、组织振兴。新时代数字农业发展与乡村产业、人才、文化、生态、组织同频共振、同向同行，为农业农村现代化建设奠定了坚实基础。

乡村振兴战略的深入实施为数字农业发展提供了广阔空间。发展数字农业是乡村振兴的有效引擎和重要任务，有助于深入挖掘数字化对乡村振兴的促进作用，全面推动农业升级、农村进步、农民发展，以高质量发展解决新时代"三农"问题。

案例精选

> #### "数商兴农"初见成效
>
> 2022年1月4日，《中共中央 国务院关于做好2022年全面推进乡村振兴重点工作的意见》（21世纪以来第19个指导"三农"工作的中央一号文件）中提出：实施"数商兴农"工程，推进电子商务进乡村。
>
> "数商兴农"工程的第一层含义是适应数字经济形态，加快乡村产业数字化转型；第二层含义是要完善县域商业体系建设，营造乡村产业发展的基础环境；第三层含义是把"兴"作为目标，重在激发乡村业态活力；第四层含义是把"农"作为根本，归根到底要有益于农业发展和农民增收。
>
> "数商兴农"工程着眼于改善农村电商的服务基础设施、提升农村产品网货化能力，助力国家"乡村振兴"战略实施。随着"数商兴农"工程深入实施，工业品下乡、农产品进城的农村电商双向流通格局得到巩固提升，直播电商、社区电商等新型电子商务模式在农村和农产品网络零售领域不断创新发展，在促进农产品上行、更好保障农产品有效供给等方面发挥了重要作用。

（三）数字技术在农业中的应用

1. 智能化生产阶段

（1）实现科学育种。传统的作物育种和家畜育种成本高、工作量大、耗时长，利用物联网和大数据等数字技术，实现对育种的信息化采集和数据化的科学分析，提升育种的效率和精准

吉林省数字农业建设

度,从而有利于农业生产水平的提高。

(2) 优化生产决策。农业经营者利用物联网、大数据、"3S"等技术实时收集种质信息、生长环境信息、施肥施药信息、农事信息等,并通过对上述海量数据进行分析的基础上,优化生产决策和资源投入。

> **提示**
>
> "3S"技术是遥感(remote sensing, RS)、地理信息系统(geographic information system, GIS)、全球定位系统(global positioning system, GPS)的简称。"3S"技术融合了空间技术、传感器技术、卫星定位与导航技术和计算机技术、通信技术,是多学科的综合应用。随着技术进步,RS、GIS、GPS 相关技术不断走向技术集成,构成"3S"技术体系,可以实现对空间信息进行快速准确的采集、处理、管理、分析、传输和应用。

(3) 发展智能农机。利用机器学习,智能农机具备在作业现场进行自我决策的能力,大幅提升了作业的效率和准确性,并将人力从繁重的工作中解放出来。此外,农机物联网平台,可以同步掌握智能农机的位置信息、状态信息,利用机器学习算法,实现智能农机调度过程路径规划和调度策略最优化。

2. 数字化管理阶段

(1) 生长环境监测。利用多种类型的传感器技术及 GPS 技术获取农业生长环境的各类数据,如种植业中的温度、湿度、光照、通风等参数及畜禽养殖业中的温湿度、光照强度、氨气浓度、一氧化碳浓度、二氧化碳浓度等参数,进行生长环境的实时监测和精准管理,确保农作物及畜禽生长环境的稳定性,提高农产品品质。

(2) 生长状态监测。通过在农业物联网系统中安装高清摄像头,实时监测动植物的生长发育、健康及疫病等信息,为农业生产决策提供数据支持。

(3) 农业生态环境的改善。通过大数据技术的应用,可以实现按需给药、按需施肥,减少了农药化肥等化学物质的滥用,实现了农产品的安全性,另一方面也有助于减少对自然环境带来的损害,实现农业生态安全。

(4) 农业预警系统的构建。利用物联网、大数据等技术,对农业全产业链的过程进行模拟,建立数据模型,从而找出共性、把握规律、掌握趋势,构建农业预警系统。农业预警系统可以有效降低农业生产和销售中的不确定性,让农户在产前、产中、产后进行全程把握,从而优化生产布局,力争实现产销匹配。

(5) 农产品质量追溯体系的建设。利用二维码、大数据、物联网、区块链等技术,可以实现农产品从生产、加工、销售、流通等全流程可视化管理,消费者扫描商品二维码即可了解农产品从产到收的全部信息,可以有效推进农产品质量追溯体系建设,加速农产品质量追溯的智能化和高效化,保障消费者的消费安全,促进农产品流通的转型升级。

3. 精细化加工阶段

（1）农产品质量检测。农产品质量检测，包括农产品加工、品质监控及成分细致分析等内容，是农产品流通流程中的核心环节，也是确保消费者食品健康安全的重要步骤。利用人工智能中的机器视觉和人工神经网络技术，可以对农产品质量与品质进行精准且高效的检测。这一创新应用不仅显著减少了人力投入，而且在极大程度上提升了工作效率和检测精度。

（2）智能加工。利用物联网、人工智能等技术，基于智能分拣、无损检测、包装机器人等自动化设备，促进农产品的深加工不断向自动化和智能化转变，从而实现农产品加工信息动态监测，提高加工效率和农产品附加值。

4. 高效化销售阶段

（1）优化产销模式。利用大数据技术对农产品市场供求信息、价格信息、消费者行为信息等进行深入挖掘和分析，以此优化生产结构与生产布局，大力发展"农产品基地+直销"模式，实现农产品产销模式升级，促使农产品销售更加高效便捷。

（2）发展农业电子商务。农业电子商务实现了农业领域商业模式的突破，扩大农产品销售半径，提升农业效益；重塑农产品交易流程，降低交易成本，提高交易效率；借助微信营销、短视频营销等营销方式，实现产地直销，保证农产品品质，助力农产品品牌的快速塑造；带动农产品加工、物流、观光农业等相关行业的发展，快速发展农村经济，助力乡村振兴。

5. 便捷化服务阶段

（1）咨询指导服务。农业服务便捷化的载体包括各类农业门户网站、专业农业技术网站、12316三农综合信息服务平台等。大数据、在线智能机器人等技术的应用，为农业信息服务、技术指导提供了更加精准的信息及更加便捷及时的渠道，更好地解决了农户在农业生产经营和流通过程中遇到的各类问题。

（2）仓储物流服务。大数据、物联网等技术的应用，加快了农产品仓储物流数字化的建设，从而有助于促进信息互联互通、实现物流供需匹配、提升设施运营效率。

（四）我国农业数字化的发展历程

1. 应用起步阶段（1979—1990年）

20世纪70年代末，我国农村改革开始释放市场的活力。1979年，我国引进第一台大型计算机——FelixC-512，用于农业科学计算、数学规划模型和统计分析等。1981年，中国农业科学院开始筹建我国农业领域第一个计算机应用研究机构——计算中心。

1985年，农牧渔业部提出了《建设农牧渔业信息系统的方案意见》，并制定了《农牧渔业部电子计算机应用规划》。1987年，农牧渔业部成立信息中心，以推进计算机技术在农业和农村统计工作中的应用。受当时的经济社会条件和信息技术发展水平所限，这一时期农业农村信息化建设还处于起步阶段，建设重点集中在推进计算机技术在农业研究和农业管理中的应用，发挥其在信息收集、统计分析和规划模拟等方面的积极作用。

2. 组织建构阶段（1991—2000 年）

1993 年 12 月，国务院成立国家经济信息化联席会议以组织协调和统筹推进"三金"工程建设，正式拉开国民经济信息化的序幕。1994 年底，国家经济信息化联席会议召开国民经济信息化总体规划会，提出"九五"计划期间启动包括"金农"工程（农业综合管理和服务信息系统）在内的八大重点信息工程建设。

1996 年 1 月，国务院决定成立国家信息化领导小组，加强对全国信息化工作的统一领导和组织协调。1997 年 4 月，首次全国信息化工作会议在深圳召开。会议研究制定了《国家信息化"九五"规划和 2010 年远景目标（纲要）》，明确了国家信息化建设的总体思路和信息化体系的基本构架，以及未来 5～15 年国家信息化建设的目标。1998 年，国务院组建信息产业部，标志着我国信息化建设走上了既有组织、有计划，又按市场规律推进的发展轨道。

随着国家信息化建设进程的迅速推进，农业部于 1993 年成立农村经济信息体系领导小组，1994 年成立市场与经济信息司，初步形成由领导小组统筹协调、市场与经济信息司组织实施、信息中心为技术依托，各专业司局和有关直属事业单位共同参与的信息化建设的组织机构体系。

1996 年，农业部召开首次全国农村经济信息工作会议，讨论制定《"九五"时期农村经济信息体系建设规划》，提出农村经济信息体系建设的基本构想。1996 年和 1997 年，中国农业信息网和中国农业科技信息网相继开通运行，致力于面向农业科研教育机构、农业科技推广部门、广大农户和涉农企业提供农业政务公开信息和综合性的农业信息服务。

总体来看，这一时期是农业农村信息化建设的组织建构阶段，中央和地方成立了信息化建设的领导机构、业务主管部门和技术支持单位，为推进农业农村信息化建设奠定了组织基础，并提出了信息化体系建设的基本设想，初步构建了以农业信息网和农业科技信息网为主要载体的农业农村信息服务平台。

3. 体系建设阶段（2001—2010 年）

进入 21 世纪以来，国民经济和社会信息化上升至覆盖现代化建设全局的战略举措的高度和优先发展位置。2002 年，中共中央办公厅、国务院办公厅发布《国家信息化领导小组关于我国电子政务建设指导意见》，要求启动和加快建设包括"金农"在内的 8 个政府业务系统工程建设。2006 年，我国信息化发展的第一个中长期战略《2006—2020 年国家信息化发展战略》正式颁发，在面向"三农"服务方面做出了提高农村网络普及率、建设城乡统筹的信息服务体系等部署。

2001 年，农业部在信息化建设"面向市场"的方针指引下，启动《"十五"农村市场信息服务行动计划》，力图通过农村市场信息多媒体发布窗口建设、农业信息网建设、农村市场信息资源开发整合、省市县乡各级信息服务站建设及农村信息员队伍建设五大抓手，使农村市场信息服务滞后的状况得到根本性改变。

"十一五"规划期间，在国家做出社会主义新农村建设部署并颁发信息化发展中长期战略的背景下，农业部加大了信息化体系建设的规划力度，在2006—2007年相继出台《农业部关于进一步加强农业信息化建设的意见》《"十一五"时期全国农业信息体系建设规划》《全国农业和农村信息化建设总体框架（2007—2015）》3个重要文件，确立了以信息基础设施、信息资源、人才队伍、服务与应用系统、规则体系和运行机制为基本要素的总体建设框架。自20世纪90年代初即已提出的"金农工程"也进入全面实施阶段，同时还加快推进"三电合一"信息服务工程和启动实施"信息化村示范工程"等重大项目。

经过"十一五"期间的建设，我国构建起了较为健全的、覆盖中央和地方的农业农村信息化组织和工作体系，"县有信息服务机构、乡有信息站、村有信息点"的格局基本形成。在信息体系建设规划及重点工程的大力推动下，农业农村信息化基础设施明显改善，实现了村村通电话（广播电视），乡乡能上网。信息资源建设成效显著，信息技术在农村综合信息服务、农业政务管理、农业生产经营和流通等领域得到初步应用和推广。截至2010年底，农村网民规模达到1.25亿人，占整体网民的27.3%。

4．快速发展阶段（2011—2018年）

党的十八大以后，随着以移动互联网、大数据、云计算、人工智能、物联网、区块链等为代表的新一代信息技术取得突破性进展并引发新一轮产业革命，信息技术及其应用在经济社会转型发展和产业竞争中的战略地位进一步提升，党和国家相继做出建设宽带中国、网络强国和数字中国等战略部署。

在此背景下，农业农村信息化建设不仅进入快速发展阶段，而且上升到了国家战略高度。2013年，国务院发布《"宽带中国"战略及实施方案》，提出将宽带纳入电信普遍服务范围，重点解决宽带村村通问题，力争到2020年行政村通宽带比例超过98%。2018年，中共中央、国务院在《中共中央 国务院关于实施乡村振兴战略的意见》中首次提出"实施数字乡村战略"，把数字乡村定位为乡村振兴的战略方向和数字中国的重要组成部分。

为了配合国家战略部署，农业部于2013年成立农业信息化领导小组，《农业部关于推进农业农村大数据发展的实施意见》《数字农业农村发展规划（2019—2025年）》等重要文件也先后出台。与此同时，相关部门先后启动信息进村入户、电子商务进农村综合示范、电信普遍服务试点、农业物联网示范、数字农业试点、国家数字乡村试点等一系列重点工程项目建设，显著改善了农业农村的网络基础设施和信息服务能力。

5．全面提速阶段（2019年至今）

2019年，中共中央办公厅、国务院办公厅发布《数字乡村发展战略纲要》，确立了数字乡村发展的4个阶段目标和涵盖10个方面的重点建设任务。近年来，我国政策更加显性化，明确提出"发展智慧农业""建设一批数字农业创新中心"，以促进数字农业的全面发展。2022—2023 年我国农业数字化重点政策及规划汇总如表 4-3 所示。

表 4-3 2022—2023 年我国农业数字化重点政策及规划汇总

发布时间	政策名称	重点内容
2022 年	《关于推动平台经济规范健康持续发展的若干意见》	① 推动农业数字化转型。鼓励平台企业创新发展智慧农业，推动种植业、畜牧业、渔业等领域数字化，提升农业生产、加工、销售、物流等产业链各环节数字化水平 ② 健全农产品质量追溯体系，以品牌化、可追溯化助力实现农产品优质优价 ③ 引导平台企业在农村布局，加快农村电子商务发展 ④ 加快推动农村信用信息体系建设，以数字化手段创新金融支持农业农村方式，培育全面推进乡村振兴新动能
2022 年	《"十四五"数字经济发展规划》	① 大力提升农业数字化水平，推进"三农"综合信息服务，创新发展智慧农业，提升农业生产、加工、销售、物流等各环节数字化水平 ② 加快推动种植业、畜牧业、渔业等领域数字化转型，加强大数据、物联网、人工智能等技术深度应用，提升农业生产经营数字化水平
2022 年	《"十四五"推进农业农村现代化规划》	① 推动农业生产加工和农村地区水利、公路、电力、物流、环保等基础设施数字化、智能化升级 ② 聚焦生物育种、耕地质量、智慧农业、农业机械设备、农业绿色投入品等关键领域，加快研发与创新一批关键核心技术及产品 ③ 发展智慧农业。建立和推广应用农业农村大数据体系，推动物联网、大数据、人工智能、区块链等新一代信息技术与农业生产经营深度融合 ④ 建设数字田园、数字灌区和智慧农（牧、渔）场
2023 年	《农业农村部关于落实党中央国务院 2023 年全面推进乡村振兴重点工作部署的实施意见》	① 大力发展智慧农业和数字乡村 ② 加快国家农业遥感应用与研究中心建设，搭建应用农业农村大数据平台 ③ 实施数字农业建设项目，建设一批数字农业创新中心、数字农业创新应用基地，协同推进智慧农业关键核心技术攻关 ④ 制定加快推进数字乡村及智慧农业发展的指导意见
2023 年	《2023 年数字乡村发展工作要点》	① 加快农业全产业链数字化转型 ② 强化农业科技和智能装备支撑

二、数字工业

（一）数字工业的概念

数字工业是工业领域的一场深刻变革，是数字技术与工业技术深度融合的产物。数字工业是指利用数字技术对工业生产经营和管理等流程进行全方位、深层次的优化和改造，以提升生产效率、确保产品质量、实现资源的高效配置和合理利用的现代工业模式。

(二)数字工业的特征

1. 数据要素成为推动工业化的关键生产要素

数据要素作为一种新的生产要素,打破了土地、劳动、资本等传统生产要素对工业发展推动作用的制约,降低工业生产成本,促进工业企业在智能制造、精准营销等方面的创新能力不断被激发,推动工业在生产模式、组织形态等领域发生全面变革。

2. 数字技术成为推动工业化的关键技术

(1)数字技术的强渗透性带来了传统工业生产模式的更迭,数字化的生产工具提高了工业生产的精确度,保障了供给侧产品质量的稳定性。

(2)数字技术提高了产业链的创新性与协同性,促进企业组织、管理与生产水平的提高,实现生产经营数据的高效传输、共享,降低上下游产业信息交流成本,提高产业分工效率。

3. 数实融合成为推动工业发展的重要手段

随着数字经济快速发展,数字技术与产业技术、数字经济与实体经济不断融合,数字技术被应用于生产活动和企业经营的各个环节,工业生产线呈现出高度数字化、智能化的发展趋势,工业机器人在工业生产过程中愈发普及,产品生产过程和产品最终形态也逐步转化为数字与物质相结合的形态,工业生产过程中的数实融合趋势愈发鲜明。

2024 年政府工作报告提出,积极推进数字产业化、产业数字化,促进数字技术和实体经济深度融合。我国正处于新型工业化加速推进的关键时期,数字经济与实体经济融合是推动我国工业发展实现质量变革、效率变革、动力变革的"加速器",将助力现代工业体系数智化、绿色化、融合化发展,是发展新质生产力的关键路径之一。

 辉煌中国

我国数字化智能化转型发展提速

截至 2023 年 1 月,世界经济论坛公布最新一批"灯塔工厂"(即世界上最先进的工厂,是"数字化制造"和"全球化 4.0"的示范者,代表当今全球制造业领域智能制造和数字化最高水平)名单,我国已有 50 家"灯塔工厂",占全球总量的 37.9%,数量稳居世界第一。截至 2023 年 11 月,已累计遴选发布 421 家智能制造示范工厂揭榜单位和 1 235 个智能制造优秀场景,全国已建设数字化车间和智能工厂近万家。ICT行业赋能实体经济转型升级作用持续提升,5G 应用加速向工业、医疗、交通等重点国民经济领域拓展深化,截至 2023 年 6 月,已融入 60 个国民经济大类,累计形成应用案例数量超 5 万个。工业互联网一体化进园区"百城千园行"行动纵深推进,行业应用已逐步拓展至 45 个国民经济大类，标识解析体系服务企业数量已超过 27 万家。

（资料来源：中国信息通信研究院，《中国工业经济发展形势展望（2023 年）》，中国信息通信研究院，2023 年）

（三）我国数字工业发展的主要支持政策

1. 中央层面

近年来，国家发布一系列相关政策，完善顶层设计，为数字工业发展保驾护航。

2015 年 5 月，国务院发布部署全面推进实施制造强国的战略文件《中国制造 2025》，是我国实施制造强国战略第一个十年的行动纲领。

2020 年 12 月，工业互联网专项工作组发布的《工业互联网创新发展行动计划（2021—2023 年）》是为深入实施工业互联网创新发展战略，推动工业化和信息化在更广范围、更深程度、更高水平上融合发展而制定的计划。

2021 年 12 月，由工业和信息化部、国家发展和改革委员会、教育部、科学技术部、财政部、人力资源和社会保障部、国家市场监督管理总局、国务院国有资产监督管理委员会联合发布的《"十四五"智能制造发展规划》，提出"要坚定不移地以智能制造为主攻方向，推动产业技术变革和优化升级"。

2021 年 11 月，工业和信息化部发布《"十四五"信息化和工业化深度融合发展规划》，全面部署"十四五"时期两化深度融合发展工作重点，加速制造业数字化转型。

2024 年 5 月，工业和信息化部发布《工业互联网专项工作组 2024 年工作计划》，明确了工业互联网在 2024 年的发展方向、重点任务和具体举措，旨在全方位推进工业互联网的规模化发展。

2. 地方层面

近年来，各地方政府积极出台政策，促进工业数字化转型发展。2021—2022 年我国各地方发布的关于工业数字化转型的重点政策汇总如表 4-4 所示。

表 4-4 2021—2022 年我国各地方发布的关于工业数字化转型的重点政策汇总

政策发布方	发布时间	政策名称	重点内容
北京市人民政府	2021 年	《北京市"十四五"时期高精尖产业发展规划》	① 打造面向未来的高精尖产业新体系 ② 推动实现规模以上工业企业智能化改造全覆盖，推动先进制造业企业向全要素、全流程、多领域智能协同运营转型，构建基于智能制造的竞争新优势 ③ 推进智能生产力提升 ④ 实施"新智造 100"工程

表 4-4（续）

政策发布方	发布时间	政策名称	重点内容
上海市人民政府办公厅	2021 年	《上海市先进制造业发展"十四五"规划》	① 推进数字技术全方位、全角度、全链条赋能制造业发展 ② 加快制造业数字化转型 ③ 打造具有战略性和全局性的产业链，提升产业链现代化水平。推动传统产业链优化升级，加快推进钢铁、化工、轻工等传统优势行业和企业应用先进适用技术
天津市人民政府	2021 年	《天津市加快数字化发展三年行动方案（2021—2023 年）》	① 发展新智造，制定实施制造业数字化转型工作方案，赋能全国先进制造研发基地建设 ② 实施产业数字化转型发展行动，重点推进高端装备、电子信息等行业数字化集成应用
广东省人民政府	2021 年	《广东省制造业数字化转型实施方案（2021—2025 年）》	① 推动工业软件攻关及应用 ② 发展智能硬件及装备 ③ 培育工业互联网平台 ④ 完善数字化基础设施 ⑤ 构建数字化安全体系
福建省工业和信息化厅、福建省财政厅	2022 年	《关于推进工业数字化转型的九条措施》	① 支持工业互联网平台赋能 ② 推广典型应用场景。支持工业领域数字化成熟典型应用场景复制推广 ③ 推进标识解析建设应用。支持工业互联网标识解析集成创新，开展关键产品追溯、供应链管理、产品全生命周期管理等应用 ④ 引培数字技术人才 ⑤ 健全平台服务体系，推进县级平台建设全覆盖，实现省、市、县三级平台互联互通、数据共享，提升平台数字化服务能力 ⑥ 加强数据安全保障

知识拓展

"新智造 100" 工程

北京市立足新一代信息技术和先进制造业深度融合趋势，强化以示范带应用、以应用带集成、以集成带装备、以装备带智造，聚焦高端化、智能化优势产品，打造 10 个产值过百亿元的标杆性"智慧工厂"，建设 100 个"智能工厂"，支持 1 000 家规模以上先进制造业企业智能化改造升级，培育万亿元级智能制造产业集群，培育10家收入超20亿元的智能制造系统解决方案供应商和30家智能制造单项冠军。

10个产值过百亿元的标杆性"智慧工厂"：对标世界"灯塔工厂"和我国"智能制造标杆企业"，支持有国际影响力的领军企业打造具有样板效应和产业链带动作用的标杆性"智慧工厂"。

100个"智能工厂"：聚焦高精尖产业细分领域和细分产品，支持创建一批"智能工厂"和"数字化车间"，打造行业智能制造标杆示范，形成可复制、可推广的智能制造新经验、新模式。

1 000家规模以上先进制造业企业：分行业、分层次持续推进千家规模以上先进制造企业实施智能化改造。支持企业围绕研发、设计、生产管理、服务等关键环节，开展核心价值链、关键工艺与工序段、生产单元与产线、车间与工厂的持续改造，不断提升设备互联、数据共享、资源优化、科学决策水平，分步建设智能产线、数字化车间、"智能工厂""智慧工厂"，实现制造企业数字化、网络化、智能化的逐步升级。

万亿元级智能制造产业集群：围绕"优势产品+标杆工厂"的发展模式，优化智能制造创新链和产业链。通过挖掘智能化应用场景，以智能手机、机器人等优势产品为重点，培育智能化产品和服务集群，打造"智能+"产业生态。

（四）数字技术在工业中的应用

1. 变革化的研发设计

网络平台的逐步成熟，各种开发软件的广泛普及，物联网、大数据、云计算、人工智能等技术加速由单项应用向集成应用拓展，促使研发工具、主体、流程、运作方式正在经历如下深刻变革。

（1）设计方法和工具的革命。研发设计从以物理试验为手段向以数字仿真为手段转变，由传统手工建模时代迈进数字化建模时代。

（2）研发设计主体的变革。研发设计从封闭式"公司+雇员"的经典组织结构向开放式"工业互联网平台+海量个人"的全新组织形式转变。

（3）研发设计模式的转变。研发设计流程由"串行模式"向"并行模式"转变，迈向网络化协同与软件定义的新阶段。

随着计算机辅助设计（computer aided design, CAD）、计算机辅助工程（computer aided engineering, CAE）、计算机辅助工艺设计（computer aided process planning, CAPP）等新型设计软件的大规模使用，高度集成的数字化模型、研发工艺仿真体系及网络化协同研发平台的建立，在流程中整合知识、工具和方法，将传统上相互独立、顺序进行的碎片化研发活动在时间和空间上实现了交叉、重组和优化，基于互联网、云计算、大数据等技术，跨区域、跨企业、跨行业的研发设计资源被有效整合，促使研发流程在整体上实现从串行向并行的转变。

2. 智能化的生产制造流程

随着数字孪生、人工智能、5G、大数据、区块链、虚拟现实（augmented reality, AR）、增强现实（virtual reality, VR）、混合现实（mixed reality, MR）等新技术在制造环节的深度应用，形成一批"数字孪生+""人工智能+""虚拟、增强、混合现实+"等智能场景，工业企业逐步实现生产制造流程的智能化。

数字孪生是一种以实体对象为核心，通过在数字空间构建与现实世界实体对象相互映射的数字模型的技术。

3. 智能化的仓储物流

随着物联网、大数据、云计算、人工智能等技术在仓储物流中的应用，工业企业仓储物流的效率和智能化水平逐步提升，库存成本和物流成本逐步降低。

4. 高效化的运维服务

（1）自动化运维。利用自动化工具，工业企业可以实现监控、配置、故障排查等运维工作的自动化，减轻运维人员负担。

（2）智能运维。利用大数据、人工智能等技术，工业企业可以实现故障预测、性能优化等高级运维功能，提升运维工作效率。

5. 自动化的运作和管理

基于供应链管理、客户关系管理和商业智能（business intelligence, BI），以及物联网、大数据、云计算、人工智能等技术的应用，工业企业逐步实现业务流程、资源调度与配置、风险管理、监控与预警等各个方面自动化的运作和管理。

6. 智能化的决策支持

利用大数据、人工智能等技术，工业企业可以实现智能化的决策支持。

（1）数据驱动的决策分析。通过收集、整合和分析各类数据，如市场数据、客户数据、运营数据等，智能化决策系统能够为企业提供全面的决策支持。这些数据经过机器学习算法的处理，能够揭示出隐藏在数据背后的规律和趋势，为决策者提供有力的数据支持，帮助企业提前做好准备，抓住市场机遇，实现更好的发展。

（2）持续优化决策模型。通过反馈机制和持续学习，智能化决策系统能够不断完善自身的算法和模型，提高决策的准确性和效率，确保企业在不断变化的市场环境中保持竞争力。

（3）决策支持与风险管理。智能化决策系统能够对决策方案进行全面的风险评估，并提供相应的风险管理建议，帮助企业降低决策风险，确保决策的安全性和稳定性。

> **砥砺前行**
>
> 工业是立国之本、强国之基，同时也是能源资源消耗和碳排放重点领域，工业数字化绿色化融合发展是高质量发展的内在要求、必然趋势和必由之路。碳达峰碳中和"1+N"政策体系中明确提出要加快发展新一代信息技术等战略性新兴产业，推进工业领域数字化智能化绿色化融合发展。在数字技术蓬勃发展和工业绿色转型双重背景下，探究数绿融合发展的内涵、理论机制与实现路径，具有重要现实意义。绿色化是工业高质量发展的底色和重要目标，数字化则是重要方式和手段，利用数字技术打造"绿水青山"和"金山银山"，以工业文明助推生态文明建设。
>
> 当代大学生也应积极参与到生态文明建设的实践中，通过提高环保意识、倡导绿色生活和参与环保实践等方式，为推动绿色发展、促进人与自然和谐共生贡献自己的力量。

三、数字服务业

（一）数字服务业的概念

数字服务业是指结合服务业与数字化的特征，运用数字技术作用于传统服务业，促进其转型升级，成为集聚数字化、智能化、平台化、标准化和品质化的现代服务业的模式。

（二）数字服务业的特征

1. 服务要素的数字化

数据的广泛聚集，数字技术的普遍应用，将产生融合型的数字化人才、知识，打造服务业的新生产要素，从而提升服务业的创新力。

2. 服务过程的数字化

各种数字技术的融合应用，实现服务过程的数字化，从用户需求分析、服务设计、交互沟通、服务执行到服务考核评估等，从而提高服务效率和协作效率。

3. 服务产品的数字化

各种数字技术的融合应用，增强服务本身的功能和体验，提升服务产品的数字化水平。在数字经济时代，构建完整的服务价值体系是数字服务业发展的关键。

（三）数字服务业发展的重要意义

党的二十大报告指出，构建优质高效的服务业新体系。服务业是我国经济社会发展的重要组成部分，也是实现高质量发展的关键环节。当前背景下，提升服务业数字化发展水平已成为提升服务业发展能级，构建服务业发展新体系的必经之路。

1. 数字服务业提升了服务业的竞争力

随着创新驱动发展的深入实施,数字技术对服务业的引领带动能力在不断提高。

(1) 新数字技术加快涌现,创新迭代速度不断提升,服务业已经成为新技术发挥引领带动作用的主战场,也成为其赋能发展的优先对象。

(2) 以数字技术为主体的信息技术服务业快速发展,成为服务业成长的重要动力。近几年,信息传输、计算机服务和软件业年均增速是服务业整体的一倍以上。

(3) 数字技术以赋能的方式与服务业有机融合,成为提升服务业质量与效率的重要手段。2022年,我国服务业数字化渗透率达到44.7%,高于农业(10.5%)和工业(24.0%),成为三次产业中数字化转型增速最快的领域。

2. 数字服务业扩大了优质服务业的覆盖领域

数字技术创新让优质服务业供给可以覆盖更多人民群众,同时也引领了服务业的供给侧创新形成更多优质供给。

(1) 数字技术降低参与门槛,提升供需对接效率,推动实现了潜在人群的广覆盖。截至2023年末,我国网络购物、网上外卖、网约车的用户已经分别达到9.15亿人、5.45亿人和5.28亿人,数字技术既让大规模的消费者可以高效匹配服务供给,又可以让优质服务通过众多消费者的筛选实现脱颖而出。

(2) 数字技术有效激活优质小众市场。由于市场需求日益多样,服务需求差异化、个性化特点日渐突出,小众市场、低频需求的呼声越来越高。数字技术以高速度、低成本、广覆盖的特征,可以精准匹配市场小众需求,从而迅速达到服务供给的最小经济规模。近年来,研学游、有声剧等一批服务业小众市场有效激活。

3. 数字服务业拓展了服务业发展的新空间

数字化转型带来了服务业运营方式的巨大转变,在传统业务以外又形成了新的巨大发展空间。

(1) 数字技术以创造新的平行数据市场实现服务业发展空间的有效拓展。海量数据被广泛收集使用,创造出精准数据应用价值,消费者基于内容价值被吸引注意力而形成广告推送这一变现新渠道。

(2) 数字技术在服务业的广泛应用,为服务业发展带来了新契机。网络视频与网络音乐付出一次生产成本就可以持续产生消费收益,截至2023年末,这两大领域的用户已经分别达到10.67亿人和7.15亿人,市场空间极其巨大。此外,在数字化赋能下,我国服务贸易出口额持续快速增长,带来新的海外发展空间。

(四) 数字服务业的关键领域

1. 电子商务

电子商务是通过互联网等信息网络销售商品或者提供服务的经营活动,是数字经济和实体经济的重要组成部分,是催生数字产业化、拉动产业数字化、推进治理数字化的重要引擎，是提升人民生活品质的重要方式，是推动国民经济和社会发展的重要力量。

我国电子商务已深度融入生产生活各个领域，在经济社会数字化转型方面发挥着举足轻重的作用。国家统计局数据显示，2023 年，电子商务交易额为 468 273 亿元，比 2022 年增长 9.4%，网上零售额为 154 264 亿元，比 2022 年增长 11.0%。

2021 年，商务部、中央网信办、国家发展和改革委员会联合发布的《"十四五"电子商务发展规划》提出"十四五"时期，电子商务将充分发挥联通线上线下、生产消费、城市乡村、国内国际的独特优势，全面践行新发展理念，以新动能推动新发展，成为促进强大国内市场、推动更高水平对外开放、抢占国际竞争制高点、服务构建新发展格局的关键动力。具体而言，"十四五"时期，发展电子商务的主要任务如下。

（1）深化创新驱动，塑造高质量电子商务产业。主要任务包括强化技术应用创新、鼓励模式业态创新、深化协同创新、全面加快绿色低碳发展。

（2）引领消费升级，培育高品质数字生活。主要任务包括打造数字生活消费新场景、丰富线上生活服务新供给、满足线下生活服务新需求。

（3）推进商产融合，助力产业数字化转型。主要任务包括带动生产制造智能化发展、提升产业链协同水平、推动供应链数字化转型。

（4）服务乡村振兴，带动下沉市场提质扩容。主要任务包括培育农业农村产业新业态、推动农村电商与数字乡村衔接及培育县域电子商务服务。

（5）倡导开放共赢，开拓国际合作新局面。主要任务包括支持跨境电商高水平发展、推动数字领域国际合作走深走实及推进数字领域国际规则构建。

（6）推动效率变革，优化要素资源配置。主要任务包括促进数据要素高水平开发利用、梯度发展电子商务人才市场、优化电子商务载体资源及多维度加强电子商务金融服务。

（7）统筹发展安全，深化电子商务治理。主要任务包括完善电子商务法规标准体系、提升电子商务监管能力和水平及构建电子商务多元共治格局。

电子商务的发展目标

2021 年，商务部、中央网信办、国家发展和改革委员会发布的《"十四五"电子商务发展规划》提出了电子商务的发展目标，具体如下。

到 2025 年，我国电子商务高质量发展取得显著成效。电子商务新业态新模式蓬勃发展，企业核心竞争力大幅增强，网络零售持续引领消费增长，高品质的数字化生活方式基本形成。电子商务与一、二、三产业加速融合，全面促进产业链供应链数字化改造，成为助力传统产业转型升级和乡村振兴的重要力量。电子商务深度链接国内国际市场，企业国际化水平显著提升，统筹全球资源能力进一步增强，"丝路电商"带动电子商务国际合作持续走深走实。电子商务法治化、精细化、智能化治理能力显著增强。

电子商务成为经济社会全面数字化转型的重要引擎,成为就业创业的重要渠道,成为居民收入增长的重要来源,在更好满足人民美好生活需要方面发挥重要作用。

到2035年,电子商务成为我国经济实力、科技实力和综合国力大幅跃升的重要驱动力,成为人民群众不可或缺的生产生活方式,成为推动产业链供应链资源高效配置的重要引擎,成为我国现代化经济体系的重要组成,成为经济全球化的重要动力。

2. 数字金融

数字金融是现阶段金融经过数字化转型发展起来的新金融业态,是金融在社会、经济、科技发展潮流下的大趋势。数字金融业务模式和业态在不断发展变化,目前主要包括数字货币、数字支付、互联网贷款、数字信贷、数字证券、数字保险、数字理财等。

2024年政府工作报告强调要"大力发展科技金融、绿色金融、普惠金融、养老金融、数字金融。优化融资增信、风险分担、信息共享等配套措施,更好满足中小微企业融资需求。"在互联网蓬勃发展的大潮中,金融要为经济社会发展提供高质量服务。作为数字经济高质量发展的重要动能,数字金融承担着助力变革、深化服务、支持数字经济与实体经济融合发展的使命任务。

(1)发展数字金融成为趋势。

近年来,我国在数字金融领域发展取得明显成效,网络支付、移动支付、数字信贷等领域已走在全球前列。市场上各类金融机构围绕数字金融发展,从营销模式、产品研发、风险管理、战略制订、机构建设及要素投入等方面都进行了积极探索,效果显著。

此外,应进一步强化数字金融基础设施建设,以推进数字金融协调发展,大力推动信息网络、大数据平台等数字基础设施建设,促进5G通信技术、云计算技术、区块链技术建设,为数字金融的深化与广化提供支撑。同时,进一步丰富金融产品,尤其是促进直接金融市场的覆盖力度,通过数字技术的使用,在充分进行信用分析和金融需求分析的基础上,提高数字金融服务质效。

我国网络支付行业稳中有进

2023年,我国网络支付行业稳中有进,用户规模持续扩大,支付方式更加丰富,助力国民经济高效运转。

(1)用户规模创历史新高。

随着顶层设计更加完善、服务供给不断丰富,我国网络支付用户规模持续扩大,交易金额显著增长,助力国家支付体系高质量发展。截至2023年12月,网络支付用户规模已达9.54亿人,连续10年保持增长态势。2023年前3季度,网络支付业务数达11 077亿笔,交易金额达2 728万亿元,同比分别增长15.7%和9.7%。

> (2) 支付方式进一步拓展。
>
> 作为网络支付的新方式，数字人民币使用率不断提升，试点工作持续深化。截至 2023 年 12 月，15.3% 的网民表示自己使用过数字人民币，同比提升 1.2 个百分点。数字人民币试点范围已扩展至 17 个省市的 26 个地区，应用场景从个人消费业务拓展到普惠贷款等对公业务，以及税收、助农等政务服务业务中，为服务实体经济提供有力支撑。
>
> （资料来源：中国互联网络信息中心，《第 53 次中国互联网络发展状况统计报告》，中国互联网络信息中心，2024 年 3 月 22 日）

（2）我国数字金融取得高速发展的关键。

我国数字金融取得高速发展有诸多因素，但最为重要的是政府的有效管理和支持，以及市场的有效配置和创新迭代。

政府的作用主要体现在以下 3 个方面：① 积极建设数字金融基础设施，为数字金融发展打下坚实基础；② 不断完善数字金融的顶层设计，出台促进数字技术应用、业态创新发展的相关政策和标准规范，为数字金融发展指明了方向；③ 建立健全数字金融治理体系，不断完善数字金融治理体制，逐步建立透明、常态化监管体系，营造鼓励创新的生态环境。

市场的作用主要体现在以下两个方面：① 有效引导数字金融市场中技术、人才、资金等资源的配置，促进数字金融的发展；② 不断创新迭代数字金融产品、业态或模式，提升金融服务可得性和便利性。

（3）平衡发展和风险之间的关系。

数字金融发展是与风险共存的，要防范系统性金融风险，而不是试图消除金融风险。要充分运用数字技术支撑构建新型监管机制，加快建立全方位、多层次、立体化的监管体系，实现事前、事中、事后全链条全领域监管，以维护公平竞争的数字金融市场秩序，促进数字金融持续健康发展。

此外，应从以下 3 个方面提升金融风险防控能力：① 金融行业应利用数字技术，提升企业风险管理水平，强化防范化解风险能力；② 应激发市场化多元主体的活力，形成金融机构、综合平台、专业服务商协同发展的数字金融行业新生态；③ 要将以 AI 为核心的新技术作为抓手，加快金融智能化和数字化，增强数字金融行业的核心竞争力，最终实现数字金融风险可控。

3. 数字教育

党的二十大报告指出，推进教育数字化，建设全民终身学习的学习型社会、学习型大国。2024 年政府工作报告强调要"大力发展数字教育"。因此，唯有抢抓机遇，大力发展数字教育，加快推进教育强国建设，培养一批拔尖创新人才，促进新质生产力蓬勃发展，才能以教育强国助推社会主义现代化强国建设，加快实现中华民族伟大复兴。

项目四 产业数字化

 砥砺前行

　　随着数字技术的迅猛发展，知识的更新速度日新月异，终身学习已成为人们不可或缺的素养。终身学习不仅是一种学习态度，更是一种生活方式。当代大学生应保持开放的心态、主动学习的态度，通过参与在线学习平台等各种方式，更新和拓展自己的知识体系，以应对未来的挑战，实现自我价值，为社会的发展贡献自己的力量。

　　2019年，中共中央、国务院发布的《中国教育现代化2035》聚焦教育发展的突出问题和薄弱环节，立足当前，着眼长远，重点部署了面向教育现代化的十大战略任务，其中之一是加快信息化时代教育变革。具体包括：建设智能化校园，统筹建设一体化智能化教学、管理与服务平台；利用现代技术加快推动人才培养模式改革，实现规模化教育与个性化培养的有机结合；创新教育服务业态，建立数字教育资源共建共享机制，完善利益分配机制、知识产权保护制度和新型教育服务监管制度；推进教育治理方式变革，加快形成现代化的教育管理与监测体系，推进管理精准化和决策科学化。

　　近年来，我国教育部实施教育数字化战略行动，坚持"联结为先、内容为本、合作为要"的"3C"理念，按照"应用为王、服务至上、简洁高效、安全运行"的基本原则，基本建成世界最大的教育教学资源库，释放了数字技术对教育高质量发展的放大、叠加、倍增、溢出效应，使中国数字教育得到国际社会高度认可。

　　面向未来，我国将继续大力推进教育数字化，持续优化教育顶层设计，从国家战略高度进行系统规划和整体布局，不断完善与数字教育相适应的制度设置和发展生态，整体推动教育教学模式变革，努力走出一条中国特色教育数字化发展道路。

 **案例精选**

奋进数字教育新征程

　　教育部教育技术与资源发展中心（中央电化教育馆）作为教育部直属单位，努力推动数字技术在教育公共服务领域的应用，促进教育技术发展与教育教学资源建设深度融合，牵头承担了国家智慧教育公共服务平台、国家中小学智慧教育平台、全国校外教育培训监管与服务综合平台、智慧教育读书平台等重要教育数字化平台的建设任务，有力地推动着教育数字化事业的发展。

　　（1）建好国家智慧教育公共服务平台，有力支撑教育改革发展重大任务。平台聚合了高质量、体系化、多类型的数字教育资源，开通"智教中国通行证"。截至2024年3月，通行证注册用户数已破1.12亿人，平台累计浏览量超393亿次。2023年6月，平台荣获联合国系统内教育信息化最高奖项——联合国教科文组织教育信息化奖。

（2）建好国家中小学智慧教育平台，全面服务中小学教育教学。平台汇聚起全国最优质的基础教育数字资源，免费为全国广大中小学校、师生、家长提供专业化、精品化、体系化资源服务。持续推进平台的大规模应用，让更多优质资源突破时空，以智慧教育助力基础教育优质均衡。

（3）建好全国校外教育培训监管与服务综合平台，支撑校外教育培训机构监管服务工作。以数智赋能教育治理创新，推动形成精准化、科学化、数字化数字监管与服务治理体系，构建规范有序的校外教育培训生态。

（4）建好智慧教育读书平台，支撑全民终身阅读。依托数字技术，建设青少年读书空间、老年读书社区，通过汇聚优质资源、营造互动场景、展示阅读成果，为不同学龄段学生、社会公众提供丰富多彩的读书空间。建设开通中国语言文字数字博物馆平台，引领打造国内语言文字数字博物馆集群，为建设中华民族现代文明赋新能。

（资料来源：《逐梦教育强国路 奋进数字教育新征程》，中国新闻网，2024年6月25日）

4. 数字交通

数字交通是数字服务业的重要领域，是以数据为关键要素和核心驱动，促进物理和虚拟空间的交通运输活动不断融合、交互作用的现代交通运输体系。

近年来，我国坚持推动高质量发展，坚持以人民为中心，坚持以创新为第一动力，促进数字技术与交通运输深度融合，以"数据链"为主线，构建数字化的采集体系、网络化的传输体系和智能化的应用体系，加快交通运输信息化向数字化、网络化、智能化发展，为交通强国建设提供支撑。

（1）构建数字化的采集体系。

① 推动交通基础设施全要素、全周期数字化。推动交通基础设施规划、设计、建造、养护、运行管理等全要素、全周期数字化。构建覆盖全国的高精度交通地理信息平台，完善交通工程等要素信息，实现对物理设施的三维数字化呈现，支撑全天候复杂交通场景下自动驾驶、大件运输等专业导航应用。针对重大交通基础设施工程，实现基础设施全生命周期健康性能监测，推广应用基于物联网的工程质量控制技术。

② 布局重要节点的全方位交通感知网络。推动铁路、公路、水路领域的重点路段、航段，以及隧道、桥梁、互通枢纽、船闸等重要节点的交通感知网络覆盖。推动交通感知网络与交通基础设施同步规划建设，深化高速公路 ETC 门架等路侧智能终端应用，建立云端互联的感知网络，让"哑设施"具备多维监测、智能网联、精准管控、协同服务能力。注重众包、手机信令等社会数据融合应用。构建载运工具、基础设施、通行环境互联的交通控制网基础云平台。加快北斗导航在自由流收费、自动驾驶、车路协同、海上搜救、港口自动化作业和集疏运调度等领域应用。

（2）构建网络化的传输体系。

推动交通运输基础设施与信息基础设施一体化建设，促进交通专网与"天网""公网"深度融合,推进车联网、5G、卫星通信信息网络等部署应用,完善全国高速公路通信信息网络,形成多网融合的交通信息通信网络,提供广覆盖、低时延、高可靠、大带宽的网络通信服务。

（3）构建智能化的应用体系。

① 打造数字化出行助手。促进交通、旅游等各类信息充分开放共享,融合发展。鼓励平台型企业深化多源数据融合,整合线上和线下资源,鼓励各类交通运输客票系统充分开放接入,打造数字化出行助手,为旅客提供"门到门"的全程出行定制服务。倡导"出行即服务"（mobility as a service, MaaS）理念,以数据衔接出行需求与服务资源,使出行成为一种按需获取的即时服务,让出行更简单。打造旅客出行与公务商务、购物消费、休闲娱乐相互渗透的"智能移动空间",带来全新出行体验。推动基于互联网的便捷交通发展,鼓励和规范发展定制公交、智能停车、智能公交、汽车维修、网络预约出租车、互联网租赁自行车、小微型客车分时租赁等城市出行服务新业态。

② 推动行业治理现代化。完善国家综合交通运输信息平台,提高决策支持、安全应急、指挥调度、监管执法、政务服务、节能环保等领域的大数据运用水平,实现精确分析、精准管控、精细管理和精心服务。完善资源目录与信息资源管理体系,实现行业信息资源的汇聚融合,提升信息资源共享交换和开放服务能力。建立大数据支撑的决策与规划体系,推动部门间、政企间多源数据融合,提升交通运输决策分析水平。采用数据化、全景式展现方式,提升综合交通运输运行监测预警、舆情监测、安全风险分析研判、调度指挥、节能环保在线监测等支撑能力。进一步推进交通运输领域基于互联网的政务服务,实现政务服务同一事项、同一标准、同一编码。延长网上办事链条,推动政务服务向"两微一端"等延伸拓展。加快完善运政、路政、海事等政务信息系统,推进交通运输综合执法、治超联网等系统建设,提高执法装备智能化水平,推进在线识别和非现场执法。

知识拓展

数字交通的发展目标

2019年,交通运输部发布的《数字交通发展规划纲要》提出了数字交通的发展目标,具体如下。

到2025年,交通运输基础设施和运载装备全要素、全周期的数字化升级迈出新步伐,数字化采集体系和网络化传输体系基本形成。交通运输成为北斗导航的民用主行业,第五代移动通信（5G）等公网和新一代卫星通信系统初步实现行业应用。交通运输大数据应用水平大幅提升,出行信息服务全程覆盖,物流服务平台化和一体化进入新阶段,行业治理和公共服务能力显著提升。交通与汽车、电子、软件、通信、互联网服务等产业深度融合,新业态和新技术应用水平保持世界先进。

到 2035 年，交通基础设施完成全要素、全周期数字化，天地一体的交通控制网基本形成，按需获取的即时出行服务广泛应用。我国成为数字交通领域国际标准的主要制定者或参与者，数字交通产业整体竞争能力全球领先。

5．数字医疗

数字医疗是指利用数字技术应用于医疗领域，以提高医疗服务的效率、质量和可及性的一种创新型医疗模式。它将医疗与数字技术相结合，通过数据的采集、传输、存储和分析，实现医疗资源的优化配置和医疗服务的智能化。

数字医疗的范围非常广泛，涵盖了多个方面，包括电子病历和电子健康档案的建立和管理、远程医疗和在线医疗服务、医疗大数据的应用、实现个人健康管理的智能可穿戴设备和其他物联网硬件设备、影像处理和高级分析等各种人工智能算法的应用等。

中国互联网络信息中心数据显示，截至 2023 年 12 月，我国互联网医疗用户规模达 4.14 亿人，较 2022 年 12 月增长 5 139 万人，占网民整体的 37.9%。2023 年，我国数字医疗领域利好政策持续出台，企业营收显著增长，数字技术加速应用，整体发展呈现良好态势。

（1）政策引导坚强有力。我国数字医疗行业受到各级政府的高度重视和国家产业政策的重点支持。近年来，国家陆续出台了多项政策，鼓励数字医疗行业发展与创新，如《关于进一步完善医疗卫生服务体系的意见》《"十四五"全民健康信息化规划》《"十四五"数字经济发展规划》，这些政策为数字医疗行业的发展指明了方向，为企业提供了良好的生产经营环境。

（2）企业营收显著增长。数字医疗企业的业务覆盖区域持续扩大，推动营收明显增长。

（3）数字技术加速落地。以人工智能、云计算为代表的数字技术与医疗行业深度融合，人工智能医疗大模型、智能化医疗信息平台等智能产品初步形成。

案例精选

"AI+医疗"已是大势所趋

在 2024 年夏季达沃斯论坛上，世界经济论坛发布的《2024 十大新兴技术报告》显示，AI 已成为科学研究的驱动力，当前深度学习和生成性 AI 正在加速科学发现，并预计将在疾病诊断、治疗、预防，以及新材料和生命科学领域带来突破性进展。

AI 和医疗的结合，主要取决于以下 3 个要素：① 高质量的底层数据；② 被验证有效的在医疗场景下的算法；③ 算力，这也是 AI 企业最大的优势所在。

"AI+医疗"是大势所趋，目前正处于"星星之火"阶段，即 AI 嵌入到医疗行业不同场景中来解决具体问题。随着 AI 技术进一步成熟，还将催生医疗行业更多巨变。

> 近年来，以 AI 大模型为主导的新兴技术正加速重塑医药行业。国内外一些科技和医药巨头都加码"AI+医疗"赛道，携手奔赴一场数字医疗的蝶变。其中，某些科技巨头依靠自身的 AI 算法优势，打造了 AI 制药研发平台，以寻求在数字医疗行业内的竞争发展。
>
> （资料来源：李雯珊、刘晓一，《"AI+医疗"已是大势所趋 科大讯飞等上市公司积极布局》，证券日报网，2024 年 6 月 28 日）

6. 智慧物流

智慧物流，作为现代物流行业的重要发展方向，深度融合了数字技术，极大地提升了物流业务的效率和质量。2022 年 12 月 15 日，国务院办公厅发布的《"十四五"现代物流发展规划》将智慧物流作为推动物流高质量发展的重要抓手，提出"十四五"期间将重点从以下 3 个方面加强政策引导，积极促进智慧物流发展，提高现代物流服务质量效率，为实体经济高质量发展奠定更加坚实的基础。

（1）加快物流数字化转型。

利用现代信息技术推动物流要素在线化数据化，开发多样化应用场景，实现物流资源线上线下联动。结合实施"东数西算"工程，引导企业信息系统向云端跃迁，推动"一站式"物流数据中台应用，鼓励平台企业和数字化服务商开发面向中小微企业的云平台、云服务，加强物流大数据采集、分析和应用，提升物流数据价值。培育物流数据要素市场，统筹数据交互和安全需要，完善市场交易规则，促进物流数据安全高效流通。积极参与全球物流领域数字治理，支撑全球贸易和跨境电商发展。研究电子签名和电子合同应用，促进国际物流企业间互认互验，试点铁路国际联运无纸化。

（2）推进物流智慧化改造。

深度应用第五代移动通信（5G）、北斗、移动互联网、大数据、人工智能等技术，分类推动物流基础设施改造升级，加快物联网相关设施建设，发展智慧物流枢纽、智慧物流园区、智慧仓储物流基地、智慧港口、数字仓库等新型物流基础设施。鼓励智慧物流技术与模式创新，促进创新成果转化，拓展智慧物流商业化应用场景，促进自动化、无人化、智慧化物流技术装备以及自动感知、自动控制、智慧决策等智慧管理技术应用。加快高端标准仓库、智慧立体仓储设施建设，研发推广面向中小微企业的低成本、模块化、易使用、易维护智慧装备。

（3）促进物流网络化升级。

依托重大物流基础设施打造物流信息组织中枢，推动物流设施设备全面联网，实现作业流程透明化、智慧设备全连接，促进物流信息交互联通。推动大型物流企业面向中小微企业提供多样化、数字化服务，稳步发展网络货运、共享物流、无人配送、智慧航运等新业态。鼓励在有条件的城市搭建智慧物流"大脑"，全面链接并促进城市物流资源共享，优化城市物流运行，建设智慧物流网络。推动物流领域基础公共信息数据有序开放，加强物流公共信息服务平台建设，推动企业数据对接，面向物流企业特别是中小微物流企业提供普惠性服务。

课堂讨论

除了电子商务、数字金融、数字教育、数字交通、数字医疗和智慧物流，你知道的数字服务业还有哪些，请举例说明。

调研某一数字服务业的发展现状

■ 任务要求

调研某一数字服务业的发展现状，了解数字技术在该领域的应用，理解该数字服务业的发展所带来的社会影响。

■ 任务流程

（1）学生分组：全班学生以5~8人为一组进行分组，各组选出一名成员担任本组的组长。

（2）调研选择：各组搜集相关资料，各组选择某一数字服务业作为调研对象。

（3）展开调研：每位同学通过在线搜集资料、查阅文献等方式，调研本组所选数字服务业的发展现状。

（4）调研总结：每位同学根据调研情况进行总结，并将表4-5填写完整。

表4-5 某一数字服务业的发展现状

调研对象	
发展现状	

（5）展开讨论：以小组为单位，讨论下列问题。

① 数字技术在本组所调研的数字服务业中有哪些应用，这些技术在该服务业的数字化转型中发挥了怎样的作用？

② 本组所调研的数字服务业的发展带来了哪些社会影响？

◼ **任务评价**

各组成员按照表 4-6 中的评价标准对每个成员的任务实施完成情况进行自评和互评，并请老师进行评价。

表 4-6　任务评价

评价标准	分　值	自　评	互　评	师　评
能按照任务流程完成任务实施活动	25 分			
能积极参与讨论	25 分			
能了解数字服务业的发展现状	25 分			
能理解数字服务业的发展所带来的社会影响	25 分			
合计	100 分			
总分=自评（30%）+互评（30%）+师评（40%）				

调研传统产业数字化发展的现状

传统产业的数字化包括数字农业、数字工业和数字服务业。请你选择其中某一方面作为调研对象，分析其发展现状，具体要求如下。

（1）搜集相关资料，选择数字农业、数字工业或数字服务业其中一个方面作为调研对象。

（2）展开调研，通过在线搜集资料、查阅文献等方式调研所选产业的数字化发展现状。

（3）分析调研对象的发展现状，并将表 4-7 填写完整。

表 4-7　某传统产业数字化发展的现状

调研对象	
发展现状	

（4）撰写调研报告，详细阐述所选传统产业数字化发展的现状（如产业规模、数字化应用水平等），并结合调研结果提出有针对性的建议和发展策略，以促进传统产业数字化的进一步发展和优化。

项目考核

（1）如何理解数字化与产业融合的概念，举例说明数字化如何推动产业融合的实现。

（2）数字技术在农业中的应用有哪些？这些应用如何促进数字农业的发展？

（3）数字技术在工业中的应用有哪些？这些应用如何促进数字工业的发展？

（4）我国数字工业发展的主要支持政策有哪些？这些政策对我国数字工业的发展带来了哪些影响？

（5）数字服务业的关键领域有哪些？这些领域的发展给人们的生活和工作带来了哪些影响？

项目五

企业数字化

项目导读

数字经济时代，数字技术正在重塑商业环境，越来越多的企业意识到只有实现数字化转型，才能抓住发展新机遇。但是，企业实现数字化转型并非易事，当前，不少企业都面临着数字化转型的种种困境。要解决当前数字化转型的困境，企业应因地制宜地考虑需求，采用更加长远的数字化转型战略，引入更合适的数字化转型方案，以释放数字技术对企业发展的放大、叠加、倍增作用，实现企业的质量变革、效率变革、动力变革，并推动我国经济迈入更高质量的发展阶段。

知识目标

- 了解企业数字化转型的模型、挑战及对策、发展趋势。
- 理解企业组织形式数字化、企业人才数字化、企业生产数字化、企业营销数字化和企业供应链数字化。

技能目标

- 能够分析企业数字化转型过程中面临的挑战及解决对策。
- 能够理解企业数字化转型的相关战略。

素养目标

- 提升网络道德素养，维护网络秩序，净化网络空间，践行社会主义核心价值观，弘扬主旋律，传递正能量。

任务一 认识企业数字化转型

任务导入

企业数字化转型是企业利用数字技术进行全方位、多角度的改造过程。企业数字化转型并非易事,企业应当以3D5E模型为理论指导,为企业数字化转型指明方向,帮助其更加顺利地实现数字化转型升级。在此基础上,企业还应了解企业数字化转型面临的挑战、推动企业数字化转型的对策及企业数字化转型的发展趋势,以更加平稳地渡过数字化转型期,并抢占数字经济时代的先机。

一、企业数字化转型的模型

为了全面、系统地指导企业数字化转型工作的推进,姚建明教授构建了企业数字化转型的"三维驱动—五位赋能"(3D5E)模型。简单地讲,"三维驱动"是企业数字化转型的"灵魂"指引,"五位赋能"是企业数字化转型的体现和落地。

(一)三维驱动

"三维驱动"(3D)是企业在思想观念和理念创新上适应数字化转型的必然要求,包括理念驱动(idea driven)、价值驱动(value driven)和数据驱动(data driven)。

1. 理念驱动

理念驱动是指在数字经济时代,企业必须更新经营管理理念,即通过转型将精准、跨界、共享、生态等数字经济环境下的新特点全面融入企业的经营管理活动,进而打造一个共生、共创、共荣的数字化生态系统。

2. 价值驱动

价值驱动是企业数字化转型的最终目的,即通过数字化转型,企业能够为需求方、供给方及社会创造价值。

3. 数据驱动

数据驱动的对象是企业的经营管理活动,这需要通过驱动"经营管理活动"对应的"经营管理决策"来实现。因此,企业经营管理活动中的决策内容不同,其经营管理活动需要驱动的数据也不同。例如,企业文化决策需要的数据主要有:影响企业文化内涵及其培育的有关企业内部、外部环境的数据等;企业战略决策需要的数据主要有:影响企业战略制订及其实施的有关企业内部、外部环境的数据、企业资源及其状态数据等。

（二）五位赋能

数字化转型时，除了需要在思维转变和理念创新上做好三维驱动，企业还需要注意五方面能力的打造，即"五位赋能"（5E），包括洞察赋能（insight empowerment）、决策赋能（decision empowerment）、整合赋能（integration empowerment）、协调赋能（coordination empowerment）和创新赋能（innovation empowerment）。

1．洞察赋能

洞察赋能主要是依托数字技术赋能，使企业对内部、外部环境因素具有更敏锐的预测和响应能力，这是企业制订全方位的数字化管理决策的重要基础。

2．决策赋能

决策赋能主要是对企业战略决策的赋能，帮助企业顺利推进面向数字经济环境的企业文化变革与培育、"产业+消费+治理"互联网融合模式的战略创新、战略定位的"智能化或智慧化"及商业模式的转型与重塑等。

3．整合赋能

整合赋能主要是对企业组织层面的赋能。例如，企业利用数字化转型打造超柔性的资源跨界、融合、链接、共享、共创的生态组织模式，重构组织结构等。

4．协调赋能

协调赋能主要是对企业领导与控制内外部资源（业务资源、资金资源与数据资源等）的赋能。例如，协调与管控企业内外部资源关系、企业内外部全域价值链等。

5．创新赋能

创新赋能主要是对企业管理运作层面的赋能。例如，企业利用数字化转型挖掘与创造企业的个性化价值，创新运营模式，创新企业内外部跨行业、跨阶段的全流程全链路运作模式等。

二、企业数字化转型面临的挑战

数字经济时代，许多企业纷纷投身于数字化转型，试图跟上时代的步伐。然而，这个过程并非一帆风顺，企业在数字化转型的过程中主要面临以下挑战。

（一）企业数字化转型战略不清

企业数字化转型不仅是技术更新，而且是经营理念、战略、组织、运营等全方位的变革，需要从全局谋划。目前，大多数企业推动数字化转型的意愿强烈，但普遍缺乏清晰的战略目标与实践路径，更多还是集中在生产端如何引入先进的信息系统、营销端如何实现数字营销等，没有从企业发展战略的高度进行谋划。

此外，数字化转型是一项长期而艰巨的任务，面临着数字技术创

中小企业数字化转型的影响因素

新、业务能力建设、数字人才培养等方方面面的挑战,需要企业实现全面的有效协同。目前,大多数企业没有面向数字经济环境的制度设计和组织重塑,部门之间数字化转型的职责划分不清晰,也缺乏有效的配套考核和制度激励。

(二)数据资产积累薄弱,应用范围较窄

企业数字化转型是数据资产不断积累及应用的过程,数据资产是数字化转型的重要依托,如何加工利用数据、释放数据价值是企业面临的重要问题。

(1)大多数企业尚处于数据应用的感知阶段,尚未真正进入数字化转型的行动阶段。这些企业尚未构建覆盖全流程、全产业链、全生命周期的工业数据链,无法充分利用数据的潜力推动业务的发展。

(2)大多数企业内部数据资源散落。数据散落在各个业务系统中,特别是在底层设备层和过程控制层,无法实现有效的互联互通,形成"数据孤岛",这阻碍了企业内部数据的流通和共享,使得数据价值无法得到充分发挥。

(3)外部数据融合度不高,由于无法及时全面感知数据,企业在决策时可能缺乏足够的信息支持,导致决策失误或效果不佳。

总之,受限于数据的规模较小、种类较少及质量不高,目前大多数企业对数据的应用仍处于起步阶段,主要集中在精准营销和风险控制等有限场景,尚未能从业务转型的角度开展预测性和决策性分析,难以更充分地挖掘数据资产的潜在价值。大数据与实体经济融合的深度和广度尚不充分,应用空间亟待开拓。

(三)核心数字技术和第三方服务供给不足

企业在数字化转型的过程中,通常面临成本高昂和关键数字技术供给不足等挑战。同时,市场上也缺乏有能力承担集战略咨询、架构设计、数据运营等关键任务于一体,还能够实施"总包"的第三方服务商。现在市场上的方案多是通用型解决方案,无法满足企业的个性化、一体化需求。更为重要的是,对于很多中小企业而言,市场上的软件、大数据、云计算等各类业务服务商良莠不齐,缺乏行业标准,选择难度较大。

(四)大中小企业之间数字鸿沟明显

当前,我国企业在数字化进程中面临着发展不均衡和不充分的挑战,中小企业普遍数字化程度较低,缺乏网络化和智能化的坚实基础的问题较为突出。尽管中小企业拥有强烈的数字化转型意愿,但常常因为人力、资金等因素的限制而感到力不从心。这种状况导致了我国大型企业和中小企业之间在数字化水平上存在较大的差距,形成了明显的数字鸿沟。

(五)数字化人才的缺乏

现阶段,各个行业普遍存在数字化人才缺口,既懂技术又懂业务的复合型人才更是

紧缺，数字化人才缺乏已成为制约企业数字化转型的关键因素之一。此外，企业在数字化转型过程中也面临着如何评估和识别现有人才潜力、优化人才配置及建立有效的人才培养和留存机制的挑战。

三、推动企业数字化转型的对策

（一）结合发展战略进行全局谋划

在企业数字化转型的过程中，为了解决企业数字化转型战略不清的问题，企业应注意以下几点。

（1）企业须明确其长期发展战略和愿景，确保数字化转型战略与企业长期发展战略和愿景保持一致。

（2）企业应进行面向数字经济环境的制度设计和组织重塑，合理分配各部门的职责，确保每个部门都能够在自己的职责范围内拥有足够的决策权和执行权。同时，企业还应建立跨部门协作机制，鼓励不同部门之间共享信息、资源和经验，共同推进数字化转型。

（3）企业应识别核心的业务和关键的流程，分析数字化转型如何能够改进这些业务和流程，即将数字化转型战略与业务侧重紧密结合，确保数字化转型部署的重点与业务发展的方向一致。

（4）企业要定期评估数字化转型的效果，并根据评估结果调整数字化转型战略和计划，以确保数字化转型能够持续为企业带来价值，如提高响应速度、提高客户满意度、降低成本、增加收入等。

（二）加强数据资产积累，拓宽其应用范围

企业应明确数据资产的战略定位，将数据资产视为核心竞争力的重要组成部分，具体须做到以下几点：① 构建内部数据共享平台，实现内部数据的互联互通；② 加强与客户、合作伙伴的数据共享和协同，实现产业链的优化和协同效率的提升；③ 与行业协会、研究机构等建立数据合作关系，拓展数据来源和范围；④ 利用大数据、人工智能等技术开展预测性和决策性分析，提高预测的准确性和决策的科学性。

此外，企业应围绕数据的采集、筛选、加工、存储、应用等各环节进行规划，基于数据加工的全链条进行数据资产治理体系建设，以提高数据资产价值。

（三）加快建设数字技术及第三方服务的高效供给体系

要加快建设一批数字经济创新平台载体，提升技术创新水平，尤其是要有效提升原创技术及基础理论研究创新水平；加强大数据、云计算、人工智能等数字技术的基础研究，推进数字技术原创性研发和融合性创新；支持第三方服务商提高"总包"能力，确立行业标准，以满足企业个性化、一体化的需求。

（四）弥合大中小企业之间的数字鸿沟

引导企业强化数字化思维，提升员工数字技能和数据管理能力，全面系统推动企业研发设计、生产加工、经营管理、销售服务等业务数字化转型。支持有条件的大型企业打造一体化数字平台，全面整合企业内部信息系统，强化全流程数据贯通，加快全价值链业务协同，形成数据驱动的智能决策能力，提升企业整体运行效率和产业链上下游协同效率。实施中小企业数字化赋能专项行动，支持中小企业从数字化转型需求迫切的环节入手，加快推进线上营销、远程协作、数字化办公、智能生产线等应用，由点及面向全业务全流程数字化转型延伸拓展。鼓励和支持互联网平台、行业龙头企业等立足自身优势，开放数字化资源和能力，帮助传统企业和中小企业实现数字化转型。推行普惠性"上云用数赋智"服务，推动企业上云、上平台，降低技术和资金壁垒，加快企业数字化转型。

当前，各类型中小企业数字化转型已展现出明显的规律性特征与差异化路径，主要可概括为以下4种。

（1）龙头企业推动的供应链上下游中小企业链式转型。该路径包括同行推动型与配套推动型两大模式。前者是指由行业中的领军企业带动同行业、同类型的中小企业开展数字化转型；后者是指供应链中的链主企业，带动中小配套供应商开展数字化转型。

（2）集群、园区推动的区域内中小企业集体转型。该路径包括外围公共管理型与核心业务协作型两大模式。前者是指集群、园区内共建共享数字化系统，为集群、园区内中小企业提供数字化的外围公共服务，降低企业独自建设数字化系统的成本，提高园区的管理服务效率；后者是指集群、园区内通过建设协同平台，提高上下游大中小企业间的业务协作水平，提升集群、园区内资源配置效率，助力集群、园区构建完整的价值链能力。

（3）工业互联网平台利用产业资源牵引中小企业协同转型。该路径可分为垂直整合型和水平整合型两大模式。前者是指平台对产业链上下游不同类型中小企业进行整合，并开展社会化分布式生产；后者是指平台对行业中的同类型、同行业企业进行整合，将订单直接匹配至具有加工能力的中小企业进行生产。

（4）"小快轻准"技术产品支撑的中小企业数字化转型。不同规模的中小企业应用"小快轻准"数字技术产品的模式不同。小微企业大多仅能够在单点业务环节使用简易数字技术工具；中型企业则近半可实现跨业务流程的复杂数字化应用。此外，不同行业的中小企业关注的数字化转型业务需求不同。例如，装备制造中小企业重点关注如何提升安全生产效率及改善产品研发能力，希望促进生产数字化转型和提升研发设计数字化能力；消费品中小企业则重点关注如何提升市场响应能力及提高企业盈利水平，希望提升数字化生产管控能力和数字化营销能力。

知识拓展

对中小企业数字化转型的政策扶持

我国各部委从路径方法和服务平台双向发力，助力中小企业数字化转型。

2022年10月，工业和信息化部办公厅发布《中小企业数字化水平评测指标（2022年版）》，从数字化基础、经营、管理、成效4个维度综合评估中小企业数字化发展水平，为中小企业开展自我诊断、找准问题不足提供工具参考，并将评测指标作为"专精特新中小企业认定标准"中"数字化水平"的评价依据。

2022年8月，工业和信息化部办公厅、财政部办公厅联合发布《关于开展财政支持中小企业数字化转型试点工作的通知》，计划在"十四五"期间分3批支持地方开展中小企业数字化转型试点，提升数字化公共服务平台（含数字化转型服务商、工业互联网平台等）服务中小企业的能力，打造一批小型化、快速化、轻量化、精准化的数字化系统解决方案和产品，形成一批可复制可推广的数字化转型典型模式，围绕100个细分行业，支持300个左右公共服务平台，打造4 000～6 000家"小灯塔"企业作为数字化转型样本，带动广大中小企业"看样学样"加快数字化转型步伐，促进专精特新发展。

2022年11月，工业和信息化部办公厅发布《中小企业数字化转型指南》，从增强企业转型能力、提升转型供给水平、加大转型政策支持3方面提出了14条具体举措。

2023年6月，财政部、工业和信息化部联合发布《关于开展中小企业数字化转型城市试点工作的通知》，提出在2023—2025年拟分3批组织开展中小企业数字化转型城市试点工作，要准确把握中小企业数字化转型面临的痛点难点，充分调动地方积极性，统筹各类资源优化供给，降低数字化转型成本，以数字化转型为契机提高中小企业核心竞争力，激发涌现更多"专精特新"中小企业，促进实体经济高质量发展。

（五）加强数字化人才建设

为解决企业数字人才短缺的问题，应从以下几方面着手：① 在充分考虑企业对人才能力需求的基础上，对各级数字技能人才的专业能力、业务运营及风险管控等能力做出界定，推动数字专业技术人才与各传统行业的融合；② 深化校企合作、政企合作，通过建设企业培训基地等方式，根据市场人才需求开设相应的培训课程，为培育既精通数字技术又熟悉经营管理的人才队伍夯实基础；③ 激发行业协会、培训机构、咨询公司等在数字技能人才培育中的作用，促进数字技能人才培育体系的形成；④ 积极营造良好环境，探索高效灵活的人才引进、培养、使用、评价、激励和保障政策。

四、企业数字化转型的发展趋势

近年来,伴随着数字技术的突飞猛进及政府一系列支持性政策的出台,各行各业的企业均加快了数字化转型的步伐。在这一过程中,企业的数字化转型大致呈现出了以下十大发展趋势。

(一) 去物理化

在工业经济时代,企业的经济活动只能发生在物理世界。而在数字经济时代,得益于数字孪生技术,企业的经济活动还可以发生在数字世界,即企业可以利用数字孪生技术把物理世界中的业务场景等信息映射到数字世界,即实现企业经济活动的"去物理化",如"远程办公""线上会议"等办公的"去物理化"。随着数字技术的进一步发展,企业"去物理化"发展的程度已成为衡量其数字化发展的重要标志之一。

(二) 去物质化

在工业经济时代,一个产品功能对应一个物质载体,即 1+1。而在数字经济时代,已发展成为若干个产品功能对应一个物质载体,即 $N+1$;再进一步发展,若干产品功能对应一个减量物质载体,即"减物质化",$N+1/m$;最终发展至若干个产品功能没有对应的物质载体,即"去物质化",$N+0$。在日常生活中,越来越多的产品实现了"去物质化"。例如,交易货币的"去物质化",在支付 1.0 时代,人们使用现金支付;在支付 2.0 时代,人们开始刷卡支付;在支付 3.0 时代,人们主要使用手机支付;发展至支付 4.0 时代,人们已经实现了刷脸支付和掌纹支付,将货币完全数字化、软件化了。

(三) 去边界化

在工业经济时代,企业经济活动只能发生在物理世界,而物理世界由于受到自然障碍、地区利益、国别差异(文化特色、制度不同)等因素的影响被"碎片化"了,即在物理世界中,一切都是有边界的。就企业而言,存在产品边界、行业边界、产业边界、市场边界等。

而在数字经济时代,由信息技术革命引起的互联互通打通了整个底层逻辑,物理世界由"碎片化"转向了"一体化"。这一变革必然也打破了企业的边界,推动企业的发展从有界转向跨界,再到无界,即"去边界化"。此外,企业竞争也从有界竞争转向跨界竞争,再到无界竞争,"和合""融合""协同""共生"成为时代发展的主题。就企业而言,从产品品牌发展至场景品牌、生态品牌,出现了生态经济、生态收入,其中包括生态链、生态圈、生态群等。

（四）去人工化

在数字经济时代，随着人工智能等新技术的应用，某些高危险性、高重复性、高精密性等"三高"工作，逐渐实现"去人工化"，这不仅能保障工人的人身安全，还有助于提升企业的生产效率。此外，"去人工化"还渗透到人们日常生活中的很多领域，如无人银行、无人超市、无人停车、无人驾驶等。

> **提示**
>
> "去人工化"，一方面产生就业替代效应，另一方面产生就业创造效应。简单地讲，尽管人工智能会逐渐替代部分行业的劳动者岗位，但是它也会改变和创造许多新的行业、职业和岗位。随着颠覆性技术的涌现和应用，经济将走向繁荣并伴随大量新增就业机会的出现。

（五）去管理化

在工业经济时代，从事重复性工作的体力型劳动者必须配合流水线的"节奏"工作，持续稳定的流水线帮助企业在业务操作层实现了一定程度的"去管理化"。

而在数字经济时代，物联网、云计算、大数据、人工智能、区块链等一系列数字技术，能够根据"数字痕迹"即时给出生产经营信息反馈，甚至还能即时做出生产经营重大决策，做到精准生产、精准决策，实现业务操作层、管理执行层和经营决策层全面的"去管理化"，即实现"智能管理"。由此可见，这些数字技术对从事创造性工作的脑力型劳动者同样具有"去管理化"的效应。

（六）去单位化

在工业经济时代，单位与员工通过雇佣和被雇佣的长期合约关系来实现利益捆绑，员工以"单位+个人"的方式从事工作，依附于唯一的单位，作为"在职员工"，实现一人一个职位、一个身份、一份工作、一份收入。

而在数字经济时代，员工可以脱离单位关系，由"在职员工"变为"在线员工"，在单位外为单位服务，即实现"去单位化"。员工与单位利用互联网平台实现劳动力供需之间的即时配置，员工可以一人多个职位、多个身份、多份工作、多份收入，可以同时在多家单位任职，成为多家单位的"共享员工"，这是对人的最大解放、最大发展。

（七）去中心化

在工业经济时代，企业管理通常采用"金字塔"式的垂直组织结构，层级分明、权力集中是其重要特征。尽管后来部分企业改为"倒三角"式的组织结构，但"中心化"程度仍然较高。

知识拓展

"倒三角"式的组织结构

"倒三角"式的组织结构是把原来的以行政权威为导向的"金字塔"式的垂直组织结构("正三角"式的组织结构)整个倒转过来,变成以用户需求为导向的"倒三角"式的组织结构。"倒三角"式的组织结构主要包括三级经营体,如图5-1所示。

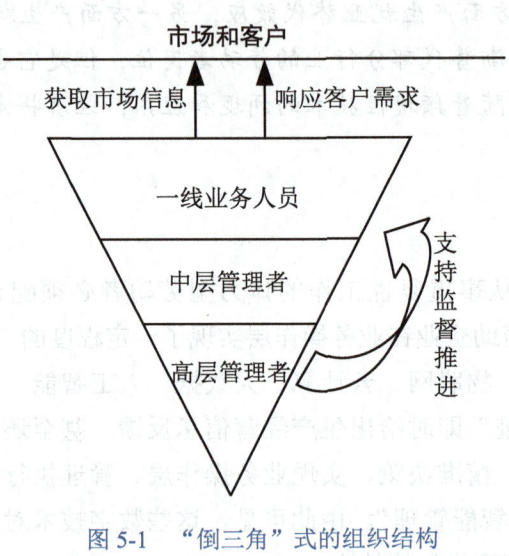

图5-1 "倒三角"式的组织结构

而在数字经济时代,企业组织形式可以重构为敏捷前台、共享中台、基础后台的"三台"架构,此外,企业内部还可以引入市场机制,使得企业完全市场化。其典型做法是人人成为创客,十几人或几十人成为一个微经济体。如此,企业变成了由一个个节点组成的价值网络,进而成为一个生态系统。在这个生态系统里,没有中心,或者说任何个体都是中心,即"去中心化"或"多中心化"。

(八)去中介化

在工业经济时代,由于时间差、空间差及信息不对称造成的信息差的存在,为中介环节的存在提供了天然土壤。中介环节在连接生产者和消费者之间实现供需调节方面发挥了重大作用。

而在数字经济时代,各种数字技术的出现打破了时间差、空间差和信息差,从时间上实现了即时联系,从空间上实现了即时到达,从信息上实现了即时交互,生产者与消费者之间实现了点到点、端到端、直通直达、无缝对接。这样一来,中介环节的存在价值大打折扣,"去中介化"已是大势所趋。此外,随着个性化定制需求的不断升级,未来会有越来越多的消费者直接参与企业设计、研发、生产、制作,消费者与生产者由分离走向合一，出现"产消者"，最终可能导致中介环节消失。

（九）去拥有化

在工业经济时代，一般的要素资源归企业所有，企业有什么要素资源就生产什么产品。由于企业的生产是基于要素资源供给驱动的，企业就会倾向于内部集聚、甚至独占关键要素资源。这种建立在所有权理论上的资源配置方式无疑会使企业的生产成本居高不下，总体发展缓慢。

而在数字经济时代，资源配置优化理论由所有权理论向使用权理论转化，企业开始奉行要素资源"不求为我所有，但求为我所用"的理念，即要素资源的"去拥有化"。借助物联网、大数据、云计算、人工智能等数字技术，企业可以低成本、无边界地连接到生产经营活动所需要的要素资源，再通过要素资源的外部整合、共享，就能实现哪怕没有某些要素资源也能生产相关产品。也就是说，基于物联网、大数据、云计算、人工智能等数字技术，即时性连接可在全社会范围内快速整合要素资源，使得要素资源集聚范围更广、集聚成本更低、集聚速度更快，进而实现企业的超常规、跳跃式发展。

（十）去确定化

在工业经济时代，企业所处的外部环境变化缓慢、确定性较强，因此企业往往在连续性的框架内讨论未来走向，基于确定性情景对一系列经济活动做出决策。

而在数字经济时代，VUCA 则成为常态，即"去确定化"。这就要求企业在非连续性的框架内讨论未来走向，基于不确定性情景对一系列经济活动做出决策。

事实上，新兴的数字技术既是加剧不确定性的原因，也是解决不确定性的手段。借助这些数字技术，一方面，企业可以预测和预防经营风险和经济风险；另一方面，企业可以对经济活动快速响应，实现决策与场景适时契合、动态匹配。

知识拓展

VUCA

VUCA 分别是 volatility、uncertainty、complexity、ambiguity 的缩写，意思分别是易变性、不确定性、复杂性和模糊性。在 VUCA 时代，企业可以通过数字化转型提高企业的快速反应能力，以应对不可控的环境变化，提高企业竞争力。

调研某企业数字化转型之路

任务要求

选择一家开展数字化转型的企业,分析其数字化转型之路,总结其在数字化转型过程中遇到的挑战和采取的解决对策。

任务流程

(1)学生分组:全班学生以 5~8 人为一组进行分组,各组选出一名成员担任本组的组长。

(2)调研选择:各组搜集相关资料,选择一家开展数字化转型的企业作为调研对象。

(3)展开调研:每位同学通过实地考察、访谈、网上调查等方式,调研本组所选企业开展数字化转型的情况。

(4)调研总结:每位同学根据调研情况进行总结,并将表 5-1 填写完整。

表 5-1 某企业的数字化转型之路分析

企业名称	
数字化转型历程	
数字化转型过程中遇到的挑战	
数字化转型过程中采取的解决对策	

(5)展开讨论:以小组为单位,讨论下列问题。

① 本组所调研的企业进行了哪些方面的数字化转型?该企业数字化转型结果如何?

② 本组所调研的企业在数字化转型过程中遇到了哪些挑战?面对这些挑战该企业采取了哪些对策?

任务评价

各组成员按照表 5-2 中的评价标准对每个成员的任务实施完成情况进行自评和互评，并请老师进行评价。

表 5-2 任务评价

评价标准	分 值	自 评	互 评	师 评
能按照任务流程完成任务实施活动	25 分			
能积极参与讨论	25 分			
能分析企业数字化转型的历程和结果	25 分			
能分析企业在数字化转型中所面临的挑战和采取的解决对策	25 分			
合计	100 分			
总分=自评（30%）+互评（30%）+师评（40%）				

任务二　理解企业数字化转型战略

任务导入

企业开展数字化转型，首要任务就是要制订数字化转型战略，明确在哪些方面实现数字化转型。企业通过在组织管理、人才管理、生产、营销和供应链管理等诸多方面开展数字化转型，可以实现组织数字化、人才数字化、生产数字化、营销数字化、供应链数字化，从而促进企业的数字化、网络化、智能化发展。

一、企业组织形式数字化

数字技术对传统组织形式产生了巨大的冲击，因此，企业应建立一个与之相匹配的数字化组织，以应对环境变化，提升企业的竞争力。

组织数字化转型的三维空间

（一）数字化组织的特点

数字化组织的特点，具体来说体现在以下 4 个方面。

1. 重构组织价值

组织的数字化转型，本质上是对组织成员、顾客、合作伙伴的深度赋能，体现为一种向善、利他、共生的价值取向。当组织的价值观深入人心，相同的理想追求、共同的奋斗激情，便会将组织成员紧密地团结在一起，不仅带来组织成员的价值释放，而且让组织成员互相激发、协同发展，实现组织价值的最大化。因此，重构组织价值势在必行。

2. 重塑人力资源管理

数字化组织人力资源管理的核心功能转变为搭建个体与组织的共享平台，促成双方建立良好的契约关系，持续激发个体的创造力和团队的协同共生意识，从多个维度出发，为多主体全方位赋能。这一变革旨在回归人力资源管理的本质，即做好人与组织的价值经营。

人力资源管理的数字化重塑方向

人力资源管理的数字化重塑对于发挥组织数字化转型中人力资源管理的价值至关重要。具体而言，其主要包括以下5个方向。

（1）与战略管理高度契合。

基于战略管理的要求，人力资源管理应从关注自身系统的规划向关注企业战略的规划转变。在此过程中，人力资源管理部门需要充分理解企业的战略规划，并据此预测企业人力资源的需求、组织成员的活跃程度与动态流动等，然后依据组织成员及其能力的实际情况制订有效的人力资源规划，以提高组织和组织成员的灵活应变能力。

（2）成为组织运营与业务的伙伴。

要想成为组织运营与业务的伙伴，人力资源管理部门需要打破组织的传统界限，提供基于顾客、任务和活动的跨工种、跨部门、跨区域的人力资源配置方案，并提升组织成员的整体协同效率以优化组织效率。此外，人力资源管理部门需要致力于将业务逻辑和顾客逻辑贯穿于价值评价、绩效管理和员工成长之中，以构建顾客价值与业务驱动的人力资源管理体系。

（3）多主体、全方位赋能。

多主体、全方位的赋能，首先体现在构建多主体的"契约关系"上，并赋予各主体自组织和自驱动的能力，使其能不断迭代，快速满足顾客个性化的需求。特别是在数字经济时代的背景下，人力资源赋能工作的核心就是给予员工充分的自主性、技术赋能及心理支持。

（4）打造人力资源管理自身的数字化能力。

打造人力资源管理自身的数字化能力，是人力资源管理支撑组织数字化转型的基础条件。这需要企业的人力资源管理体系整体做出改变，具体包括建设人力资源的数字化业务场景、制订数字化人才管理决策、培育人力资源管理专业队伍的数字化能力。

（5）构建价值共享机制。

构建以"人的价值创造"为核心的价值共享机制，以价值驱动组织生态圈内所有成员的共同成长，是推动组织数字化转型的关键。

3. 打造数字化工作方式

数字化工作方式依托于先进的数字工作系统，通过打造敏捷团队、全面赋能数字个体、升级数字领导力，实现以更高的效率为顾客和企业创造价值。在这一过程中，企业面临的真正挑战并非技术本身，而是如何引导组织成员转变心智模式及重塑组织运作机制。因此，数字工作方式的核心是"智能协同"，让组织成员释放更多的价值，让组织取得更多的成效。

提 示

数字个体是随着数字技术的发展而产生的，与数字技术融合在一起的，具有全新能力的个体。当数据成为生产要素、数字化成为发展趋势时，个体与数字技术的融合也成为一种必然选择，并带来更高的生产效率。

4. 构建数字领导力

构建数字领导力是组织数字化转型的一个关键环节。数字经济时代，领导力面临着新的使命和要求。领导者不仅要统筹全局，带领组织内外成员投身于企业的价值创造活动中；还要保持开放、学习的心态，做到持续的自我学习，同时积极营造组织内的学习氛围，带领组织成员共同学习，共同进步。

 知识拓展

数字领导力的新内涵

数字领导力的新内涵包括自我领导力及对组织内外的协同领导力，主要包括以下4个方面。

（1）愿景与战略。领导者承担着设定愿景、传播愿景并实现愿景的职责，为组织成员指明方向。数字经济时代，数字领导力的核心着力点是构建动态的组织生态圈，为企业的愿景和战略提供新价值空间，协同和吸引一切可能的合作者，去创造企业的未来。

（2）信任与协同。数字经济时代，企业的创造力更强，连接范围更广泛，这就要求领导者必须具备构建广泛信任的能力，即促使组织内外成员基于共识展开更大范围的协同合作。

（3）授权与赋能。数字经济时代，授权、赋能、激活、协同、支持、响应成了领导者工作的核心。

（4）自我管理与无我管理。前者是指数字化领导者要保持开放和好奇的心态，持续广泛学习；后者是指数字化领导者应与组织成员建立伙伴关系，要以组织成员为中心，而非以领导者自我为中心，为组织成员提供支持。

(二)企业组织数字化转型的途径

组织的数字化转型本质上是赋能组织成员、顾客和合作伙伴，这必然要求组织原则从管控转向赋能。为实现组织数字化转型，企业需要重构管理模式、重构流程系统、重构组织结构，以及刷新组织文化。

1. 重构管理模式

数字化带来的最大变化，可以说是人变了，进而管理模式、组织模式、业务模式等也都随之发生了改变，即工作场景、组织形式、业务和信息传递的方式及评价工作绩效的模式的改变。这意味着企业不能再沿用传统的管理模式，而需要一种全新的管理模式。具体而言，组织模式演变的过程如下。

（1）管控—命令式。

从弗雷德里克·泰勒（Frederick Taylor）的科学管理原理开始，有关组织管理的探索都以目标为导向，以提升组织效率为核心，达成高效实现目标的结果。其中最典型的组织模式是马克斯·韦伯（Max Weber）的科层制。

> **提示**
>
> 科层制是一种以分部—分层、集权—统一、指挥—服从等为特征的组织形态。它是一个完整的"管控—命令式"组织管理模式。这种模式盛行于工业经济时代，因其稳定的结构、有效的管控、明确的制度及指令而具有较高的组织效率，但是这种模式缺乏灵活性和主动性，导致组织灵活性不强。

在"管控—命令式"的组织管理模式中，管理者被赋予了明确的权威地位。他们身处组织的权力核心，其权力不仅得到了制度的认可与固化，还通过组织系统的稳定运行得到了有效保护。尤为关键的是，管理者掌握着关键的决策信息，并主导着组织内部信息的流向。这种信息不对称的现象确保了他们在组织中的主导地位，进一步巩固了他们的权威地位。

与此同时，在"管控—命令式"的组织管理模式中，组织成员对各自职责与分工的严格遵循，这不仅是对管理者权威的尊重，也是对权力阶层既得利益的维护。这种对职责与分工的服从性，使得整个组织结构更加稳固，也进一步强化了"管控—命令式"组织管理模式的有效性和影响力。

（2）服务—指导式。

随着个体能力的不断提升，个体对组织的价值贡献越来越突出，这使得管理者不得不关注个体与组织关系的变化，并且从关注组织本身转向关注组织成员。对人的价值贡献的积极认知，使组织管理发展到一个新的高度，组织管理模式从非人格化、制度化的"管控—命令式"转变为以人为本的"服务—指导式"。

在"服务—指导式"的组织管理模式中，管理者的角色发生了显著转变，从原先的

"权威性"角色转变为更加注重"成就感"的角色。这种转变的核心在于,管理者更加关注组织成员的发展,致力于为他们提供全方位的服务与指导,为此,管理者可以采取在组织内部展开有效沟通、推行专家职能、建立流动机制以打破科层制的等级障碍等方式,帮助组织成员获得绩效和成长,并获得归属感。

(3)激活—赋能式。

数字经济时代,传统管理者长期以来的绝对权威受到了挑战。一方面,现代组织成员,尤其是新生代员工,更倾向于将管理者视为并肩前行的伙伴,而非仅仅是指挥者,他们渴望在平等的对话中交流思想,而非仅仅被动地接受权威的命令与控制;另一方面,随着商业模式的不断迭代与创新,以及数字技术的广泛应用,传统管理者在面对那些被称为"数字技术原住民"的新生代员工时,已很难承担起服务与指导的职责。

因此,在"激活—赋能式"的组织管理模式中,管理者要摒弃"自我中心"的思维定式,"去自我中心化",以组织成员为中心,围绕着让组织成员释放创造力、创造价值来进行组织资源配置,为他们提供发展平台和共享激励机制。

2. 重构流程系统

组织数字化转型旨在通过数字技术为组织成员、顾客和合作伙伴赋能,使企业无限接近客户端,为顾客创造全新的体验与价值。而赋能最直接的载体就是融合了数字技术的业务流程。业务流程作为将资源转化为产品或服务的过程中所采取的互动、协调、沟通和决策的模式,其数字化转型对于正在进行数字化转型的组织而言,是重构组织价值、推动企业整体发展的关键所在。

 知识拓展

RPV 模型

RPV 模型,即组织能力模型,是"创新之父"克莱顿·克里斯坦森(Clayton M. Christensen)教授提出的企业能力分析框架模型,主要用来衡量一个组织是否健康,是否有价值能长期生存。

(1)R 代表资源(resources),包括人员、设备、技术、服务、品牌、信息、现金,以及与供应商、分销商和顾客的关系等,是最直观的因素。

(2)P 代表流程(process),包括战略规划、预算、采购、市场调研、产品设计、生产、员工发展及资源分配的过程。

(3)V 代表价值观(values),是在确定决策优先级别时所遵循的标准,并以此来判断一个项目是否可行,某个新产品设计理念是否具有吸引力等,事实上,管理者在组织内部普及了这种清晰、统一的价值观,是良好管理的一个关键衡量标准。

要想实现企业业务流程的数字化重构，一方面，企业要打破原有组织分工界定，形成新的组织资源合作模式；另一方面，企业还要构建价值分配流程，而不仅仅是资源分配流程。

> **提示**
>
> 实现业务流程数字化重构，还需要完成流程的数据化。所谓数据化，就是用数据方式更精准地呈现业务和运营的全过程。而要流程呈现出数据化特质，企业具体需要做到：① 围绕业务展开流程数据化呈现；② 流程数据化以组织成员、顾客和合作伙伴的体验为中心；③ 建立数字技术平台，打造流程数据资产。

3. 重构组织结构

数字经济时代，影响组织绩效的因素由内部转向外部，管理者也开始探索组织效率的新来源，如强个体的崛起、组织间的协同共生、组织外部环境变化及数字技术自身的快速发展等。因此，企业应通过重构组织结构来适应这一发展趋势。

数字经济时代，组织数字化转型的趋势主要有以下 3 种形式。

（1）极小化的自组织。

数字经济时代，市场需求瞬息万变促使企业不得不进行组织结构的深刻变革，其核心就在于提升组织的灵活性，激发组织成员的创新活力。极小化的自组织成为数字经济时代组织数字化转型的方向之一。

自组织是指用责任、目标作引导，直接面对外部环境和顾客，在平等、自主的基础上完成价值创造的组织结构。数字技术通过强化内部信息交流与沟通，为企业的极小化自组织提供了有效支撑，确保小组织单元与大规模组织共享信息、协同工作。在数字技术的帮助下，企业能够按照顾客的需要而非职能划分组织，以任务团队结构取代层级结构，形成以工作小组、团队为基本单元的新型组织结构。这种转型不仅显著提升了组织对外界变化的反应速度，还增强了其持续适应变革的能力。

（2）极大化的平台。

数字技术的广泛应用使得市场、技术、顾客等都发生了变化，原有的组织结构不再适应新的变化，无法满足组织成员和团队进行交流和工作的创新需求，进而影响企业的绩效和成长。因此，平台化的组织结构，成了数字经济时代越来越多企业组织数字化转型的方向。

平台化的组织结构直接将组织成员、顾客和合作伙伴纳入其中，采取平台化的管理模式，让组织内外成员围绕着顾客价值创造活动展开协作共创，以达到协同增效的目的。这种组织结构，从本质上来讲，是一种反应更加敏捷高效的组织结构，呈现出"小业务前台+大型中后台"的特点，即以内部"小业务前台"去实现与外部多种个性化需求的匹配对接，内部"大型中后台"则提供共享服务、技术支持和数据分析等支撑。

（3）动态的组织生态圈。

动态的组织生态圈是建立在平台基础上的一种动态、跨界、开放、协同的组织形式。平台即快速聚集资源的生态圈，面临市场机会或订单、项目确定后，平台将以最快的速度把企业内部、外部各种资源（包括优秀的人才资源及物质资源）聚集到一起，共同去争取相应的机会或完成相应的订单、项目，以实现顾客价值的最大化和聚集的组织成员的价值最大化。

动态的组织生态圈的特点是让更有能力的人来产生更高价值的订单或项目，创造更高的顾客价值，更高的顾客价值再吸引来更优秀的人，待本订单或项目完成后，到下一个订单或项目时，资源又重新聚集，从而形成动态调整的组织生态结构。

海尔从"人单合一"到链群合约

数字经济时代，企业管理的宗旨只有一个，即人的价值最大化。在现代企业管理中，树立"以人为中心的新的价值观"是以人为本的精髓。

（1）"人单合一"。

在组织结构创新方面，海尔集团提出了"人单合一"模式，把"正三角"式的组织结构变成"倒三角"式的组织结构，让基层的每个员工都直面顾客、满足顾客需求。

"人单合一"的基本含义是，让员工成为"自主人"创客，使企业转型为自组织，每个员工直接面对顾客，创造顾客价值，并在为顾客创造价值中实现自己的价值分享。员工不从属于岗位，而是因顾客而存在，有"单"才有"人"。员工不再是被动执行者，而是拥有"三权"（现场决策权、人事权和分配权）的创业者和动态合伙人。"单"起引领作用，并动态优化，而不是狭义的订单，更不是封闭固化的，即"竞单上岗、按单聚散""高单聚高人、高人树高单"。

"人单合一"的做法释放了基层员工的活力，但也遇到了新的问题，即一线员工面对顾客个性化需求必须倒逼总部提供资源，由于中间管理层仍存在，这种倒逼机制就不顺畅。随后，海尔集团彻底拆除企业部门之间的围墙，取消了约 1.2 万名中间管理层，整个企业拆分成 4 000 多个小微组织，让小微组织成为创造顾客价值的基本单元。小微组织网络在产品经济方面发挥了积极作用，但随着顾客需求从高质量产品向高质量生活场景的转型升级，单个小微组织已经无法适应顾客场景体验的迭代需求。于是，海尔集团在小微组织网络的基础上推进生态链小微群，也就是链群组织。链群是开放的，不但海尔集团内部的小微组织可以加入其中，外部的合作方也可以很方便地整合在一起，关键是顾客也被纳入链群中，大家一起共创、共赢、共享。

(2) 链群合约。

链群是一种小微组织升级之后的组织形式,它可以自适应"一切皆有可能"的变化(顾客体验需求的动态变化),不断自增强以实现边际收益递增。链群充分契合数字经济时代由生态系统创造顾客的最佳体验,并实现增值分享的理念。

链群合约作为以人为本、数字赋能、动态寻优的内部创业机制,是生态链和小微群基于员工契约精神进行的融合企业家精神和厂商理论的组织管理机制新探索。

链群合约最大魅力在于实现顾客节点能力的激活、重组与整合优化,这种机制使得小微组织兼顾了个体创新能力优势、动态匹配和链群之间的协同配合和资源共享,实现"活而不乱,高度协同"。

链群合约中的"链"是生态链,借助区块链、数字化实现多资源多主体的有效协同;"群"是小微群,是生态链各节点的合集;"合"意为和而不同、共创共赢;"约"即智慧合约,是链存在并维持的内力。

链群合约作为数字经济时代海尔集团管理新模式,具备"以人为本、体验为上;开放整合、协同共创;混序交融、边缘竞争;数技赋能、动态寻优;利他共益、永续发展"的特征。

4. 刷新组织文化

组织的核心在于文化的凝聚,组织文化深刻影响着组织成员在组织中的行为方式、选择偏好、活跃程度,以及个体所享有的自由与受到的约束。不同的组织文化会营造出各具特色的组织氛围。从组织的视角来看,组织文化不仅是组织内部形成的一套规范体系,更是一种普遍的价值判断标准,是组织内部形成的对于工作方式、管理方式、奖罚制度及员工关系等方面的制度体系。

在组织数字化转型的过程中,企业应刷新组织文化,坚守以顾客为中心的理念,积极寻求多元化和包容性,秉持向善、利他、共生的价值取向,共同塑造一个更加和谐、高效的组织生态。

二、企业人才数字化

为了跟上数字经济时代的步伐,提升企业的竞争力和创新能力,越来越多的企业意识到人才数字化的重要性,并采取了一系列措施来吸引、培养和留住这些关键的人才。这将有助于企业在数字经济时代保持竞争力并实现可持续的发展。

(一)数字化人才的概念及分类

《2020中国数字化人才现状与展望》指出,数字化人才是具备较高信息素养,有效掌握数字化相关专业能力,并将这种能力不可或缺地应用于工作场景的相关人才。不同的应用场景对数字化人才的能力要求存在差异,按不同的应用场景划分,数字化人才可分为数字化管理人才、数字化应用人才、数字化技术人才,如图 5-2 所示。

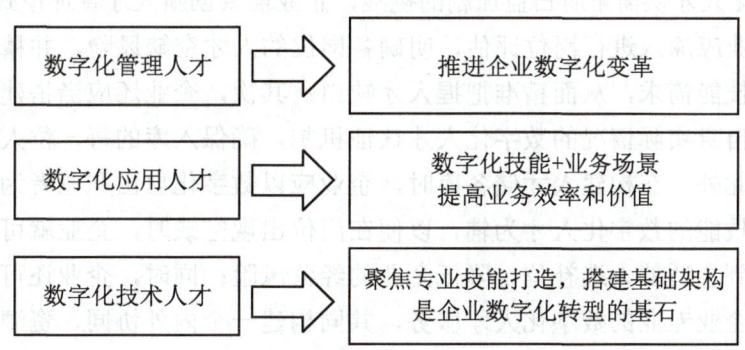

图 5-2　数字化人才的类型

(二)数字化人才队伍的建设

1. 明确企业数字化转型战略,理清数字人才需求

企业应当明确其数字化转型战略,建立清晰的人才矩阵,识别企业对数字人才的需求,即基于企业实际情况,明晰人才缺口,制订针对性的招聘方案。对于数字化管理人才,企业要关注他们对数字化转型领域的研究深度和专业素养;对于数字化应用人才,企业要关注他们对于业务领域的熟悉程度、对数字产品的认知程度;对于数字化技术人才,企业要关注他们对新兴技术的感知力、理解力和创造力,以及对于未知领域的探索精神、坚韧不拔的品质和富有创意的思维。

2. 建立完善规范的培训体系,注重因材施教

建立完善规范的培训体系,不仅能够帮助企业吸引人才,而且能提高数字化人才与企业的适配性和契合度,实现更高效的价值创造。而且一个完善规范的培训体系必须与时俱进,不断更新迭代。随着科技的飞速发展,新技术、新产品层出不穷,企业必须及时将最新技术融入培训中,确保员工与时代同步,不断提升自身竞争力。

同时,企业培训还要注重因材施教,根据不同岗位和职责的数字化人才需求,进行针对性的培训。对于数字化管理人才,企业要侧重开展数字化思维、数据管理能力、数字化人才管理能力等方面的培训;对于数字化应用人才,企业需要开展数字技术与业务融合方面的培训;对于数字化技术人才,企业应当重点进行新兴技术和新兴产品研发能力、创新能力等方面的培训。

3. 建设开放包容的企业文化,增强员工文化认同感

在企业数字化转型的过程中,挑战和机遇并存。一个拥有开放包容的文化的企业,不仅能够获得数字化人才的广泛认同,还能让他们感受到强烈的归属感。这种归属感会极大地激发员工的内驱力,促使他们追求个人价值的实现,最终为企业的数字化转型发展贡献更多力量。

4. 搭建人才储备库，打造有序流动的人才生态

面对数字化人才供需矛盾日益加剧的挑战，企业需要创新人才管理模式。

首先，企业应深入进行岗位评估，明确各岗位的人才空缺风险，并精准识别与岗位相匹配的核心技能需求，从而精准把握人才缺口；其次，企业还应当搭建人才储备库，制订一套符合自身实际情况的数字化人才认证机制，确保入库的每一位人才都具备相应的数字技能；此外，在构建人才储备库时，企业应以数字化自由职业者为主，以公司内部具有跨岗位技能的数字化人才为辅，以便在岗位出现空缺时，企业就可以迅速在人才储备库中匹配到合适的人选补位，降低企业的经营风险；同时，企业还可以寻求外部合作，借助其他企业专业的数字化人才服务，共同构建一个内外协同、资源畅通的数字化人才生态体系，以更好地应对数字化人才供需的挑战。

三、企业生产数字化

（一）数字化生产的概念

数字化生产，是一种将先进的信息技术、自动化技术与制造技术相结合的生产方式。它通过数字化模型将产品的设计、制造、服务等全过程进行统一管理，实现生产过程的智能化和柔性化。

（二）数字化生产的特点

相较于传统生产模式，数字化生产的特点主要呈现出以下 5 个方面。

1. 实时数据驱动

数字化生产通过各种传感器和监测系统，收集大量的生产和运营数据，使生产过程透明化，实现生产过程的精准控制，为生产决策提供有力支持，帮助企业实现快速响应，优化资源配置，加强质量控制，优化产品和服务等。

2. 智能化

数字化生产依托数字技术，实现生产过程的智能化。即智能化生产系统具备自感知、自执行、自决策等能力，可以根据实时数据和预设规则进行智能化决策。例如，根据设备故障率预测结果，智能化生产系统可以自动调整生产计划，避免设备故障对生产造成的影响。

3. 定制化

数字经济时代，企业可以方便地实现跨界（如不同行业、不同企业、不同部门、不同环节、不同设备等之间的跨界，以及供需之间的跨界）、融合（如文化融合、模式融合、流程融合、资源融合、数据融合等）、客户深度参与（如客户参与产品或服务的开发、设计、生产和销售等环节）的个性化定制模式，而不再局限于传统单一行业内产品或服务的定制。于是，姚建明教授提出了面向数字经济环境的跨界、融合、客户深度参与的个性化定制模式，即"跨界—融合—参与"定制（transboundary integration participation customization, TIPC）模式。

 知识拓展

MC 模式与 TIPC 模式的区别

大规模定制（mass customization, MC）模式是以大规模的生产效率满足客户个性化需要的生产模式。MC 模式与 TIPC 模式的区别主要有以下几点。

（1）顾客需求切入点的挖掘与确定方面。在传统 MC 模式下，企业经营的行业较为单一，其产品或服务类型也单一，这使得顾客需求切入点相对容易确定；而在 TIPC 模式下，企业常常会跨界、融合，这就导致其产品或服务类型多样，进而顾客需求切入点较难统一。

（2）定制过程的复杂程度方面。在传统 MC 模式下，较少客户参与企业定制过程，即企业定制过程以单向为主，相对简单；而在 TIPC 模式下，客户参与定制的程度高，定制过程双向循环，较为复杂。

（3）定制决策机制方面。在传统 MC 模式下，企业的关注点是如何平衡"个性化"（需求方诉求）与"规模效益"（供给方诉求）之间的矛盾；而在 TIPC 模式下，企业的关注点则是"个性化"（需求方诉求）、"规模经济+范围经济"（供给方诉求）及"跨界融合价值"（双方诉求）三者之间的平衡关系。

（4）定制模式的价值来源方面。在传统 MC 模式下，企业的关注点是产品或服务定制本身的价值；而在 TIPC 模式下，企业不仅关注产品或服务定制本身的价值，还重视跨界融合带来的额外价值，即融合产品或服务的价值。

4. 柔性化

柔性化强调生产过程中的适应性和灵活性。数字技术为企业柔性化生产提供了强大的支撑和保障，使得企业能够以客户需求为导向，更加灵活、高效地满足市场需求。

5. 产业链协同

数字化生产打通了产业链上下游，推动产业链、供应链深度互联和协同响应，帮助产业链上下游企业整合企业内外的各种资源和能力，共同推动产业发展。

（三）推动企业生产数字化的方法

推动企业生产数字化是企业适应现代数字化发展趋势的必然选择，企业可以从以下 6 个方面着手。

1. 引进先进的数字技术

引进先进的数字技术是推动企业生产数字化的基础。企业应关注市场上最新的数字技术，如物联网、大数据、人工智能等，并根据自身生产需求来选择和引进。通过引进这些技术，企业可以实现对生产过程的实时监控，数据分析和反馈优化，提高生产效率和质量，进而提升企业核心竞争力。

2. 提高员工的数字技能

企业生产数字化转型的关键就是提高员工的数字技能。企业应加强对员工的数字技能培训，使其具备使用数字化工具和应用数字技术的能力。例如，企业可以依托高技能人才培训基地等机构，开展大规模的职业培训。此外，企业可以鼓励员工参与公开课、在线学习等方式，自主加强数字化技能培训。这样，员工可以更好地理解和应用数字技术，提高生产效率和质量，为企业创造更多的价值。

3. 打造数字化生产流程

加快数字技术与生产全过程、全要素的深度融合，推进生产技术的突破和工艺创新，推行精益管理和生产流程再造，实现泛在感知、数据贯通、集成互联和分析优化。

4. 建立数字化管理平台

建立数字化管理平台是实现企业生产数字化的重要手段。数字化管理平台能够集成企业各部门的数据和信息，对生产过程进行全面的监控和管理，实现数据共享和协同工作，提高决策效率和响应速度。

5. 优化数字化供应链

企业应利用数字技术对供应链进行改造和优化，使得供应商、制造商、客户、物流中心等各个环节相连接，实时共享信息和数据，实现供应链上下游企业的高效协同，打造智慧供应链，培育推广智能化设计、网络协同制造、大规模定制、共享制造、智能运维服务等新模式。

6. 坚持安全可控

强化底线思维，将安全可控贯穿于数字化生产的全过程。加强安全风险研判与应对，加快提升数字化生产中的数据安全、网络安全、功能安全等保障能力，着力防范化解整个供应链风险，实现发展与安全相统一。

四、企业营销数字化

随着数字技术的广泛应用与普及，消费者的生活方式也发生了巨大的变化，传统的营销模式已跟不上时代的步伐，适用于数字经济时代的数字营销应运而生。

（一）数字营销的概念

简单地讲，数字营销是以"技术+数据"的双轮驱动为基础，来实现营销目标的一种营销模式。

砥砺前行

为营造安全、健康、文明的网络文化氛围，提升网络道德素养，维护网络秩序，净化网络空间，践行社会主义核心价值观，弘扬主旋律，传递正能量，当代大学生应做到：诚信守法，做网络文明的捍卫者；自律上网，做社会文明的践行者；依法上网，做文明上网的推动者；强化责任，做网络文明的守护者；理性上网，做营造新风的自律者；安全上网，做网络安全的守卫者。

（二）数字营销的方法

1. 社交媒体营销

社交媒体营销是指利用社交媒体平台进行品牌推广和市场营销的一种策略，主要包括微博营销和微信营销等。

（1）微博营销。

微博营销是一种以微博为传播媒介的营销方法，它可以帮助企业以极低的营销成本快速找到受众目标，通过积极有效的互动，实现粉丝的积累，并利用众多粉丝的关注进行营销推广，以不断提高企业品牌的影响力。其主要营销方式有话题营销、事件营销、借势营销、活动营销和粉丝营销等。

目前，很多明星企业和知名企业家都创建了自己的微博账号，并拥有非常庞大的粉丝群体，从而帮助企业通过微博营销进行企业宣传推广，并与顾客建立起紧密的联系。

（2）微信营销。

微信营销是一种以微信为传播媒介的营销方法，其主要目标群体是广大的微信用户。微信营销是数字经济时代企业营销模式的创新，是伴随着微信的火热而兴起的一种新媒体营销方法，具体包括公众号营销、朋友圈营销、小程序营销和微信群营销等。

① 公众号营销。公众号营销表现为个人或企业通过微信公众号，利用文字、图片、语音、视频等多种形式，实现与特定目标群体的全方位沟通、互动，形成全方位互动的营销效果。

② 朋友圈营销。朋友圈营销主要有以下两种方法：第一，微信用户个人账号分享的微商广告；第二，商家在微信朋友圈投放的广告，多以视频广告为主。

课堂讨论

请大家说一说，自己的微信朋友圈里有微商吗？如果有，你会购买微商推销的产品吗？为什么？

③ 小程序营销。由于小程序具有无需安装、即用即走的特点，所以小程序营销是一种较为高效、灵活、多元的线上营销方法，它可以帮助企业快速地实现产品营销、销售

促进、品牌推广。

④ 微信群营销。微信群营销兼具营销和社交的特点与优势。其具体形式是企业将需求相似的人群聚集在同一个微信群聊里,消费者通过微信群社交可以购买到自己满意的产品,同时形成一种轻松愉悦的购物感受,而且消费者还有可能把好产品介绍给身边的亲朋好友,带动更多的人加入群聊,这无形中加强了企业的宣传效果。

2. 搜索引擎营销

搜索引擎营销是利用用户对搜索引擎的依赖和使用习惯,在用户检索信息时尽可能将营销信息传递给目标用户的一种营销方法。搜索引擎营销的基本思想是让用户发现信息,并通过点击进入相关网页,进一步了解所需要的信息。搜索引擎营销的主要方法是搜索引擎优化。

搜索引擎优化是一种通过优化关键词、网站内容及结构、技术、外部链接和内部链接等方式,提高网站在搜索结果中的排名,以及提高网站的曝光度和流量的策略。这对于吸引更多潜在消费者、提高品牌知名度和最终促成交易非常重要。搜索引擎优化是一个持续的过程,需要持续追踪网站的表现,并根据数据分析进行优化和调整。

搜索引擎优化主要包括以下内容。

(1) 关键词优化。关键词优化是指确定并优化网站中与目标受众搜索习惯相关的关键词,包括选择合适的关键词,并将关键词合理地应用于网页内容、标题、页面描述、图片等位置上。关键词优化,能使企业的相关信息更容易被搜索引擎检索到。

(2) 网站内容优化。网站内容优化是一个综合性的过程,需要关注内容的质量及更新频率、关键词使用及密度控制、内容与用户搜索意图的匹配、用户生成内容的促进等多个方面。通过优化这些内容因素,可以提高网站在搜索引擎中的排名和曝光率,吸引更多有价值的访问流量,提升用户体验和转化率。

(3) 网站结构优化。网站结构优化主要包括:① 扁平化目录结构,即网站的目录结构应趋于扁平化,目录深度通常不超过 3 层,以便搜索引擎爬虫更好地抓取内容;② 提供清晰的导航结构,使用户能够方便地浏览网站内容;③ 优化统一资源定位系统(uniform resource locator, URL),即使用简洁、包含关键词的 URL,这有助于搜索引擎理解网页内容。

(4) 技术优化。技术优化是指优化网站的技术结构,包括提高网站加载速度、改善移动端体验、修复错误链接等,以提升用户体验和搜索引擎的评级。

(5) 外链和内链优化。合理制订和实施外链和内链策略,可以提升网站的权重、流量和网站在搜索引擎中的排名,进而提高网站的竞争力和用户体验。

① 外链建设的方法。建设外链,须选择高质量的外链来源,即选择与自身网站主题相关、权威性高的网站进行外链合作。外链建设的方法主要包括,第一,通过撰写优质内容,与其他网站进行内容合作,获得自然外链;第二,利用社交媒体平台,发布与网

站内容相关的链接，吸引用户点击；第三，积极参与行业论坛和微博的讨论，发布有价值的观点，并在适当位置添加网站链接。

② 内链建设的原则。内链建设的原则主要包括，第一，相关性，即确保内链的页面之间具有相关性，方便用户浏览和获取信息；第二，适度性，即避免在一个页面中添加过多的内链，以免分散用户注意力；第三，重要性，即优先将内链指向网站的重要页面，如首页、产品页、专题页等。

提示

外链是指从其他网站指向自己网站的链接，对于提高网站的权重、流量和网站在搜索引擎中的排名具有重要作用。

内链是指在网站内部不同页面之间建立的链接，有助于提升用户体验、网站的权重和搜索引擎抓取效率。

3. 短视频营销

短视频营销是指利用短视频平台发布短视频内容，以推广品牌、产品或服务的一种营销策略。这种营销方法通过视觉、听觉和情感的融合，快速传递信息，吸引目标用户的注意力，并与他们建立情感连接。在短视频营销中，企业可以通过制作高质量的短视频内容，展示品牌或产品的特点和优势，提高用户的认知度和购买意愿。同时，企业还可以利用短视频平台的互动功能，与用户进行互动，收集用户反馈，不断进行产品和服务的优化。短视频营销的特点如表 5-3 所示。

表 5-3　短视频营销的特点

特　点	具体表现
时长短、内容精	短视频要在几分钟甚至几十秒内传达核心信息，因此内容必须精练、有趣、迅速吸引用户的眼球
强互动性	短视频平台通常具有强大的互动功能，如点赞、评论、分享等，企业可以利用这些功能与用户进行互动，收集用户反馈，提高用户参与度
传播速度快	短视频内容易于在社交媒体上分享和传播，通过用户的自发分享，可以实现快速传播，迅速扩大品牌或产品的曝光度
创意性强	短视频营销需要具有创意性，通过独特的视角、有趣的情节和吸引人的元素，吸引用户的注意力，提高内容的传播效果
精准定位	短视频平台通常具有客户画像和数据分析功能，企业可以根据目标用户的特点和需求，制订精准的营销策略，提高营销效果

4. 直播营销

直播营销是指企业通过实时直播的形式，与观众进行实时互动，进而推广品牌、产品或服务的一种新型营销手段。这种营销方式，主播可以与用户进行实时互动，通过产品线上展示、咨询答疑和导购销售，让用户有与企业零距离接触的感觉，并能使企业及产品形象深入人心。直播营销的特点如表5-4所示。

表5-4 直播营销的特点

特 点	具体表现
实时互动性	直播营销最显著的特点就是实时互动。用户可以在直播过程中通过弹幕、评论等方式与主播进行即时交流，这种互动性极大地增强了用户的参与感和用户黏性
直观展示性	通过直播，企业可以直观地展示产品特性、使用方法、生产过程等，使用户对产品有更全面、深入的了解
情感连接性	直播营销不仅传递产品信息，还通过主播的讲解、互动等方式，与用户建立情感连接，增加品牌的好感度和忠诚度
社群效应	直播营销可以形成强大的社群效应。用户在观看直播的同时，可以分享给朋友、家人，形成口碑传播，进一步扩大品牌的影响力
数据可追踪性	直播平台通常提供详细的数据分析工具，企业可以实时追踪直播的观看人数、用户互动、转化率等关键数据，为后续的营销策略提供数据支持

5. 大数据营销

大数据营销是指在大数据分析的基础上，描述、预测、分析、引导消费者行为，帮助企业制订精准的营销策略的过程。大数据营销的特点如表5-5所示。

表5-5 大数据营销的特点

特 点	具体表现
数据体量巨大	大数据营销的基础是庞大的数据集合，包括消费者行为、购买记录、社交媒体互动等各种类型的数据。多平台采集的海量数据能够帮助企业更全面地了解市场和消费者
价值密度低但商业价值高	大数据营销中的信息往往稀疏且价值密度低，但通过对大量数据的深入挖掘和分析，企业可以发现隐藏在其中的有价值的商业洞察和趋势预测。这些洞察和预测有助于企业了解竞争态势、消费者需求和市场趋势，为产品研发、定价、促销等决策提供科学依据
时效性强	大数据营销能够实时地处理和分析数据，以快速响应市场变化和消费者需求
个性化营销	基于大数据的精准营销能够实现个性化的营销信息推送。通过对消费者的行为数据进行分析，企业可以了解消费者的兴趣、需求和购买行为，从而制订个性化的营销策略，提高营销的针对性，改善营销效果
关联性强	大数据营销能够通过挖掘数据之间重要的关联关系，将若干关联性的可视化数据进行汇总处理，揭示出大量数据中隐含的规律和发展趋势，借以提升大数据对精准营销的预测支持能力
性价比高	大数据营销可以最大限度地提高企业的广告投放精准度，避免营销费用的浪费。同时，根据实时性的效果反馈，企业可以及时对投放策略进行调整，进一步优化营销效果

项目五 企业数字化

知识拓展

大数据营销的应用

大数据营销的应用非常广泛，其中有客户画像、定向广告推送和关联推荐等几个主要的领域。

（1）客户画像即客户信息标签化，这些标签可以将客户形象具体化，完美地抽象出一个客户的信息全貌。通过客户画像，企业可以更加了解自己的目标客户群体，从而为其提供针对性的服务。

（2）定向广告推送是指企业利用大数据技术，根据消费者的历史搜索轨迹及消费轨迹，分析消费者的兴趣爱好，从而精准地向消费者推送他们所关注的产品或服务。定向广告推送优点如下：① 能做到推广的具体定位，降低运营成本；② 能让消费者感受到客户关怀，提高其黏性；③ 能为有需求的消费者推送他们感兴趣的产品或服务，从而提高转化率。

（3）关联推荐是指由 A 产品找到 B 产品，从数据中找到关联。这主要是通过分析消费者的购买、浏览、搜索等行为数据，发现其购买商品或服务之间的关联规则，进而向消费者推荐他们可能感兴趣的其他商品或服务，最终提升大数据对精准营销的预测支持能力。

（三）数字营销的实施步骤

1. 明确营销目标

明确营销目标能够为整个营销活动提供方向和指引，其具体包括以下内容。

（1）设定营销目标。设定明确、可量化和可实现的营销目标和指标，如年销售额增长率、市场占有率、点击率、转化率等，以便后续的数据监测和分析。

（2）明确目标受众，并了解其特征、需求和期望。

2. 分析营销环境和目标受众

分析营销环境和目标受众是数字营销中至关重要的一环，其具体包括以下内容。

（1）数据采集。企业可以利用各种新兴技术、通过不同的渠道（如政府机构等官方网站、权威性的调研报告、自己开展的网络调研、企业内部客户关系管理系统、各大电商平台的消费者行为数据及消费数据等）进行数据采集，以便广泛获取所需的数据源。数据源的广度决定了数字营销的效果。

（2）数据分析。首先，分析企业当前的内外部资源和市场环境，要分析同类产品或竞争对手的行为。其次，要分析目标受众，了解消费者的消费偏好、消费习惯、购买行为，捕捉潜在的交易机会，明确目标市场选择，制订更精准的营销策略，确保后续的数字营销活动能够精准地触达目标受众。

3. 选择数字营销方法

企业可以综合考虑自身营销目标、竞争环境、目标受众、营销预算及可用的资源等因素，选择一种或多种数字营销方法。

4. 创作和发布内容

企业根据所选择的数字营销方法、目标受众的偏好和需求，进行内容创作，确保内容信息丰富且具有吸引力。然后，企业选择合适的平台和时机发布内容，即开展具体的数字营销活动。

5. 监测和评估营销效果

（1）收集数字营销数据。使用网站分析工具、社交媒体分析工具等收集消费者行为数据。

（2）分析数字营销数据。分析收集到的数字营销数据，了解消费者的兴趣、偏好和行为模式，评估数字营销活动的效果。

6. 持续优化和调整

数字营销活动结束后，企业可以根据数字营销活动的效果，对数字营销活动的内容及执行过程进行评估、反馈，提炼出影响消费者选择和消费者满意度和忠诚度的关键信息，为下一次的数字营销提供经验，实现数字营销活动的闭环优化。

此外，根据消费者反馈，企业可以调整、创新产品或服务，以及调整相应的数字营销策略。

五、企业供应链数字化

在当前的数字化浪潮中，数字化供应链无疑已成为推动产业数字化转型的关键驱动力。未来的产业竞争不再是单一环节的较量，而是整个产业链效率与协同能力的全面竞争。企业实现供应链数字化转型，即意味着企业在高效转型的赛道上抢占了先机。只有各行各业的企业共同努力，构建数字化供应链，才能共同推动产业的升级，重塑全球竞争新格局。

（一）数字化供应链的概念

IBM公司于2009年提出了"智慧的未来供应链"这一概念，它从"先进""互联""智能"3个方面总结了供应链未来的发展方向，供应链的数字化变革由此开始。随着全球数字经济的快速发展，物联网、大数据、人工智能等数字技术高速演变，"智慧供应链"的概念逐渐被"数字化供应链"所替代。

数字化供应链是指将传统的基础供应链管理与新兴的数字技术相结合，以实现供应链的数字化的管理模式。基础供应链管理涵盖了从战略规划、寻源采购、生产制造，到物流交付及售后支持等整个价值链条的关键环节。而数字化则是通过运用大数据、云计算、物联网、人工智能和区块链等新兴技术，实现对供应链管理中产生的海量数据进行即时收集、深入分析、快速反馈、精准预测和高效协同。

（二）数字化供应链的发展阶段

供应链数字化的转型发展大致可以划分为以下4个阶段。

1. 初级阶段

20世纪40年代，企业开始采用订货点法来解决库存控制问题，但该方法不能反映物料的实际需求，因此常常会给企业带来库存积压的问题。

20世纪60年代，由于计算机系统已能够实现在短时间内对大量数据进行复杂的运算，为解决订货点法的缺陷，企业将物料需求计划（material requirements planning, MRP）作为一种库存订货计划，这是基本MRP阶段，也是数字化供应链的初级阶段。

 知识拓展

MRP

MRP是指依据主生产计划、物料清单、库存记录等资料，经过计算得到各种相关物料的需求数量和需求时间的计划。

---

2. 逐渐成熟阶段

20世纪70年代，随着人们对供应链管理认识的逐渐加深及计算机系统的进一步普及，MRP理论也得到了发展。为更有效地应对采购、库存、生产、销售的管理挑战，又逐渐出现了生产能力需求计划及采购作业计划等一系列理论。

20世纪80年代，随着计算机网络技术的发展，企业内部信息的流通和共享达到了前所未有的水平。这一时期，MRP的各子系统得到了整合与统一，形成了一个集采购、库存、生产、销售、财务、工程技术等多个功能于一体的子系统，即制造资源计划（manufacturing resourse planning, MRPⅡ）。MRPⅡ理论实现了企业内部资源的全面计划管理，标志着数字化供应链进入逐渐成熟的阶段。

3. 趋于成熟阶段

进入20世纪90年代，MRPⅡ的理念进一步演进，转向"科学有效利用和管理整体资源"的管理思想。在这一背景下，企业资源计划（enterprise resource planning, ERP）应运而生。ERP的提出是基于计算机技术的飞速发展和供需链管理理念的兴起，旨在推动各类制造业在信息时代实现管理系统的革新与发展。

知识拓展

ERP

ERP 系统把企业的内部和外部资源有机结合在一起，充分贯彻了供应链管理的思想，将客户的需求、企业内部的制造活动及外部供应商的制造资源加以集成，体现了按客户需求制造的思想。ERP 系统中的计划体系主要包括生产计划、物料需求计划、生产能力需求计划等。

目前，随着 ERP-SAP 技术的广泛应用，企业开始逐渐采用虚拟供应链技术。这种技术的应用极大地降低了供应链运作中的失误率，显著减少了运作成本，并有效提升了整体运作效率，这也标志着数字化供应链已步入成熟阶段。

4. 升级与迭代阶段

进入 21 世纪，信息技术与政策红利的双重驱动使得数字化供应链迎来了升级迭代的黄金时期，其转型发展大致可以细分为以下 3 个阶段。

（1）局部优化供应链。在这一阶段，企业开始聚焦于构建以自身为中心的数字技术，局部优化供应链。通过这一举措，企业不仅实现了业务收入的增长，还提高了客户体验。尽管此时企业的商业模式并未发生根本性变革，但资产利用率得到了显著的优化和改进。

（2）供应链数字化转型。在这一阶段，企业开始以客户为中心，推动数字化平台模式的创新，并与供应链中的各参与者建立了紧密的数字化协同关系。同时，企业开始积极融入循环数字经济，更加关注可持续发展。这种转型使得企业的新型业务收入更具有供应链的弹性和抗风险能力。

（3）构建智慧供应链平台生态。在这一阶段，数字化供应链进一步发展为以客户和生态为中心，构建了智慧供应链平台生态。企业不仅注重数字开发和动态履约能力的提升，还积极采用物联网、人工智能、区块链等数字技术。这使得企业具备了高级分析能力，能够实现可持续改进与创新，构建出一个高效、智能、可持续的数字化供应链网络。

（三）企业数字化供应链的构建对策

为应对企业数字化转型过程中遇到的各种挑战，企业可以构建数字化供应链系统，帮助企业创新管理模式，提升企业供应链管理的精益化水平，该系统应具有如下功能。

1. 覆盖全链路，消除"数据孤岛"

数字化供应链系统应实现全链路数字化覆盖，以消除"数据孤岛"。

一方面，数字化供应链系统须支持全业务数据流通，以实现商品、库存、物流支付的全渠道连接。供应链以成员、商品和订单为线索，通过对需求的感知和理解、需求的选择、需求的实现、生产、交付和后续服务，实现供应链的透明化和可视化。

另一方面，数字化供应链系统须打破传统供应链各主体间的信息壁垒，基于物联网、大数据、云计算、区块链等数字技术，实现供应链上下游各环节之间的信息互通、数据可信。企业可以借助数字化供应链系统与上下游多个合作伙伴开展深度战略合作，基于共享数据联合制订计划、设计流程，实现供应链各环节透明可视，共同提升盈利能力、降低潜在风险。

2．简化供采交易路径，实现一站式闭环

数字化供应链系统须帮助企业实现市场前端预测、在线询价管理、订单管理、支付管理、电子合同、评价体系等全流程的数字化管理，从而简化供采双方交易路径，在供应链系统上实现交易智能化。

以市场需求为主导的供应链

数字经济背景下，供应链上的主导权逐渐从制造商转向了零售商，甚至转向了终端客户。传统的由制造商到消费者的推式供应链模式转变为以市场需求为主导，从消费者到零售商再到制造商的拉式供应链模式。

以市场需求为主导的拉式供应链构建在以零售商作为核心企业的基础之上，在这个供应链中，大型零售商利用其资金、信息、渠道等优势，成为整个供应链网络的协调中心，主导着整个供应链的运营和管理。具体而言，它通过制订供应链衔接规则、建立信用关系、控制和引导供应链体系中成员企业的作业流程，剔除供应链上的冗余行为和非增值行为，从而降低供应链成本，提高整个供应链的效率和竞争力，实现供应链整体价值的最大化。

3．企业数字化协同，数据服务于决策

数字化供应链系统须运用各种数字技术，对供应链管理中产生的数据进行及时收集、分析、反馈、预测与协同，以帮助企业进行科学决策，同时将积累的数据所反映出的信息价值反哺赋能于供应链上下游企业，充分体现数字化供应链管理增值性的理念。

4．风险预警及防范

数字化供应链系统须具备风险预警和应急响应机制，以降低数字化供应链的风险水平，确保数字化供应链的健康稳定运行。

中国联通的数字化转型

中国联合网络通信集团有限公司（以下简称"中国联通"）作为我国网络强国、数字中国、智慧社会建设的主力军,在数字化转型方面已积累了一系列实践经验。具体而言,这些经验主要包括以下3个方面。

(1)强化顶层设计,创新转型管理理念。

实施数智强企。中国联通以数智强企为战略,彰显"一个联通,一体化能力聚合、一体化运营服务"的核心优势,向数智化要运营新功能,向数智化要发展新空间,助力公司高质量发展。

绘制数字化转型蓝图。基于全局性谋划和整体性推进,中国联通对内改善一线工作效能,对外增强了数智化服务能力,这一系列举措使全公司对转型重要性、紧迫性和系统性有了更深入的认知。

加强组织保障。中国联通成立了数字化转型领导小组,由董事长担任组长,设置转型推进办公室,有序推进数智强企工作。

(2)升级联通智慧大脑,夯实一体化能力聚合。

打造数字化能力体系。中国联通将人工智能、云计算、大数据等技术能力与其业务、网络、服务、管理相结合,形成"1555N"(一云底座、五大中台、五大运营平台、五大App、N个场景)的能力体系,为公司数字化转型夯实基础,加速向智能化演进。

强化数据治理和流程治理。通过数据治理,中国联通规范了对全域数据的管理,提升了数据融合和共享质量,实现了数据资产化;通过流程治理,中国联通加强了对重点业务全流程、全生命周期的管理,打造了简捷高效的数字化流程。

构建协同融汇工作机制。为加快构建技术、业务、数据融合,中国联通形成了跨层级、跨地域、跨系统、跨部门、跨业务的"三融五跨"协同工作机制。

(3)持续强化智慧运营,打造一体化运营服务。

聚力打造生产智能化运营。依托全球通信行业最大的业务支撑系统——集中业务支撑系统(central business support system, cBSS),中国联通实现了对内"一点受理全网落地"的服务,对外"一点接入全网共享"的合作,为公司的业务数字化转型奠定了基础。

聚力打造经营一体化管理。依托"联通智慧大脑",中国联通汇聚其大中小屏能力,打通与员工、百万渠道、千万网元节点、上亿客户的数字化连接,坚持统一营销组织、统一配置标准、统一积分体系、统一营销模式、统一系统支撑、统一成本规则的"六统一"原则,做到"网络覆盖、网格规划、队伍配备"同步到位。

聚力打造用户敏捷化服务。中国联通致力于实现网络、营销、用户"三大资源"的精准匹配,促进"用户、网格、员工"大连接,提升公司全业务线上办理能力,推进服务"标准、运营、管理"闭环体系,提高客户问题解决满意率。

(资料来源:张宇晖,《中国联通:以数字化转型推动企业管理提升》,国务院国有资产监督管理委员会官网,2024年4月12日)

项目五　企业数字化

分析某企业的数字化转型战略

▌任务要求

选择一家开展数字化转型的企业,分析该企业在数字化转型过程中采取的具体战略,理解企业数字化转型的各方面战略。

▌任务流程

(1)学生分组:全班学生以 5~8 人为一组进行分组,各组选出一名成员担任本组的组长。

(2)选取实例:各组在网上搜索开展数字化转型的企业,并选取其中典型的一家作为本组的分析对象。

(3)展开分析:每位同学针对本组所选的企业进行分析,分析内容主要围绕企业数字化转型的战略、动因及取得的成效等方面。

(4)分析总结:每位同学根据分析情况进行总结,并将表 5-6 填写完整。

表 5-6　某企业的数字化转型战略

调研对象	
数字化转型战略	
数字化转型动因	
数字化转型成效	

143

（5）展开讨论：以小组为单位，讨论下列问题。

① 企业数字化转型的战略有哪些？本组所选的企业进行了哪些方面的数字化转型？

② 本组所选的企业进行数字化转型的原因是什么？

③ 本组所选的企业数字化转型取得了哪些成效？这些成效是否达到了企业的预期目标？你对该企业数字化转型战略的实施有哪些建议？

任务评价

各组成员按照表 5-7 中的评价标准对每个成员的任务实施完成情况进行自评和互评，并请老师进行评价。

表 5-7 任务评价

评价标准	分 值	自 评	互 评	师 评
能按照任务流程完成任务实施活动	25 分			
能积极参与讨论	25 分			
能理解企业数字化转型的各方面战略	25 分			
能分析企业进行数字化转型的动因及取得的成效	25 分			
合计	100 分			
总分=自评（30%）+互评（30%）+师评（40%）				

项目实训

调研某地区企业数字化转型的现状

当前，世界经济数字化转型已成为大势所趋。企业也需积极进行数字化转型，以增强自身的综合实力和核心竞争力。请你调研某一地区企业数字化转型的现状，具体要求如下。

（1）搜集相关资料，选择一个地区作为调研对象。

（2）展开调研，通过在线搜集资料、访谈、发布调查问卷、查阅文献等方式，调研所选地区企业数字化转型的现状。

（3）分析所调研地区企业数字化转型的现状，并将表 5-8 填写完整。

表 5-8　某地区企业数字化转型的现状

调研对象	
数字化转型的现状	

（4）撰写调研报告，详细阐述所选地区企业数字化转型的现状（如企业开展数字化转型的比例、采取的战略、面临的问题及取得的成效等），并结合调研结果提出有针对性的建议和发展策略，以促进该地区企业数字化的进一步发展和优化。

（1）企业数字化转型的模型是什么？请结合企业实例说明它是如何指导企业数字化转型的。

（2）企业数字化转型面临的挑战有哪些？政府、企业如何共同推动企业数字化转型发展的进程？

（3）企业数字化转型的发展趋势是什么？这些发展趋势给人们的生活和工作带来了哪些影响？

（4）简述企业数字化转型的几种战略。举例说明企业的数字化转型方案中具体采取了哪些战略。

（5）数字营销有哪些方法？中小企业更适合采取哪些数字营销方法？

项目六

数据价值化

项目导读

数据的爆发式增长和规模化应用，不断催生新产业、新业态，对生产力和生产关系的发展和变革具有重要影响。数据价值化的本质是促进数据价值的创造、转移、转化与放大，数据作为新型生产要素对数据要素价值的释放提出了更高的要求。数字经济时代，数据价值化是推动数据向现实生产力转化、赋能全要素生产率提升、加速新质生产力形成，释放数据的经济价值、社会价值及治理价值的重要推手。

知识目标

- 了解数据要素的概念及特征，理解数据要素的五大议题。
- 理解数据要素价值的释放途径。

技能目标

- 能够理解数据要素五大议题之间的关系。
- 能够分析资源、主体、市场及技术分别在数据要素价值释放过程中的作用。

素养目标

- 强化隐私保护意识，有效保护个人信息安全。

项目六　数据价值化

在数字时代，数据要素作为新型生产要素，已经融入生产、分配、流通、消费和社会服务管理等各个环节，深刻改变了生产、生活和社会治理方式。为紧跟时代步伐，我们应当深入理解数据要素的内涵与特征、数据要素的五大议题及其关系，并在此基础上广泛实践，以不断推进数据要素的发展，有力支撑数字中国的建设。

一、数据要素的概念

2019 年 10 月，党的十九届四中全会通过了《中共中央关于坚持和完善中国特色社会主义制度 推进国家治理体系和治理能力现代化若干重大问题的决定》，提出"健全劳动、资本、土地、知识、技术、管理、数据等生产要素由市场评价贡献、按贡献决定报酬的机制"，首次将数据确认为第 7 种生产要素。

从生产要素的发展历程看，其内涵在不断地丰富和扩展。农业经济时代，"劳动是财富之父，土地是财富之母"，劳动和土地是关键生产要素。工业经济时代，资本打破了劳动、土地等自然资源有限性的约束，成为关键生产要素，同时技术、知识、管理的作用日益凸显，也成了生产要素。数字经济时代，随着 5G、云计算、人工智能、区块链等数字技术应用场景的泛在化，数字经济与实体经济深度融合，数据成了最具时代特征的新生产要素。

数据要素的基础是"数据"，广义的"数据"就是对事实、活动等现象的记录。《现代汉语词典》（第 7 版）将数据定义为"进行各种统计、计算、科学研究或技术设计等所依据的数值"。按照《中华人民共和国数据安全法》中给出的定义，数据是指任何以电子或者其他方式对信息的记录。

而数字经济时代，作为新生产要素的狭义"数据"则专指基于二进制编码的、按预先设置的规则汇聚的现象记录。此时，数据不仅是对客观现象的被动记录，越来越多的复杂现象由人们主动发掘并记录成为数据。

> **提示**
>
> 从数据概念的外延角度看，数据要素固然涵盖为满足特定需求而汇聚、整理、加工形成的计算机数据及其衍生形态，但这一概念远不止是对各行业各领域各类数据的指代，更是对数据本身所蕴藏的巨大价值的强调。因此，激活数据要素的根本目的就

是，通过对数据的深入开发和高效利用，促进各类资源在各项跨领域活动中的高效流动，从而全面提高资源配置的效率。

二、数据要素的特征

相较于土地、劳动、资本、技术等传统生产要素，数据要素具有明显的独特性。

（一）虚拟性

与土地、劳动等传统生产要素都是看得见、摸得着的物理存在不同，数据是一种仅存在于数字空间的虚拟资源，正是这种存在形式使得数据能够突破时间和空间的限制，即时跨越物理边界传输、存储和处理，从而在全球范围内实现高效的资源利用和配置。

（二）低成本复制性

数据在数字空间中以数据库中一条条的记录的形式存在，基于数据库技术和互联网技术，这些数据能够在数字空间中以相对低廉的成本实现无限复制和实质性的流动转移。

（三）非竞争性

得益于数据能够被低成本复制，数据要素在被一个主体使用时，并不妨碍其他主体同时使用。即同一组数据能够被不同主体在多个场景下同时使用，而且不会产生数据量和质的损耗。正因为具有非竞争性这一特点，数据获得了更普遍的使用效益与更大的潜在经济价值。

（四）部分排他性

排他性，又称独占性，是指能阻止其他人使用某一物品的特性，如私人物品具有排他性；非排他性则是指无法排除其他人使用某一物品的特性，如公共物品具有非排他性。

数据持有者为保护自己的数字劳动成果，会付出较高代价使用专门的人为或技术手段保护自己的数据，在这种情况下，数据具有排他性；然而，一旦数据持有者主动放弃保护数据或其保护数据的手段被攻破，数据就将具有非排他性。因此，数据要素仅仅具有部分排他性。

> **提 示**
>
> 排他性是界定产品权利的重要基础，如土地、劳动、资本等传统生产要素资源都具有显著的竞争性和排他性，这些生产要素资源能够在市场上充分实现权利的流转与交易。在当今的专利保护制度下，技术同样具有排他性，可以实现转让和许可，确保技术所有者权益得到充分尊重和保护。

（五）主体多元性

在数字空间中，每条数据可能记录着不同用户的信息，而数据集的采集和汇聚规则又是由数据收集者来设定的。这导致了用户、收集者等主体间存在复杂的关系。此外，每个企业、每个项目在利用数据资源时，都会进行一定程度的处理与加工。无论是增加、删除还是修改，每一次操作都是对数据集的一次重塑。因此，这些数据处理者同样是数据构建过程中的参与主体。

（六）异质性

异质性是指相同数据对不同使用者和不同应用场景的价值不同，即在某一领域具有高价值的数据，对另一领域的企业来说可能毫无价值。与数据形成鲜明对比的是资本，资本具有均质性，每份资金在相同的条件下都有相同的购买力，对所有主体都呈现出同质的特性。

三、数据要素的五大议题

数据要素的五大议题为数据信息、数据权属、数据价值、数据安全和数据交易。

（一）数据信息

数据信息的探讨聚焦于数据要素的本质，深刻理解数据的概念与内涵是把握数据要素的基础。数据，作为知识与信息的载体，扮演着引领人类探索新知的重要角色。随着数字社会的深入发展，人类社会中的信息量呈爆炸式增长，大量信息以数字化的形式被存储，这极大地便利了信息的分析、传输与整合。正因为数据规模的急剧膨胀、数据对社会各领域的深度渗透，以及人们应用、处理数据并将其转化为信息和知识的能力的不断提高，数据已成为数字时代最为关键的生产要素。

（二）数据权属

数据确权是释放数据要素价值、赋能经济高质量增长和构建有效数据要素市场的重要前提和基础。当数据上升为生产要素，数据确权问题直接关系到资源配置，而资源配置又与财富分配息息相关。因此，对数据权属的明确共识，不仅会对经济产生深远影响，而且会对社会整体的平等性产生重大影响，这使得数据权属问题成为当前争议的焦点。

> **提 示**
>
> 确权是围绕产权的社会行动。产权意味着主体对客体具备占有、控制、处置与收益等权利。

此外，数据权属的界定与数字时代的特性密切相关，如多主体参与、共享性提升、权属类型的精细化分类等。因此，数据权属的界定几乎成为理解数字时代的基点。

 知识拓展

数据确权面临的挑战

与其他传统生产要素相比，数据要素权益主体众多，易于复制和传播，流通场景复杂。因此，对数据权属的界定面临着如下挑战。

（1）数据的产生与应用往往涉及多主体的参与，这使得确认多元参与主体的数据权属成为一项复杂而具有挑战性的任务。

（2）数据权属与物质或知识等传统产权属性不同，传统产权具有独占性，而数据却呈现出越分享数据价值越高的特征。

（3）数据的易于复制和传播，且其不受地域和场景的限制，使得数据主体的识别十分困难，进而给数据权属界定带来挑战。

（4）传统产权强调的是对产权的独占性，而数据产权属性则侧重于产权的使用，这意味着数据权属的界定更多地依赖于具体的使用场景。

（三）数据价值

在数字经济时代，数据已成为人们创造财富的关键资源，其价值增长呈现出显著的指数级增长的趋势。数据价值突出表现为数据能够带来直接的经济收益，这种经济收益不仅体现为数据通过市场流通给使用者或所有者带来经济利益，实现数据的资产化；还体现为在数据的搜集、加工、分析、挖掘和运用的全过程中所释放出的巨大的数据生产力。

当数据要素与劳动、资本、技术等传统生产要素结合时，这些要素的价值会倍增，从而驱动经济的发展。在这一背景下，如何准确识别并计算数据带来的直接或间接价值，已成为一个迫切需要研究的议题。这不仅有助于我们更全面地理解数据的经济价值，还能为数据市场的健康发展提供有力的支撑。

（四）数据安全

数据安全与数据权属紧密相连，且直接影响着网络安全。网络安全作为国家安全的重要构成部分，对经济社会的稳定运行起到了不可替代的支撑作用。

随着新技术和新应用的飞速发展，数据安全工作正面临着前所未有的风险和挑战。从微观层面来看，数据权属直接关系到个人隐私和财产安全；从宏观层面来看，数据权属更是关系到公共安全乃至国家安全。因此，明确数据从产生到价值实现和分配过程中的技术与实践挑战、厘清数据跨境流动的规则就显得尤其重要。

（五）数据交易

数据交易，作为实现数据融通的重要方式，是指在既定市场交易规则下，围绕数据产品或数据服务展开的交换行为。这一行为不仅属于数字经济的基础性环节，而且显著提升了数据的流通效率，进一步增加了数据要素的价值。

我国数据交易行业发展现状

然而，当数据成为交易对象时，交易会面临一系列挑战。首先，数据确权问题是其中的核心难点。如果数据权属不明确，或者数据安全保护不到位，数据拥有者可以无限复制数据，导致数据在交易后被转卖的风险增加，从而损害数据所有权或使用权的交易基础。其次，交易的数据可能会与个人隐私和商业秘密等联系密切。在数据交易过程中，卖方可能会侵犯用户的隐私权，这是数据交易中必须严肃对待的问题。最后，数据交易还面临着数据垄断的悖论。当前，大部分人的数据被少数平台所控制，这在一定程度上导致了数据交易领域的不平等现象。

当前，数据交易的行业现状、交易模式等仍需要进一步明晰和确认。数据交易的顺利推行离不开数据权属、数据价值及数据安全这三大核心要素。其中，数据权属是数据交易的本质，数据价值是数据交易的条件，数据安全是数据交易的保障。只有解决了这些问题，才能确保数据交易的公平、透明和高效，从而推动数字经济的持续健康发展。

（六）数据要素五大议题之间的基本关系

数据要素五大议题之间的基本关系如图 6-1 所示。

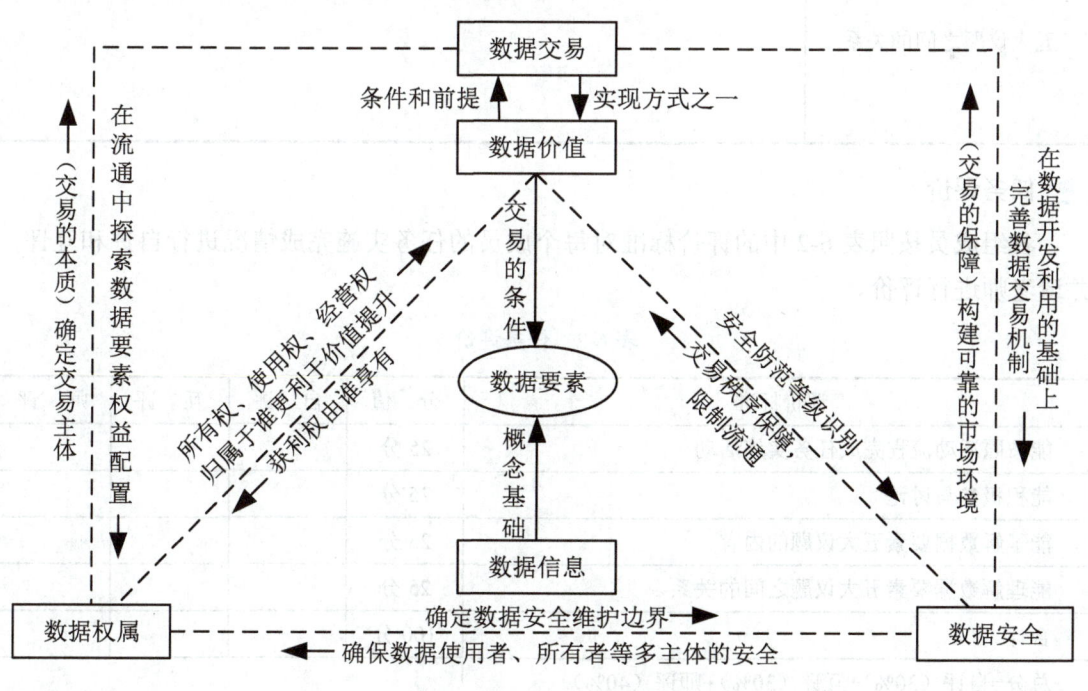

图 6-1　数据要素五大议题之间的基本关系

任务实施

讨论数据要素的五大议题

■ **任务要求**

讨论数据要素的五大议题,了解这五大议题的内容,并理解五大议题之间的关系。

■ **任务流程**

(1)学生分组:全班学生以 5~8 人为一组进行分组,各组选出一名成员担任本组的组长。

(2)展开讨论:各组根据本任务所学习的内容、查阅文献及网上调研所获取的资料,讨论数据要素的五大议题,并探讨这五大议题之间的关系。

(3)进行总结:每位同学根据讨论结果进行总结,然后将表 6-1 填写完整。

表 6-1 数据要素的五大议题及其关系

数据要素的五大议题	
五大议题之间的关系	

■ **任务评价**

各组成员按照表 6-2 中的评价标准对每个成员的任务实施完成情况进行自评和互评,并请老师进行评价。

表 6-2 任务评价

评价标准	分 值	自 评	互 评	师 评
能按照活动流程完成任务实施活动	25 分			
能积极参与讨论	25 分			
能了解数据要素五大议题的内容	25 分			
能理解数据要素五大议题之间的关系	25 分			
合计	100 分			
总分=自评(30%)+互评(30%)+师评(40%)				

 理解数据要素价值的释放途径

数据成为生产要素的关键在于实现数据价值的释放，这需要以下几方面因素的共同作用。资源方面，公共数据授权运营、企业数据资产入表及个人数据权益保护是各类数据发展的新趋势和着力点；主体方面，企业和政府双向发力，推进数据要素可持续探索；市场方面，场外场内各有突破，相互促进、共同发展，推动数据资源的优化配置；技术方面，基于业务需求支撑数据要素发展的技术体系正加速创新。

一、资源：释放数据要素价值的"原材料"

数据资源是释放数据要素价值的"原材料"。在数字经济蓬勃发展的过程中，各类主体在生产、经营、管理、服务、消费等各个环节中产生了海量的数据。在推进数据开发利用与价值释放时，不同类型的数据各有其特定的问题与重点任务。因此，分类推进数据要素的探索已成为业界的共识。

（一）数据的类型

根据不同的场景和维度，数据存在多种分类方法。

（1）按照数据资源存储的维度，数据可分为基础层数据、中间层数据、应用层数据3个层次。不同层次对数据的集成性、灵活性等要求不同，通常随着层次的升高对数据的集成性要求逐层降低、灵活性要求逐层提高。

（2）按照对数据资源加工程度的维度，数据可分为原始数据、衍生数据、数据产品等。随着加工程度的深入，数据加工者在数据加工过程中的劳动和贡献逐渐提高。

（3）按照数据安全的维度，数据可分为一般数据、重要数据、核心数据等。随着数据重要程度的提高，对数据的安全性要求也越来越高。基于这种分类维度，政府或企业等可以针对性地制订数据安全管理策略，确保数据的安全。

（4）我国"数据二十条"提出"建立公共数据、企业数据、个人数据的分类分级确权授权制度"，该制度按照数据相关权益归属的不同，将数据分为公共数据、企业数据、个人数据三大类型，突出不同类型重点关切的问题，探寻相应的突破方向。

总而言之，数据分类的维度和方法多种多样，反映出数据在存储、加工、应用、安全等过程和场景中的复杂性。

> **提示**
>
> "数据二十条",是指中共中央、国务院于2022年12月发布的《中共中央 国务院关于构建数据基础制度更好发挥数据要素作用的意见》,其从数据产权、流通交易、收益分配、安全治理等方面构建了数据基础制度,提出了20条政策举措。"数据二十条"的出台,将充分发挥我国海量数据规模和丰富应用场景的优势,激活数据要素潜能,做强做优做大数字经济,增强经济发展新动能。

(二)公共数据

1. 公共数据的概念及范围

公共数据的概念及范围仍处于不断讨论和迭代中,厘清公共数据的范围,有针对性地引导和推进公共数据开发利用,对提升公共治理与服务水平、发展壮大数字经济具有重要意义。

"数据二十条"总体描述了公共数据是在各级党政机关、企事业单位依法履职或提供公共服务过程中产生的数据,但并未明确划定公共数据的范围和边界。

> **提示**
>
> 当前,来源于政务体系的数据和公共事业的数据,如科研、教育、文化、供水、供电、公交等公共事业的数据,因其由公共财政支持或产生于公共管理、服务履职过程中,普遍被视为公共数据,这一点基本没有争议。然而,对于企业在经营公共服务性质业务时收集、产生的涉及公共利益的数据,是否也应纳入公共数据的范畴,社会各界尚存争议。

2. 公共数据面临的关键问题

近年来,我国各地方政府和各行业主管部门积极推动公共数据开放,积极尝试建立公共数据开放平台,逐步完善公共数据开发利用体系。但是,由于缺乏责任与激励机制,当前我国公共数据仍然存在供给质量不佳、供需匹配不足、应用挖掘不够、开发利用程度有限等问题。

在"取之于民、用之于民、造福于民"原则的指导下,基于保障国家安全、商业秘密安全、个人信息安全的前提,我国各地方政府和各行业主管部门积极尝试按用途加大公共数据的供给使用范围,致力于充分释放公共数据的价值以更好地回馈全社会。

因此,如何加大公共数据的供给规模、推动供给提质增效成为公共数据发展的关键问题。

3. 公共数据提质增效的探索

当前,各地方政府、各行业主管部门纷纷开始探索公共数据授权运营,希望引入社会化力量进行开发利用,促进公共数据供给提质增效,并已在机制、平台等方面取得一

项目六 数据价值化

定成效。

（1）各地方政府的探索。

① 机制方面的探索。各地方政府以释放公共数据价值为核心，推进探索各具特色的授权运营机制，逐步形成几种不同的类型，如表 6-3 所示。

表 6-3 授权运营机制的类型

运营机制	运营方式	典型地区	优 势	劣 势
集中的 1 对 1 模式	地方政府集中授权某一机构运营公共数据	浙江、安徽、贵州、成都、青岛	权威性：这种集中授权的模式使某一机构集中整合该地域数据资源，承担该地域的平台建设、数据运营、产业培育等公共数据运营的相关工作，实现数据的集中管理和价值最大化	这种集中授权的模式可能导致市场效率不高的问题，即当市场需求发生变化时，单一运营主体可能需要更长的时间来适应和调整
分行业的 1 对 N 模式	地方政府根据不同行业的特性，授权给具有行业属性的机构进行公共数据的运营	北京	专业性：这种专业化的分工模式有利于充分发挥各行业机构的专业优势，从而提高公共数据的使用效率和价值	这种专业化的分工模式导致统筹协调的难度较大
分散的 1 对 N 模式	地方政府根据不同数据与不同机构特点进行匹配，授权各类型市场主体分别开展公共数据运营工作	广东、上海、武汉	灵活性：这种分散授权的方式具有显著的灵活性，能够充分发挥市场主体的主观能动性。各机构可以根据自身的专业特长和市场定位，对公共数据进行深入挖掘和利用	授权主体众多且各自独立运营，导致数据监管难度较大；并且地域数据未能完全整合，导致数据可发挥的价值有限

② 平台运营方面的探索。部分地方政府通过建立统一的地域性公共数据运营平台，如运营服务平台、综合服务平台，探索公共数据产品或服务的应用与流通，如表 6-4 所示。

表 6-4 运营平台的类型

平台类型	典型代表	运营方式	功 能
运营服务平台	贵州省的云上贵州平台	对全省的公共数据进行统一的管理和运营，实现数据的汇聚、存储、共享、开放；依托全省资源打造数据产品及服务体系，与贵阳大数据交易所协同推动构建贵州大数据产业生态	确保公共数据的合规性与安全性，促进数据的有效利用
	成都大数据集团搭建的公共数据运营服务平台	成都市政府授权成都数据集团搭建公共数据运营服务平台，该平台直接接入公共数据，作为供需对接桥梁，基于应用需求，协调获取相应数源部门授权后，与应用方共同打造数据产品并接受数据使用监督	

表 6-4（续）

平台类型	典型代表	运营方式	功能
综合服务平台	海南省的"数据产品超市"	集数据归集共享、开发生产、流通交易、安全保障于一体，开发利用创新平台	围绕数据产品供需对接，流通交易提供一站式便捷服务

（2）各行业主管部门的探索。

相较于地方的公共数据，行业主管部门持有和控制的公共数据是纵向的数据归口。因此，该数据在行业领域内具有相对的完整性和全面性。众多行业主管部门也通过授权运营的模式，引入社会化力量，积极推进数据价值的充分释放。

例如，司法数据来源于各级司法体系履职和提供服务的过程，涵盖了法条、立案、审判、裁判文书等多方面的司法相关数据，具有非常独特的应用价值。当前，司法数据由中国司法大数据研究院有限公司统一推进开发利用，应用场景主要集中在为政府及公共部门提供决策支持、为金融领域产品提供服务依据、为企业或个人主体提供司法大数据服务等方面。

（三）企业数据

企业数据来源具有广泛性和生成方式的多样性的特点。从生产到经营管理，企业的各个环节都在不断地产生和积累数据，这些数据不仅反映了企业的运营状态，也为企业的决策提供了有力的支持。

1. 企业数据的类型

按照生成方式的不同，企业数据可分为以下 3 种类型：① 企业自行采集、记录客观现象所得到的数据；② 企业在生产经营活动中，采集与用户的交互记录所得到的数据；③ 企业基于已产生的数据，在赋予数据全新价值过程中所得到的数据。

2. 企业数据面临的关键问题

在各类企业数据的生成过程中，尽管企业投入的资源与付出的劳动各异，但这些数据都承载着独特的业务价值，都需要得到有效的评估与认定。因此，如何认定企业数据的业务贡献，促进数据价值"显性化"成为企业数据面临的关键问题。

3. 企业数据入表推动价值"显性化"

近年来，越来越多的企业认同"将企业数据资源视为资产进行管理"这一管理理念，但这里的"资产"往往只是停留在经济层面的概念，突出强调数据资源在企业数字化转型过程中的重要性。对于数据能否成为真正的会计意义上的"正式"资产、能否在企业资产负债表中得到体现和计量，各界始终保持着较高的关注。

2023 年 8 月，财政部正式发布《企业数据资源相关会计处理暂行规定》（以下简称《暂行规定》），并规定自 2024 年 1 月 1 日起施行。《暂行规定》的出台肯定了数据资源具有资产属性，是数据要素市场发展的重要里程碑。此后，企业数据资源作为报表意义上的"资产",其市场价值与业务贡献将在财务报表中得以"显性化"。

(1) 数据资产入表的思路。

《暂行规定》明确了企业数据资源在财务报表中进行会计确认和计量的思路,给出了将数据确认为无形资产、确认为存货和确认为收入的 3 条入表思路。

具体来说,根据《暂行规定》的规定:企业使用的数据资源,符合《企业会计准则第 6 号——无形资产》规定的关于无形资产的定义和确认条件的,应当确认为无形资产;企业日常活动中持有、最终目的用于出售的数据资源,符合《企业会计准则第 1 号——存货》规定的关于存货的定义和确认条件的,应当确认为存货;企业出售未确认为资产的数据资源,应当按照收入准则等规定确认相关收入。

> **提 示**
>
> 《暂行规定》是在现行企业会计准则体系下的细化规范,它在会计确认和计量方面与现行的无形资产、存货、收入等相关准则保持一致,并不属于国家统一会计制度下的会计政策变更情况。现阶段,《暂行规定》只是将现行的会计处理规则应用于"满足相应条件的数据资产",而并未根据数据资产自身的特征制定专门的会计规则。因此,数据资产在会计确认和计量上暂时沿用与传统资产相同的处理方法。

(2) 数据资产披露的要求。

财政部会计司对于企业如何贯彻实施《暂行规定》表示,企业应当主动按照相关披露要求,持续加强对数据资源的应用场景或业务模式、原始数据类型来源、加工维护和安全保护情况、涉及重大交易事项、相关权利失效和受限等相关信息的自愿披露,以全面地反映数据资源对企业财务状况、经营成果等的影响。

因此,在数据资产入表的实施过程中,企业需要对数据资源进行全面的盘点和披露,这使得企业更加了解、重视和明确数据资源的分布、特点和应用价值,有利于企业进一步挖掘数据的应用潜力,从而释放数据要素的价值。

(3) 数据资产价值的评估方法。

虽然《暂行规定》为"满足资产确认条件且价值确定的数据资源如何计入报表"提供了解决思路,但它并不是真正意义上的"数据资产会计准则",并没有解决"数据价值如何确定"的问题。

与传统资产要素不同,数据因其独特的属性,如未来经济利益难确定、经济寿命不确定、价值易变性等,使得传统的成本法、收益法、市场法等估值方法对其均有局限性。因此,企业数据估值问题成为一个复杂且充满挑战的难题,当前全社会仍未完全取得共识。一些企业探索综合 3 种方法,基于收益法建立数据资产估值体系,通过评价数据资产业务经济贡献值指导形成数据资产价值基准。

例如,浦发银行提出的数据资产价值评估框架,对数据资产进行潜能预测、效能评估和收益测算,将数据资产价值细分为内在价值、成本价值、业务价值、经济价值及市场价值 5 类,并针对各类价值给出了价值因子及计算公式。这种综合性的评估方法有助于更全面、准确地反映数据资产的实际价值,为企业决策提供有力的支持。

总而言之,当前,数据资产入表还只是一个试点的过程,如何建立适应数字经济发展需求、符合数据要素特殊属性的会计核算方法,如何与国际会计准则相协调,如何建立相适应的审计制度,如何厘清企业数据资产与信息资产的划分,企业是否会通过数据资产实现增值,银行是否会普遍接受数据资产作为质押等,这些问题仍然需要时间的检验。

(4) 数据资产入表的意义。

在将数据资源确认为无形资产或存货进行会计计量的过程中,关键在于明确其取得时的成本和持有过程中产生的各项成本及价值的变动情况,进而使企业数据的产生成本或应用价值得到更加完整、精确的列示,同时也使基于这些数据资产产生的收入变得更为明确。

对于从事数据产品(或数据服务)供应的企业来说,明确的数据资产价值有助于企业确定更为市场所认可的数据产品定价,促进企业参与市场化的数据交易流通。

对于数据密集型企业来说,数据资产入表有助于投资者更清晰地理解企业数据资源的规模、质量及潜在价值,更好地发现和理解企业整体的价值,从而增强投资者的信心,提升企业的融资能力,扩大企业的发展空间。

(四) 个人数据

1. 个人数据的类型

按照生成方式的不同,个人数据可分为以下 3 种类型。

(1) 个人用于描述或标识特定信息的数据,如自然人的姓名、身份证号码等。这类数据所承载的信息具有一定的客观性和敏感性,一旦数据持有者掌握这类信息后,有可能出现个人隐私泄露等风险。因此,对于这类数据的管理和使用,需要有严格的法律法规和监管机制来规范,以保障个人的隐私权。

(2) 个人与数据持有者交互产生的描述行为痕迹信息的数据。这类数据所承载的信息可读性通常较弱,其价值往往通过数据持有者专门设计或搭建的表格、系统和软件来展现。当数据持有者积累了大量个人行为痕迹的数据后,通过深入的数据挖掘与分析,可进一步释放这些数据的价值,但也可能出现大数据"杀熟"等风险。因此,除了加强这类数据本身的保护和管理外,还需要对数据持有者的行为进行规范和监督,防止其利用数据优势进行不公平的竞争或侵犯消费者权益。

(3) 个人的创作活动产生的海量数据。随着数据挖掘技术的不断深入,特别是人工智能大模型的快速发展,个人作品被数据持有者广泛收集与整合,在特定场景中展现出独特的价值。但这一过程中,个人相关权益面临着被侵犯的风险。因此,数据持有者在使用这类数据时,既需要保护数据本身的安全,又需要充分尊重和保护个人的知识产权。

2. 个人数据面临的关键问题

个人数据大多由公共部门和企业实际持有，鉴于个人对各类个人数据掌控能力的局限性，社会公众日益关注个人隐私的保护、人类道德伦理的维护及人的主体性的尊重。因此，如何在加强相关个人权益保护的基础上开发利用个人数据仍是个人数据面临的关键问题。

砥砺前行

在数字时代，保护个人信息安全的重要性愈发凸显。个人信息涵盖了身份信息、通信信息、消费习惯信息、财产信息等敏感数据，这些数据信息一旦被不当获取，就可能会导致隐私被泄露、身份被冒用等风险。因此，大学生应当学会如何妥善管理和保护自己的个人信息，采取必要的安全措施，确保在享受数字化便利的同时，有效保护自己的隐私安全。

3. 个人数据开发利用的权益保护

（1）《中华人民共和国个人信息保护法》。

《中华人民共和国个人信息保护法》（以下简称《个人信息保护法》）于 2021 年 8 月 20 日经第十三届全国人民代表大会常务委员会第三十次会议通过，自 2021 年 11 月 1 日起施行。《个人信息保护法》的出台是为了保护个人信息权益，规范个人信息处理活动，促进个人信息合理利用，这是我国首部规范个人信息处理活动的专门立法。

《个人信息保护法》包括总则、个人信息处理的一般规定、敏感个人信息的处理规则、国家机关处理个人信息的特别规定、个人信息跨境提供的规则、个人在个人信息处理活动中的权利、个人信息处理者的义务、履行个人信息保护职责的部门、法律责任和附则。

目前个人数据权益保护尚未达到预期

由于公共部门和企业实际掌控着大量的个人数据，且个人数据相关的权利在具体场景和问题中又较为复杂，导致世界各国在操作层面都未能完全适配个人信息、个人数据保护的法律要求。因此，个人信息泄露和个人数据越权滥用的问题仍时有发生，这无疑对个人隐私和数据安全构成了严重威胁。

2020 年 7 月以来，工业和信息化部已经开展了纵深推进应用（App）侵害用户权益专项整治行动，并取得了一定的成效。然而，从已发布的关于侵害用户权益行为的应用（App）及软件开发工具包（software development kit, SDK）通报来看，违规收集个人信息、强制频繁过度索取权限、违规使用个人信息等问题仍然突出。这表明，尽管有了相关的法律法规和专项整治行动，但在实际操作中，仍有一些企业和应用

（App）未能严格遵守相关规定，对个人信息的保护意识依然薄弱。因此，目前公民个人对个人数据掌握能力仍然有限，权益保护落地实践尚未达到预期。

（2）探索个人数据的分级授权管理模式。

个人数据的开发利用面临着数据多样性和场景多变性的挑战，这要求我们在数据的收集、处理和使用过程中必须更加精细和灵活。换言之，个人应当能够根据具体的场景和需求，分级、分步骤地授权个人数据的使用，并在必要时按意愿撤回相应级别和步骤的授权；同时，个人数据处理者也应严格遵守个人对数据开发利用场景、范围等要求，切实保护个人数据权益，确保数据的合法、安全和有效利用。

① 在理论探索领域，学界和业界正在积极探索更加细化、完备的数据要素分级授权体系。这种体系将更加简洁清晰地划分数据开发利用场景，使得用户既可以选择授权必要数据来使用基础服务，又可以选择授权更多的数据以享受改进服务乃至支撑数据流通。通过这种方式，个人能够以较低成本实现对数据处理范围的控制。

② 在实践探索领域，《个人信息保护法》规定了数据收集与处理的最小必要原则和单独同意原则，支付宝、微信、美团等平台逐步增加了新业务首次使用单独授权同意、广告权限管理、个性化推荐权限管理、第三方授权管理、清除历史行为等功能，实现了初步的个人数据分级、分步骤授权模式。

同时，"数据二十条"进一步强调了数据处理者应按照个人授权范围依法依规采集、持有、托管和使用数据，不得采取"一揽子授权"、强制同意等方式过度收集个人信息。这些法律规定体现了我国在个人数据保护方面的决心和力度，有助于推动数据处理者更加负责任地收集和处理个人数据。

（3）探索个人数据的统一托管模式。

"数据二十条"提出，探索由受托者代表个人利益，监督市场主体对个人信息数据进行采集、加工、使用的机制。

在这种模式下，个人数据管理机构作为受托人，在用户的授权委托下，可以集中存储与管理大量用户的个人数据。这不仅提高了数据的处理效率，而且专业机构还能在遵循相关法规和用户意愿、保护数据隐私和安全的基础上，以忠诚义务和专业水平帮助个人行使个人数据权利。个人可以通过受托人提供的平台，集中化管理自己的数据，自主决定每个机构、平台对自己数据的收集、使用和共享情况，自行携带、转移自己的数据。这种机制向个人赋予了更多控制权，有效降低了个人行权门槛。

然而，个人数据统一托管模式仍处于探索早期，其可持续性和长远发展仍需进一步观察。

二、主体：企业和政府双向发力推进数据要素发展

在数据要素发展的进程中，企业和政府扮演着不可或缺的核心角色。企业作为前沿

创新的主体，为数据要素市场的建设提供源源不断的动力。而政府则发挥着有序引导和规范发展的重要职能，确保数据要素市场的健康发展。在推进数据要素市场建设的过程中，企业和政府需不断提升自身能力，既要坚守各自的角色定位，又要勇于创新、双向发力，共同为数据要素发展的可持续探索贡献力量。

（一）企业提高数据管理与应用能力的路径

企业作为数据要素的创新主体，在生产经营活动中积累的大量数据有待挖掘使用，同时企业也是数据要素市场的主要需求方。因此，有效管理和应用这些数据，将数据真正转化为生产力，对于提升企业整体数据能力、释放数据价值具有至关重要的意义。为了提高数据管理和应用能力，企业主要从以下几个方面发力。

 提 示

数据管理通过规范数据采集、加工和使用流程，为企业丰富数据应用、参与数据要素市场奠定了坚实的基础。数据应用则是将数据转化为实际生产力的关键环节，是释放数据要素价值的最终步骤。

1. 以 DCMM 贯标为契机引领数据管理升级

我国高度重视数据管理工作，自 2018 年全国首个数据管理领域的国家标准《数据管理能力成熟度评估模型》（以下简称"DCMM"）正式发布并实施以来，在部委、各地政府及主管部门的引导和推动下，DCMM 贯标评估工作发展态势良好，现已进入全面加速推广实施的关键阶段。企业纷纷以贯标评估为契机，全方位开展数据管理工作，涉及战略规划、组织结构、技术工具等多个方面。

（1）在战略规划方面，企业致力于构建全景式的数据管理工作视图，旨在明确数据管理的中长期目标，确立各项管理活动的优先级，统筹、协调各个层面的工作，明确所需资源投入的总量和分配机制，监督、评价和优化数据管理工作的执行。

（2）在组织结构方面，企业积极调整和优化组织结构，成立专职团队来提高数据管理的执行效率，设立统一的数据管理归口部门，普遍形成了决策、管理、执行三层的数据管理组织结构，设置专门的数据管理岗位，并建立数据部门、技术部门、业务部门之间的协同机制。

（3）在技术工具方面，企业重视技术工具在数据管理中的应用，努力构建统一的数据管理技术平台，将各分散的单一功能型技术工具进行集成，消除数据管理协同中的难点，提高数据管理效率。这一举措为企业更好地挖掘数据价值、支持业务决策提供了有力的支撑。

DCMM 标准主要集中在数据管理体系的建设上，不能直接解决企业在数据应用场景上的局限及业务价值赋能不足的问题。因此，在深入贯彻 DCMM 标准的同时，还需要结合数据资产价值评估、数据资产入表、数据资产交易流通等实践，以价值创造为核心导

向，积极推动数据资产运营能力的建设，构建常态化的数据资产运营体系，为数据价值的持续释放提供更为坚实的保障，以确保企业能够充分利用数据资源，实现业务价值的最大化。

2. 利用 DataOps 协同数据管理与应用

数据研发运营一体化（DataOps）在数据管理的基础上，为解决开发与管理之间协作的难题提供了有效的解决方案。

具体而言，DataOps 倡导协同式、敏捷式的数据管理（见图 6-2），通过构建清晰通畅的数据管道，明确数据在各个环节的流转过程，借助新兴的数字技术，提高数据检索、获取和应用的效率，使得数据管理更加有序和高效。此外，DataOps 还强调持续改进数据质量，降低管理成本，从而加速数据价值的释放。

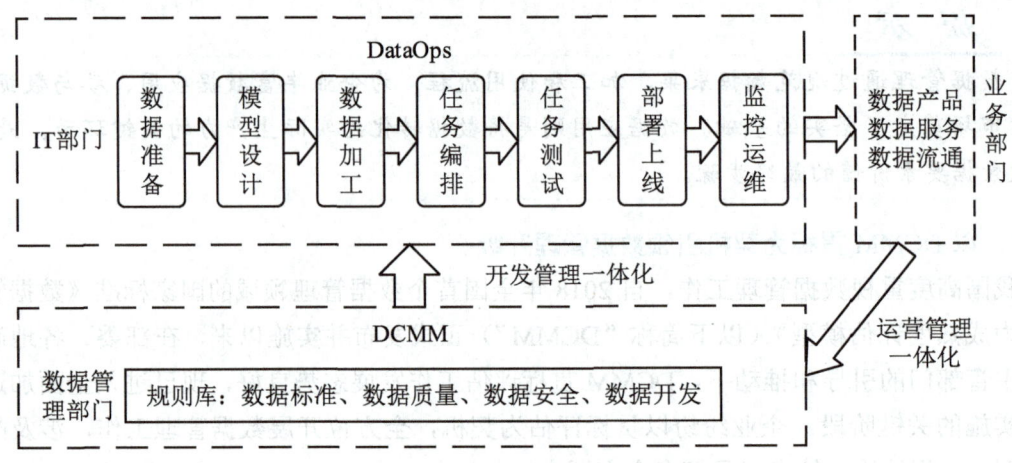

图 6-2 DataOps：敏捷协同的一体化管理

（资料来源：中国信息通信研究院）

目前，我国处于 DataOps 实践的快速发展阶段，企业对于 DataOps 已从概念启蒙引入阶段演进至规模化落地阶段，各行业高质量、高价值数据的汇聚、融合与应用工作也得以大大加速。

3. 扩充数据的应用场景

早期的数据密集型企业，如互联网和金融等行业的企业，基于深入的数据挖掘和分析来洞察用户需求，提供个性化服务及优化运营，从而提高其营销和风控等业务能力。这不仅提升了企业自身的市场竞争力，而且极大地提高了用户的满意度。

例如，电子商务企业能够基于用户的购买历史和浏览行为等数据信息，为用户推荐与其兴趣和喜好高度匹配的产品；金融机构可以利用用户的资质、历史行为等数据，准确评估其信用分数和风险等级，为个人和企业提供精准的贷款服务。

随着数字经济的发展，数实融合已成为推动产业发展与经济增长的新引擎。在这一趋势下，数字化程度较高的领先企业进一步挖掘业务链条中的数据需求，通过数据挖掘和分析，为生态伙伴提供更加科学的决策依据，助力生产、流通等环节的高效运作。

同时，传统企业也日益强调数据要素的沉淀、挖掘和应用能力提升，越来越重视将数据与生产、调度、调控、营销等业务环节紧密地结合，通过深度融合应用，实现从设备级到工厂级，再到企业级的互联互通。

4. 创新数据要素市场的参与方式

在夯实数据能力的基础上，企业积极挖掘并输出自身数据能力特色，通过提供高质量数据服务，创新数据要素市场的参与方式。

由于数据要素供应链的环节众多，从供给、流通、应用到安全等各环节都存在细分的市场需求。对于专业数据能力突出的中小企业而言，它们可以依托自身的集聚优势，精准定位市场，并塑造具有影响力的服务品牌。

对于数据资源富集、数据综合能力强的大型企业而言，除了提供数据资源外，通过运用其数据能力，提供综合性的数据产品与解决方案也是开拓数据要素市场的有效途径。在数据要素市场尚处于发展初级阶段的情况下，这些企业可以充分利用自身的数据积累优势和服务能力优势，深入调研数据需求方的核心业务痛点，提供具有针对性的数据产品与解决方案。这不仅能形成可复制推广的数据产品与能力架构，还可有效实现数据流通所带来的价值倍增。

例如，国家电网通过向银行出售电力大数据金融风控等服务，打造"电力数据看"新模式，有效拓展了电力数据的应用场景。中国移动打造"梧桐"大数据品牌，全面对外输出其数据产品与能力。柠檬豆工业互联网平台与中国银行、青岛银行等研发了面向中小企业融资的纯信用数据金融产品，真正实现了数据价值的有效变现。

（二）政府建立公平高效机制的路径

作为国家治理的核心力量，政府及其他党政机关在推动数据要素发展的过程中发挥着至关重要的有序引导和规范发展的作用。在积极向社会供给高价值的公共数据的同时，政府还需不断提升治理能力，创新治理手段，建立公平高效的数据要素发展促进机制，守护数据要素可持续发展环境，以更好地发挥其在数据要素领域的核心作用。

1. 各地方积极制定数据条例与行动方案

面对数据要素这一新兴事物，各地方在中央宏观战略指引下，加紧制定数据条例与行动方案，致力于探索推进数据要素发展的实施规范及细化的操作流程。

自 2015 年我国启动国家大数据战略以来，截至 2022 年底，我国已有 22 个省级行政区、4 个副省级市出台数据相关条例共 30 份，这些条例为地方数据要素的发展奠定了坚实的法律基础。截至 2023 年 8 月，全国已有 27 个省（自治区、直辖市）设置了专门的省级大数据管理机构，这些机构的不断扩充，有效推动数据资源的整合，促进数据开发利用效率与效益的提升。

此外，部分地区还发布了一系列发展规划、行动方案等政策文件，将数据要素的产业集聚、流通交易及数据驱动的经济高质量发展等作为重点，致力于营造公平高效的数据要素发展环境。先行地区的制度与机制创新，体现了数据要素领域有效市场和有为政府相结合的创新成果，对中央和其他地方在引导和推进数据要素发展方面具有重要的参考和借鉴意义。

例如，上海市发布的《张江数据要素产业集聚区建设三年行动方案（2023—2025年）》《立足数字经济新赛道推动数据要素产业创新发展行动方案（2023—2025年）》等文件，系统性地谋划了上海数据要素的发展布局，在维护数据安全、强化数据安全产业的基础上，通过要素融合和生态构建，着力打造高水平的数据要素产业集聚区。

2. 完善数据领域央地协同和条块协同机制

在各地大数据管理机构纷纷成立的背景下，国家数据局的成立顺应了各界对国家层面组建专职管理部门的热切期待。然而，国家数据局目前仍处于初创阶段，如何有效理顺国家和省级数据管理机构之间的关系，以及如何平衡国家各部委与地方各委办局之间的职能，成为亟待探索并付诸实践的课题。

（1）各地大数据管理机构的单位性质和隶属关系不尽相同。它们主要可分为省政府直属机构、省政府办公厅管理机构及省行业主管部门管理机构3种类型。这些机构除了承担国家数据局所规划的职责外，往往还涉及推进数字政府建设、数据安全治理、大数据产业管理等多个方面的工作。在这种情况下，这些机构在履职过程中可能会出现"一对多、多对一"等多头管理的问题。因此，加快理顺管理关系，完善央地协同机制，是推进构建数据要素可持续发展环境的必要前提。

（2）国家和地方数据管理机构与其他行业主管部门各有职责划分，包括在产业发展、资产管理等业务领域的区分，以及人社、交通等垂直行业的区分。因此，加快理顺国家各部委与地方各委办局之间的职能关系，完善条块协同机制，促进数据要素跨部门、跨行业、跨地域互联互通与开发利用，是促进数据要素公平高效发展的重要保障。

3. 提升治理能力，营造兼顾效率与公平的发展环境

尽管各地关于数据要素的政策制度已对数据要素的产业格局、发展目标、数据供给、流通和应用等关键领域做出了明确指引，但具体的落地实施仍面临挑战，尤其如何适应数据要素的新特性和新趋势更是亟待解决的问题。"数据二十条"提出，要充分发挥政府有序引导和规范发展的作用，守住安全底线，明确监管红线，打造安全可信、包容创新、公平开放、监管有效的数据要素市场环境。守住数据安全底线、推进数据要素可持续探索、促进数据价值释放应成为各地治理的共识。因此，提升治理能力、营造兼顾效率与公平的数据要素发展环境仍应成为政府未来数据工作的重点。

（1）要适应数据要素的新特性，不断创新治理手段，通过建立市场准入的第三方评估、负面清单的动态调整、合同约定与争议仲裁等机制，提高市场主体之间的合作互信程度，激发其自发探索的活跃性，同时避免对市场主体的不必要干预，为数据要素市场

的高效实践留下充足的空间。

（2）要提升数据安全的纵深防护和综合防御能力，完善数据要素市场的监督管理体系，在明确监管对象、范围、标准和程序等规则的基础上，加强对合规、违约和欺诈等关键领域的执法力度，以维护数据要素市场的公平竞争环境。

三、市场：场内外结合推动数据资源最优配置

数据在市场中流通能够促进不同来源的优质数据在新兴业务需求与场景中汇聚融合，在供需关系与价格机制的作用下，引导数据要素实现最优配置，创造更大的经济效益。

（一）数据流通存在多层次多样化形态

为了推进数据要素充分流通，应正确认识数据流通的表现形式，从不同角度分析数据流通的类型，包含流通主体间的供需关系、流通对象的形态和交付方式等。

1. 从流通主体间的供需关系来看

从流通主体间的供需关系来看，数据流通存在开放、共享和交易 3 种模式，其核心差异在于数据需求方获取数据所需支付的对价关系不同。

（1）数据开放是指数据提供方无偿地提供数据，需求方无需支付对价的数据单向流通形式。由于数据提供方无法通过数据开放直接获得收益，因此数据开放的对象往往是公共数据。

（2）数据共享是指参与主体之间互为数据的供需方，不强调货币媒介参与的数据双向流通形式。但数据共享过程中往往涉及复杂的利益博弈和权衡，相较于一对一的两方共享，政府间或行业间的多方数据共享更易于形成规模并持续进行。

（3）数据交易是指数据提供方有偿提供数据，需求方通过货币等形式支付对价的数据单向流通形式。相较于数据开放和数据共享模式，数据交易模式更容易激发市场参与主体的积极性，因而成为数据要素市场化流通的主要形式。

> **提示**
>
> 近年来，"数据运营"和"数据信托"等新兴模式备受瞩目。然而，站在供需双方流通闭环的角度，这些新兴模式并未根本性地改变供需关系的基本格局，不构成与数据开放、数据共享、数据交易并列的全新流通模式。
>
> 实际上，这些新模式在供需对接的过程中，主要是通过引入新主体，如数据经纪商、数据运营服务商和数据托管服务商等，作为中介角色，连接供需双方、促进数据资源的有效流通。

2. 从流通对象来看

从流通对象来看，流通中的数据包括从原始数据到衍生服务的多种形态。就产品形

态而言，流通中的数据产品或服务可以参照实体商品的加工程度来进行区分。

类比石油化工领域，原材料（如原油和天然气）这些资源一经开采便可获取，在此基础上进行不同程度的炼化和加工，就得到了多种类型的下游消费产品，包括轻加工产品（如汽油、煤油等成品油）、深加工产品（如乙烯、丙烯等基础化工材料）和精加工产品（如塑料、合成纤维等）。

同样地，在数据流通领域，原始数据便是未经处理的基础素材，它们构成了数据的最初形态。通过不同的加工程度，可得到轻加工产品或服务（如标准化数据集）、深加工产品或服务（如数据模型或数据分析结果）和精加工产品或服务（如数据应用解决方案）。

3. 从交付形式来看

为满足不同的应用需求和安全保护要求，数据产品的流通在交付形式上展现出多样化的特点。与实体商品简单的转移交割的方式不同，数据产品的流通更为复杂和灵活。

在原始数据层级，原始数据主要通过介质传递、开放下载等方式进行直接复制或转移，但出于对数据可控性和可用性的严格考量，实践中以原始数据形态进行数据流通的情况极少。

在轻加工层级，标准化数据集的交付形式变得更为丰富。介质传递和开放下载通常适用于内容相对固定的静态数据集。接口调用或终端平台则更适用于那些随时间或需求变化而不断更新的动态数据集，在这种交付形式下，数据仍然主要存储在数据提供方，但使用方可以根据自身需求随时访问和使用数据。

在深加工层级，数据模型或数据分析结果的交付形态则更为多样。接口调用、分析报告、客户画像等都是这一层级常见的交付形式。在这一层级，数据提供方主要交付的是经过加工的数据分析结果，以及基于隐私计算的数据核验、数据查询、联合建模等服务。

在精加工层级，数据应用解决方案的交付主要通过终端平台和定制服务的形式实现。这一层级的交付更加侧重于针对不同应用方的个性化需求，提供定制化的数据产品或服务。

（二）场外交易活跃，场内交易多点突破

1. 场外交易仍是数据交易的主要形式

多年来，众多机构通过收集多方数据，创新业务模式，打造竞争优势，以场外点对点交易的方式，满足数据需求。例如，在金融领域，万得、同花顺等企业通过研发金融终端，对接、采购各类交易所、券商、资讯公司等方数据，汇聚研发形成标准、实时、全面的数据库，供市场各大机构购买使用。

中国信息通信研究院数据显示，就综合查询服务、金融、征信、广告、人工智能等多个行业的场外数据交易情况而言，2022年场外数据交易规模高达1 000亿元，是场内交易规模的50倍。这一数据再次证明了场外交易在数据交易领域的主导地位。

但是点对点的场外交易缺乏有效监管，规范程度不够高，而且市场中的供需双方信

息分散，对接渠道不畅通，交易效率较低，这将不利于实现大规模数据要素的市场化配置。因此，目前，全国各地以设立数据交易机构为主要抓手，鼓励集中式、规范化的"场内数据交易"。

 知识拓展

数据流通交易的起源

数据流通交易的历史可追溯到19世纪初。早在1803年，伦敦的一群裁缝通过互相交换不能偿清债务的客户信息，奠定了征信机构益博睿（Experian）发展的基础。1841年，邓白氏集团（Dun&Bradstreet）率先将各种商业信息整合，构建了信用评定的数据指标体系，数据服务商的雏形初现。

2. 场内交易多元探索持续突破

中国信息通信研究院数据显示，截至2023年8月，我国已成立53家数据交易机构，其中活跃的数据交易机构已上架的数据产品超12 000种。当前，各数据交易机构致力于从不同角度积极创新，不断拓展业务模式、强化权益保障，从而提升数据进场交易的吸引力。

 **案例精选**

我国各数据交易机构的创新

我国各数据交易机构从拓展运营模式、构建动态合规体系、完善数据要素市场建设等方面积极创新，提升数据进场交易的吸引力。

2023年1月，贵阳大数据交易所发起了招募数据首席地推官的行动，集结了来自银行、交通、医疗、时空数据、数据交付等多个行业和领域的专家，打破了数据供需之间的信息壁垒。此外，贵阳大数据交易所还率先探索"数据专区"的运营模式，打造全国首个气象数据专区和电力数据专区。

深圳数据交易所也在积极创新。该交易所在2023年2月提出构建动态合规体系，引入"信用"工具，打造动态信用评级系统，旨在降低企业合规门槛，构建更加可信的交易环境，实现数据交易的包容审慎监管。

北京市在数据要素市场建设方面也取得了显著成果。2023年7月，北京市发布数据要素市场建设领域的12项落地创新成果，其中多项由北京国际大数据交易所主导完成。这些成果包括跨境征信报告核验项目、数据登记业务互认互通、数据资产抵押授信等，为数据跨境、数据服务业务互通、数据要素金融服务等方面探索提供了宝贵的经验。

(三) 多措并举破除数据流通障碍

1. 加速完善数据要素市场制度与规则

面对流通规则不完善的问题,各地积极响应"数据二十条"的指导,结合当地实际,制定相关政策,积极探索制度与规则的完善路径。

例如,2023 年 6 月,中共北京市委、北京市人民政府联合发布《关于更好发挥数据要素作用进一步加快发展数字经济的实施意见》,提出了多项具体举措,如探索建立结构性分置的数据产权制度、完善数据收益合理化分配等,同时明确了公共数据专区授权运营、推进数据技术产品和商业模式创新等探索方向。

未来,各地政府将继续细化"数据二十条"中提出的"谁投入、谁贡献、谁受益"的原则,努力构建能够维护数据资源资产权益、兼顾效率与公平、突出激励导向的数据收益分配制度,同时,完善数据要素市场准入制度和市场竞争框架,建立尽职免责、容错免责机制等制度与规则,以进一步激发数据要素市场活力,推动数据要素市场的健康发展。

2. 推进数据产权登记新方式

数据来源的广泛性和涉及主体的复杂性使得数据权属不明及错配成为阻碍数据交易顺利进行的难题。为此,"数据二十条"提出研究数据产权登记新方式。各地政府及各数据交易服务机构积极响应,针对场内交易积极探索数据登记制度。通过为每一个进入流通的数据产品赋予唯一的产品编码或标识,发放数据登记凭证,给数据流通市场提供可靠的信息支持,助力保障数据产品流通的安全合规性。

2023 年 5 月,浙江省、北京市等地分别制定并发布了数据知识产权登记的相关管理办法。2023 年 6 月,深圳市发展和改革委员会发布《深圳市数据产权登记管理暂行办法》,从登记主体、机构、行为、监督与管理等多个角度,制定了覆盖数据产权登记全流程的管理办法。

然而,数据确权本身仍是一个充满争议的话题。未来,构建以促进产业发展为导向的数据产权登记框架,推进权责明确、保护严格、流转顺畅的数据产权登记体系建设,仍需要社会各界的共同努力和持续探索。

3. 进一步鼓励数据流通创新探索

当前,我国数据要素市场的培育仍具有"重安全、轻发展"的特点,对数据流通创新探索的支持仍然有限。未来,各地需着力统筹发展和安全两大核心要素,加大对创新探索的支持力度。具体而言,可以从以下几个方面着手:① 积极开展多样化的创新试点;② 加大财税综合支持力度;③ 鼓励企业自主加强数据产品、商业模式的创新,主动创造应用场景、寻找市场机遇;④ 大力培育多样、专业的数据服务机构;⑤ 研究建立科学的数据资产价值评价指标体系;⑥ 进一步探索数据要素金融服务体系,提高相关企业的融资效率。

四、技术：为数据要素价值释放保驾护航

技术进步持续驱动产业前行，而业务需求的多样化与复杂化也推动着技术的不断创新。当前，随着数据规模呈爆炸式增长、数据类型日益丰富，传统的大数据处理技术正面临着诸多严峻挑战。为了满足不断变化的业务需求，数据技术体系必将不断变革与创新。

（一）数据技术随业务需求不断演进

数据技术（data technology, DT）的发展与业务需求的演变紧密相连，数据要素三次价值释放不同需求也推动着数据技术的不断演进。当前，第一代数据技术（DT1.0）体系和第二代数据技术（DT2.0）体系已经相对成熟，第三代数据技术（DT3.0）正逐步崭露头角，展现出其强大的潜力和价值。

数据要素的三次价值释放

1. DT1.0 时代

第一阶段（DT1.0 时代），数据技术成为业务贯通的关键支撑。在这一阶段，数据主要源自业务的日常运转，并在不同的业务系统中实现共享与流通。此时的数据技术主要服务于支撑数据的事务处理，确保数据的准确性与一致性。其中，文件系统和数据库技术成为这一阶段数据处理的代表技术，它们为数据的高效存储、检索和处理等方面提供了强有力的支持。

2. DT2.0 时代

第二阶段（DT2.0 时代），数据技术推动数智决策。通过对数据进行挖掘、清洗、筛选，并将其精准地融入相应的业务场景，为业务决策提供智能化和智慧化支持。在这一阶段，数据仓库、数据湖及湖仓一体等技术成为关键支撑，它们通过构建高效的数据存储和分析体系，为数据的深入分析、高效治理提供了强有力的技术保障。

3. DT3.0 时代

第三阶段（DT3.0 时代），数据技术迈入可信流通对外赋能的新阶段。在这一阶段，数据不仅在企业内部自由流转，更将通过流通实现其更大的价值，达成多方共赢的局面。数据技术将推动各行业从"有数可用"跃升至"数尽其用"的新高度，全场景智能、跨领域协同及数据流通跨域安全管控成为新阶段的核心发展目标。这一转变将促使数据要素的价值不断向更多元化的应用场景延伸和拓展。

在技术层面，相对匿名化、隐私计算、区块链、全密态数据库及防篡改数据库等先进技术成为 DT3.0 时代的代表，为数据要素的可信流通提供了有力保障。

（二）数字时代新技术不断涌现

为了满足数据要素在可控、可计量、可流通方面的新要求，新兴技术不断涌现，从而为数据要素价值的充分释放提供坚实的保障。例如，目前，以云原生、软硬协同及湖

仓一体等技术为代表的数据处理技术持续助力用户降本增效；以人工智能、隐私计算、区块链及图技术等为代表的新兴技术持续护航数据要素安全流通；向量数据库、图分析技术、时空大数据平台及时空数据库等技术有效支持新兴业务场景下的数据要素价值释放。

（三）数据要素技术体系重构加速

数字时代，围绕数据的采集、存储、计算、管理、流通、安全等各个环节，数据要素技术体系的重构，如表 6-5 所示。

表 6-5 数据要素技术体系的重构

数据要素环节	技术重构方面
数据采集	由传统的数据采集手段（如外部数据源购买、人工采集和搜索引擎采集等）向采集途径多样化转变，尤其是物联网技术的蓬勃发展，极大地拓宽了数据采集的边界
数据存储	由传统的存算耦合架构向存算分离的新型架构转变，资源共享性和伸缩性得以提高
数据计算	新型计算平台不断涌现，满足不同类型数据处理的需求，不断提升计算的实时性和交互性
数据管理	由应用传统数据管理技术且常伴随较多的人工干预向应用 AI 技术且减少人工参与转变，从而显著提高数据处理的整体效率，同时降低数据处理的成本和时间周期
数据流通	由"数据可见"向"数据可用不可见""数据可控可计量"及"可溯源存证"转变，以确保数据流通过程的安全可控
数据安全	由传统的防护边界安全技术向更加注重保护数据全生命周期的内生安全技术转变

基于数据要素技术体系的重构，数据要素基础设施、可信数据空间等综合性技术框架将逐步落地成型，其将成为解决数据共享流通瓶颈问题、安全可信类问题及数据内容保护问题的核心技术支撑，促进数据要素在多方主体（如供给方、使用方、服务方、监管方等）间的协同合作中释放数据价值。

讨论数据要素价值的释放途径

 任务要求

讨论数据要素价值的释放途径，了解数据要素价值释放的影响因素，理解资源、主体、市场和技术分别在数据要素价值释放过程中的作用。

 任务流程

（1）学生分组：全班学生以 5~8 人为一组进行分组，各组选出一名成员担任本组的组长。

（2）展开讨论：各组通过学习本任务内容、搜集相关资料，讨论数据要素价值的释

放途径，可围绕资源、主体、市场、技术等方面展开讨论，分析这些方面在数据要素价值释放过程中的作用。

（3）进行总结：每位同学根据讨论结果进行总结，并将表 6-6 填写完整。

表 6-6 讨论数据要素价值的释放途径

影响因素	作 用
资源	
主体	
市场	
技术	

任务评价

各组成员按照表 6-7 中的评价标准对每个成员的任务实施完成情况进行自评和互评，并请老师进行评价。

表 6-7 任务评价

评价标准	分 值	自 评	互 评	师 评
能按照任务流程完成任务实施活动	25 分			
能积极参与讨论	25 分			
能了解数据要素价值释放的影响因素	25 分			
能理解资源、主体、市场和技术分别在数据要素价值释放过程中的作用	25 分			
合计	100 分			
总分=自评（30%）+互评（30%）+师评（40%）				

调研我国数据要素市场的发展现状

近年来,各行各业对于数据应用的需求不断提高,大幅促进了我国数据交易市场活跃度的提升。2022年,我国数据交易规模达到876.8亿元。请你调研我国数据要素市场的发展现状,具体要求如下。

(1)展开调研,通过在线搜集资料、查阅文献等方式调研我国数据要素市场的发展现状,可从区域竞争格局和企业竞争格局等方面入手。

(2)分析我国数据要素市场的发展现状,并将表6-8填写完整。

表6-8 我国数据要素市场的发展现状

调研角度	现　状
区域竞争格局	
企业竞争格局	

(3)撰写调研报告,详细阐述我国数据要素市场的区域、企业竞争格局的现状,结合调研结果分析具有竞争优势的区域、企业可借鉴的经验,以促进我国数据要素市场的整体发展。

项目六 数据价值化

项目考核

（1）如何理解数据要素的概念和特征？数据作为新的生产要素有什么价值？

（2）数据要素的议题主要有哪些？它们之间的关系是什么？

（3）按照数据相关权益归属的不同，数据可分为哪几种类型？关于个人数据的保护你有什么建议？

（4）数据要素价值释放的影响因素有哪些？这些因素在数据要素的价值释放过程中有什么作用？

（5）从流通主体间的供需关系来看，数据流通有哪几种模式？如何促进数据要素的场内外交易？

项目七

数字化治理

项目导读

在数字时代,数字化治理已成为推动社会进步和发展的重要引擎。强化数字赋能,不仅推动了数字政府、数字城市和数字乡村的建设,也为治理体系带来了革命性的变革。然而,数字化治理也面临着诸多问题和挑战。因此,我国需要加强对数字化治理的研究和探索,进一步推动数据要素及数字技术在政府、城市和乡村治理中的应用,不断提升治理体系和治理能力的现代化水平。只有这样,才能更好地满足人民的需求,推动社会持续健康发展。

知识目标

- 了解用数字技术治理和对数字技术治理的内容。
- 了解我国数字化治理的问题及发展。

技能目标

- 能够理解我国数字政府、数字城市及数字乡村的建设情况。
- 能够理解用数字技术治理和对数字技术治理的发展趋势。

素养目标

- 提高数字技能,积极参与数字中国建设。

项目七　数字化治理

 了解数字化治理的内容

数字化治理主要包括用数字技术治理和对数字技术治理两方面内容。其中，用数字技术治理主要体现为数字政府、数字城市及数字乡村的建设。当前，我国数字化治理中发展能力与规范水平同步提升，数字化治理正不断推动治理体系的优化、升级，重构数字化治理体系将成为我国数字化治理发展的重要方向。

一、用数字技术治理

（一）数字政府

数字政府建设是数字时代创新政府治理理念和方式的重要举措，对加快转变政府职能，建设人民满意的法治政府、创新政府、廉洁政府和服务型政府具有重大的理论意义和实践价值。

1. 数字政府的概念

数字政府是以新一代信息技术为支撑，重塑政务信息化管理架构、业务架构、技术架构，通过构建大数据驱动的政务新机制、新平台、新渠道，进一步优化调整政府内部的组织结构、运作程序和管理服务，全面提升政府在经济调节、市场监管、社会治理、公共服务、生态环境等领域的履职能力，形成"用数据对话、用数据决策、用数据服务、用数据创新"的现代化治理模式。

2. 数字政府的特征

（1）以国家治理现代化为核心目标。

"数字政府"建设的核心目标应服务于国家治理现代化。党的十八届三中全会提出国家治理体系和治理能力现代化是中央持续推进的重大战略任务。2022年6月，国务院发布《关于加强数字政府建设的指导意见》，要求充分发挥数字政府建设对数字经济、数字社会、数字生态的引领作用，促进经济社会高质量发展，不断增强人民群众获得感、幸福感、安全感，为推进国家治理体系和治理能力现代化提供有力支撑。

我国各地方也以推进省域治理现代化为目标，积极探索数字政府之路。例如，广东省人民政府办公厅发布的《广东省数字政府改革建设2022年工作要点》指出，要深化"数字政府2.0"建设，推动广东省数字化发展持续走在全国前列，推进政府治理体系和治理能力现代化再上新台阶。《浙江省数字政府建设"十四五"规划》中也提到，聚焦省

域治理体系和治理能力现代化目标，深入推进治理体系系统性重塑，建设"整体智治、唯实惟先"的现代政府，奋力把数字政府打造成为"重要窗口"的硬核成果。

（2）以数据为导向的顶层设计。

作为数字时代的关键生产要素，数据已经成为政府治理的核心资源。与传统的以流程为导向的信息系统不同，数字政府更加强调数据的统一规划和流程的优化，即以数据为导向的顶层设计。

以"最多跑一次""不见面办事"等数字政府创新服务为例，这些服务的实现依赖于数据的汇聚和共享。用户只需一次性提交全部所需数据，系统便能根据用户的需求自动组织业务流程，将数据分派到相关的部门进行处理。这种服务模式不仅提高了政府的办事效率，也极大地提升了用户的体验感。

数据在各部门之间的"流动"促进了分布于不同空间的管理和服务主体围绕同一事件展开高效协作。这种基于数据的协作模式有效打破了传统的部门壁垒，极大地推动了政府各部门之间的信息共享与业务协同，显著提升了政府的整体治理效率与公共服务水平。

（3）平台化的业务架构。

平台化的业务架构是数字政府发展的必然趋势，在互联网思维的指引下，政府需借助一体化的政务服务平台，重塑业务流程、创新协同方式、优化机构设置，旨在实现业务的跨层级办理和多部门的高效协同，从而推动政府运行整体化、协同化、高效化、智能化，以适应数字时代对政府治理能力的新要求。

（4）智能化的技术基础。

数字技术的不断进步是推动数字政府智能化转型的关键基础。随着数字政府建设的推进，国家越来越重视新型基础设施建设，智能化成为数字政府建设的核心技术需求。2019年，党的十九届四中全会进一步指出，建立健全运用互联网、大数据、人工智能等技术手段进行行政管理的制度规则，推进数字政府建设，加强数据有序共享。

智能化技术是数字政府应对社会治理多元参与、治理环境越发复杂、治理内容多样化趋势的关键手段。目前，大数据、人工智能、区块链等技术正引领着全球的数字化转型潮流。随着数据成为新型生产要素，数字政府需要积极探索数据要素与政务服务改革深度融合的应用场景，推动治理体系的智能化升级。

（5）以人民为中心的服务理念。

我国数字政府建设的核心宗旨就是以人民为中心。2022年6月，国务院发布的《国务院关于加强数字政府建设的指导意见》明确指出，"坚持以人民为中心。始终把满足人民对美好生活的向往作为数字政府建设的出发点和落脚点，着力破解企业和群众反映强烈的办事难、办事慢、办事繁问题，坚持数字普惠，消除'数字鸿沟'，让数字政府建设成果更多更公平惠及全体人民。"凭借数字化手段，数字政府实现了政府与人民之间的"双向触达"和"即时互动"。这一转变不仅推动了治理模式的创新，也真正体现了"以人民为中心"的服务理念。

数字政府充分运用数字技术手段，完善社情民意的反馈渠道，鼓励更多的群众参与到政策制定、实践监督及评估反馈的过程当中，将人民群众的满意度和获得感作为评价政府服务成效的最终标准。同时，数字政府还应尊重民众的选择权，提供多样化的互动方式，以满足不同群体的公共服务需求，推动社会的和谐稳定发展。

3. 数字政府的发展历程

经过30多年的发展，我国政府的信息化建设取得了显著的成效。回顾我国政府信息化建设的历程，可以将其大致分为以下3个阶段。

我国数字政府的建设成效

（1）夯基石：政府信息化起步阶段（1993—2001年）。

1993年，为加强对信息工程化的统一领导，我国成立了国家经济信息化联席会议，这标志着我国政府在信息化建设领域迈出了坚实的第一步。同时，在全球建设信息高速公路的热潮下，为建设我国的"信息准高速国道"，1993年底，我国正式启动了"三金"工程，即"金桥"工程、"金卡"工程和"金关"工程，由此揭开了政府信息化建设的序幕。

在此阶段，我国政府主要聚焦于建设信息化基础设施、建立行业系统及打造政府门户网站。通过构建自上而下的电子业务系统，政府办公和管理效率得到了显著提升，为社会公众提供了更为便捷和高效的公共服务。

（2）迎发展：电子政务建设阶段（2002—2017年）。

2002年8月，中共中央办公厅、国务院办公厅发布《国家信息化领导小组关于我国电子政务建设指导意见》，标志着我国政府信息化建设迈入了电子政务建设阶段。该文件提出"两网一站四库十二金"的战略布局，具体包括统一的电子政务网络的建设、政府门户网站的完善、数据库系统的构建及重点业务系统的打造等一系列重点工作。

> **提 示**
>
> 在"两网一站四库十二金"的战略布局中，"两网"是指政务内网和政务外网；"一站"是指政府门户网站；"四库"是指人口、法人单位、自然资源和空间地理、宏观经济等4个基础数据库；"十二金"是指要重点推进的办公业务资源系统等12个业务系统。

同时，在此阶段促进各省（区、市）人民政府、国务院有关部门建设一体化网上服务平台，加强互联网与政务服务深度融合，建设覆盖全国的整体联动、部门协同、省级统筹、一网办理的电子政务服务体系，从而提升政务服务的网络化、智慧化水平，让政府服务更聪明，让企业和群众办事更方便、更快捷、更有效率。

值得注意的是，随着智能终端的涌现和广泛普及，公共服务的供给方式、社会公众和企业参与政府治理过程的执行方式也发生了深刻变革，这为电子政务转型升级成为数字政府创造了有利条件。

（3）促提升：数字政府建设阶段（2018年至今）。

2018年，广西壮族自治区人民政府办公厅、广东省人民政府先后发布《广西推进数字政府建设三年行动计划（2018—2020年）》《广东省"数字政府"建设总体规划（2018—2020年）》，率先开始数字政府的建设。2019年，党的十九届四中全会通过的《中共中央关于坚持和完善中国特色社会主义制度 推进国家治理体系和治理能力现代化若干重大问题的决定》中明确指出，"推进数字政府建设，加强数据有序共享"，这是我国首次在国家层面的文件中明确了"数字政府"的建设要求。

2022年6月，国务院发布的《国务院关于加强数字政府建设的指导意见》是我国首次从国家层面针对数字政府建设发布的专项政策文件，明确了政府数字化履职能力体系、安全保障体系、制度规则体系、数据资源体系、平台支撑体系等方面的建设内容，搭建了数字政府的体系框架，完善了数字政府的建设路径，健全了数字政府的推进机制。

目前，我国数字政府已进入以一体化政务服务为特征的整体服务阶段，"一网通办""跨省通办""百姓少跑腿、数据多跑路"等创新实践如雨后春笋般涌现，极大地提升了政务服务的一体化效能。

① "一网通办"。

2018年7月，国务院发布《国务院关于加快推进全国一体化在线政务服务平台建设的指导意见》，明确提出了政务服务从政府供给导向向群众需求导向转变，从"线下跑"向"网上办"转变、从"分头办"向"协同办"转变，全面推进"一网通办"的指导思想，这是"一网通办"首次被正式提出。

2022年6月，国务院发布的《国务院关于加强数字政府建设的指导意见》提出，要充分发挥全国一体化政务服务平台"一网通办"枢纽作用，推动涉企审批"一网通办"。近年来，"一网通办"在全国各地持续推进，极大地便利了人民群众的生活，提高了政府服务的效率。

中国信息通信研究院数据显示，截至2023年4月，全国一体化在线政务服务平台已涵盖46个国务院部门的1 376项政务服务事项，31个省区市和新疆生产建设兵团共549万多政务服务事项，已汇聚约13.67亿件政务服务，我国一体化在线政务服务平台建设已取得显著进展。

② "跨省通办"。

近年来，随着我国跨省流动人口的规模越来越大，人民群众对于教育、就业、社保、医疗、养老、居住、婚育等与工作生活密切相关的跨省办事需求日益增多。因此，政务服务"跨省通办"成为人民群众的新需求。

2020年9月，国务院办公厅发布的《国务院办公厅关于加快推进政务服务"跨省通办"的指导意见》明确了与群众生活、企业发展紧密相关的140项"跨省通办"高频政务服务事项，并且指出除法律法规规定的必须到现场办理的事项外，按照"应上尽上"

的原则，将政务服务事项全部纳入全国一体化政务服务平台，由其提供申请受理、审查决定、颁证送达等全流程全环节网上服务，实现申请人"单点登录、全国漫游、无感切换"，由业务属地为申请人远程办理。

2020年12月，国家政务服务平台正式推出了"跨省通办"服务专区。在各地区、各部门的共同推进下，该专区陆续接入与群众生活、企业发展密切相关的高频服务事项。截至2024年6月底，专区已实现全国"跨省通办"187项事项，涉及社保医保、职业资格、食品药品、医疗卫生、民政服务、农林牧渔、交通运输、不动产、财务税务及消防安全等多个方面，为跨省办事的群众和企业提供"一站式"访问。

③ "百姓少跑腿、数据多跑路"。

2022年6月，《国务院关于加强数字政府建设的指导意见》指出，要打造泛在可及的服务体系，让百姓少跑腿、数据多跑路。要以数字化改革助力政府职能转变，统筹推进各行业各领域政务应用系统集约建设、互联互通、协同联动，构建协同高效的政府数字化履职能力体系。

在该意见的指导下，近年来各地政务服务的便民化改革取得了显著成效。例如，浙江省政府打造了"浙里办"平台，并将其作为面向群众和企业服务的综合窗口。该平台以满足人民群众和各企业单位的需求为出发点，汇聚了全省范围内3 638项政务服务事项，涵盖了2 000余项便民惠企服务，集成驾驶证、行驶证、健康医保卡等300余类电子证照，突破1.23亿实名注册用户。从民生细节到家国大事，"浙里办"坚持用户导向，深度融入企业日常生产和群众日常生活，持续提升服务效能，为浙江的发展注入了无限生机与活力。

> **课堂讨论**
>
> 近年来，数字政府治理有哪些创新实践活动？这些创新实践活动给你的日常生活带来了哪些便利？

（二）数字城市

1. 数字城市的概念

数字城市是指利用数字技术，实现城市数字化、信息化、智慧化和可持续发展，以提高城市运行效率、减少资源浪费、提升人们生活质量和城市竞争力的新型城市形态。

2. 数字城市的特征

（1）理念层面：以人为本。

数字城市的核心价值在于坚持以人为本的治理理念，从市民的实际需求而非政府的管控需求出发来制定城市治理政策。伴随着这种理念的转变，数字城市利用各种数字技术，不断创新服务模式，从数字交通、数字医疗到数字教育，进而构建出更为高效、精准的公共服务体系。

同时，数字城市还积极拓宽社会公众参与城市治理的渠道，丰富社会公众参与城市治理的形式。市民的声音能够更直接、更便捷地传达给政府，政府也能更快速、更准确地回应市民的关切。这种双向互动不仅增强了市民的获得感和满足感，切实保障了公共利益，也为城市的可持续发展奠定了坚实的群众基础。

案例精选

"渝快办"为企业群众办事搭起"数字桥梁"

"渝快办"是重庆市着力建设的一体化政务服务平台，致力于成为服务企业群众的总入口，为企业群众办事搭建起"数字桥梁"。"渝快办"创新建立了联通"渝快政"、贯通3级治理中心、高效对接各类政务应用的三网融合架构体系，打造了一次办、就近办、马上办、暖心办等多个贴近老百姓的数字孪生政务服务实战场景，大幅度提升了"高效办成一件事"的能力和水平。

（1）线上"一网通办"。

2024年1月，重庆市人民政府办公厅发布《重庆市政务服务"一网通办"管理办法》，"一网通办"的公共服务事项包括公共教育、劳动就业、社会保险、医疗卫生、养老服务、社会服务、住房保障、文化体育、残疾人服务等领域依申请办理的全部事项，业务内容多达3 351项。

截至2024年4月底，"渝快办"总用户数达2 637万人，当年累计办件量1 870 520件，接入政务服务事项2 885项、应用49项，支撑服务全程网办率达77%、"最多跑一次"率95.6%、群众满意率99.98%。

（2）"一件事"集成办理。

基于"渝快办"App，为构建高频服务场景，重庆市围绕企业从开办到注销、个人从出生到身后的全生命周期重要阶段高频需求，将关联性强、办理量大、办理时间相对集中的167个单一政务服务事项，归集为47件"一件事"，为企业和个人提供主题式、套餐式服务。同时，重庆市围绕稳企业发展信心、解群众急难愁盼，推动"一件事"服务范围由政务服务向公共服务、便民服务延伸，构建定制化模块化的全场景新服务体系。

（资料来源：黄乔，《"渝快办"为企业群众办事搭起"数字桥梁"》，重庆日报网，2024年4月29日）

（2）结构层面：跨主体的治理结构优化和跨部门的组织结构优化。

在治理结构层面，数字城市充分利用数字技术，通过政府的合理放权，形成了跨主体的治理结构。基于该结构，数字城市以市民为中心，鼓励政府、公民及其他多元主体共同参与城市治理，共同推动服务型政府和善治政府的建设与发展。

在组织结构层面，数字城市打破了传统部门间的界限，变革了以往各自为政的管理方式，摒弃了原有功能分割的服务方式，通过重新整合各部门及其功能，实现了从传统的金字塔状组织结构向扁平化组织结构的转变、从以部门为核心的办事方式向以业务为核心的服务模式的转变，让信息和资源跨越传统职能和辖域的壁垒，形成随需而变的业务流程，营造跨部门协作的工作环境。

（3）运行层面：数字化的一核多元、一体化协同。

数字城市治理以党和政府为核心，主张多元主体有序竞争合作，共同参与，从而提高城市治理效率。在此基础上，构建政府、非政府组织、企业和社会公众等各角色的协同框架，以数据驱动，实现跨主体、跨部门、跨层级、跨地域之间高效、顺畅的协同工作。

（4）工具层面：降低社会交易成本和改革成本。

构建数字化工具在数字城市的发展中起到了关键的推动作用。一方面，数字化工具能够为数字城市创造便捷化的治理手段和信息对称的治理环境，实现信息的公开共享和高效流转，降低城市治理中多元主体共同参与的交易成本，优化治理资源的配置；另一方面，数字化工具通过推动组织数字化降低改革成本，实现组织形态的动态化调整，提高数字城市对不同运行状态下治理重点的精准应对能力，实现动态的"一网共治、制度重塑"，有效提升城市治理的高效性和灵活性。

3．数字城市的发展历程

随着物联网、云计算、人工智能等数字技术的发展，"数字孪生"的智慧城市已成为我国城市建设的新方向。纵览我国城市数字化治理发展的各个时期，数字城市的发展历程整体上可以分为以下4个阶段。

（1）第一阶段：数字城市建设期（1998—2005年）。

数字城市这一概念引申于数字地球。在"数字地球"概念传入我国后不久，北京大学、中国科学院等单位的一批专家学者便敏锐地提出了"数字城市"的构想。紧接着，许多GIS企业纷纷响应，推出了一系列"数字城市"的产品和解决方案，引发了建设"数字城市"的热潮。1998年上线的"青岛政务信息公众网"，是我国首个严格意义上的政府网站，这也标志着我国数字城市建设的开始。"数字城市"成为"十五"期间我国信息化的热点。

（2）第二阶段：信息城市建设期（2006—2012年）。

2006年，我国学者金江军等在《城市信息化方法与实践》一书中提出了"信息城市"的概念，并指出了信息城市与数字城市的区别：数字城市只强调用计算机模拟城市空间，即实现城市地理可视化，多用于城市规划、城市地籍管理、城市管线、城市道路交通、城市水利电力等各种与空间分布密切相关的领域；而信息城市是一个比数字城市更加广泛的概念，除了各种城市地理可视化应用以外，还包括工商、税务、教育、社会保障等其他信息化领域。

2009年5月，中共广州市委、广州市人民政府发布《中共广州市委广州市人民政府关于加快"信息广州"建设的意见》，提出力争用5年时间，基本建成高度信息化、全面网络化的"信息广州"，跻身亚洲信息化先进城市行列。2009年、2010年工业和信息化部、中国科学院、北京市经济和信息化委员会等单位联合举办了信息城市高层论坛。"信息城市"成为"十一五"期间我国信息化的热点。

（3）第三阶段：智慧城市建设期（2013—2016年）。

2013年5月，住房和城乡建设部办公厅发布《住房城乡建设部办公厅关于开展国家智慧城市2013年度试点申报工作的通知》，正式启动了智慧城市试点示范工作，标志着我国正式进入智慧城市建设阶段。

2014年3月，中共中央、国务院发布《国家新型城镇化规划（2014—2020年）》，提出利用大数据、云计算、物联网等新一代信息技术，推进智慧城市建设，首次把智慧城市建设引入国家战略规划。

（4）第四阶段："数字孪生"的智慧城市建设期（2017年至今）。

2017年，中国信息通信研究院首次提出"数字孪生城市"概念，即通过数据标识、物联感知、网络连接、智能控制等技术，在数字空间再造一个与物理城市一一映射的数字城市，推动城市全要素数字化、全状态实时化，实现物理城市与数字城市平行运转、协同交互。

2021年，我国发布的《中华人民共和国国民经济和社会发展第十四个五年规划和2035年远景目标纲要》明确指出，"探索建设数字孪生城市"。

随着国家和地方层面的相关政策文件陆续出台，我国数字孪生城市的建设进程明显加快，数字孪生城市逐步进入落地建设的深水区。

在城市不断进化的过程中，从数字化到信息化再到智慧化，数字孪生技术推动了"以数据驱动业务、业务融合智能、智能服务场景、场景交互系统、系统虚实管控"的新型城市治理模式的变革。在政产学研用各方力量的共同推进下，结合5G和AI等技术，通过对城市地上与地下、室内与室外、物理与逻辑等全域数据的充分采集，数字孪生构建智慧城市孪生模型，并将物理城市与数字城市虚实融合，强化了城市大脑的基础能力，让城市从感知走向认知，实现全域时空数据的融合。

中国信息通信研究院数据显示，截至2023年4月，全国仅住房和城乡建设部公布的智慧城市试点数量已达290个，累计开工建设的地下管廊项目超过1 600个，长度超过5 900公里。目前，我国数字孪生城市建设已渗透到城市治理的多个环节，包括城市的全要素表达、业务预警预测、场景仿真推演、态势感知智能决策等，数字孪生技术也已深入到各地区、各行业的城市建设、城市管理和城市治理流程，为智能交通、能源管理、文体旅游、应急安全、环境治理等城市治理的多个应用场景提供了有力支持。

 案例精选

上海杨浦大桥数字孪生项目

上海杨浦大桥，作为跨越黄浦江的交通主干道，自1993年通行以来始终发挥着促进经济社会发展和保障民生安全的重要枢纽作用。为进一步提升大桥的智能化管理水平，2022年1月，杨浦大桥数字孪生1.0版成功上线。通过"观、管、防"三大领域的立体融合管控，实现道路运输"一网统管"，加速为大桥打造"智慧大脑"。

（1）数字孪生的"观"。

全桥5万余个静态设施设备空间管理单元，覆盖桥梁主体及各类附属设备等，依托唯一编码融合设施设备全生命周期的各种属性信息、技术档案信息、管理信息及动态感知信息，实现对桥梁结构的设施静态孪生。

为掌握设施本身的数字体征，全桥布设了17类1 100多个结构安全数据感知点，实时监测风速、风向、温度、大地震动等环境数据；监测桥梁自身应力应变、结构温度、振动、索力、变形和位移等结构状态数据，年监测数据达2 TB以上。

全桥共设立五大类120多项结构安全指标，所有指标点均通过数字孪生编码自动匹配三维空间位置，通过神经元智能分析模块实时计算指标分值，通过阈值设定及红黄绿颜色管理实时反馈孪生桥梁当前的指标监测数值，并通过对边缘计算分析，实时提醒桥梁结构健康状态，实现依托神经元感知体系的结构动态孪生。

（2）数字孪生的"管"。

基于动静态数字孪生，依托"云路中心"线上数据共享，形成"感知自动发现、实时自动推送、快速协同处置"的闭环管理，实现管理由经验判断型向数据分析型转变，由被动处置型向主动发现型转变，进而从城市运行数字体征"防未然"，守住城市"生命线"，为百姓出行安全提供保障。

（3）数字孪生的"防"。

大桥数字孪生系统对定期技术状况评定、结构健康监测和路面平整度等全方位的基础数据进行整合，对大桥运行状态进行全生命周期高效能治理，实现数据驱动的全生命周期管养科学决策，确保设施始终处于良好的运行状态。

杨浦大桥数字孪生1.0上线以来，初步形成"物联成网""数联共享""智联融通"的大桥神经元感知体系，与"云路中心"共同组成了交通基础设施全景、实时、精准的数字底座。通过大桥数字孪生系统半年多的应用，杨浦大桥养护巡查病害处置率达到100%，大桥危化品车辆违禁基本消失，超限车辆通行次数已快速下降到每月10次以内，显著提升了重大交通基础设施道路运输监管的成效。

（资料来源：《"数字孪生"来了！杨浦大桥装上"智慧大脑"！》，
上海市杨浦区人民政府网，2022年2月24日）

（三）数字乡村

1. 数字乡村的概念

数字乡村是伴随网络化、信息化和数字化在农业农村经济社会发展中的应用，以及农民现代信息技能的提高而内生的农业农村现代化发展和转型进程，既是乡村振兴的战略方向，也是建设数字中国的重要内容。

2. 数字乡村的特征

（1）县域成为数字乡村建设主战场。

从政策导向来看，党中央国务院高度重视并大力支持县域经济发展。2022年5月，中共中央办公厅、国务院办公厅发布的《关于推进以县城为重要载体的城镇化建设的意见》明确提出，以县域为基本单位推进城乡融合发展，发挥县城连接城市、服务乡村作用，增强对乡村的辐射带动能力。

从行政架构来看，在党的组织结构和国家政权结构中，县上接省市，下管乡镇村，这种承上启下的位置使其成为连接上下级政府的桥梁和纽带。如果以县域为单位统筹推进数字乡村发展建设，就可以克服省或市因管辖范围广而可能出现的资源分配不到位等问题，也可以弥补乡镇人员、财政等资源的不足。

从具体实践来看，目前，各地的数字乡村建设已形成了省层面统筹协调资源、市县层面加强落地执行的格局。各地以国家级、省级数字乡村试点工作为抓手，结合自身实际，因地制宜地探索出了各具特色的数字乡村发展模式，为全面推进数字乡村建设提供了宝贵的经验。

（2）产业与治理成为数字乡村建设主领域。

当前，各市场主体积极利用数字技术，赋能乡村产业发展和乡村治理，推动构建乡村产业振兴的数字经济体系，建立起与城乡融合发展相适应的数字治理体系，加快数字乡村建设的步伐。

在2023年4月举办的第六届数字中国建设成果展览会中，数字乡村主题展汇集了各地区、各部门和有关企事业单位、社会组织选送的101件展品，涉及乡村数字基础设施、乡村产业数字化、乡村数字文化、乡村治理数字化、乡村数字惠民服务、乡村数字化人才等领域，其中乡村产业数字化和乡村治理数字化两个领域展品数量达到61件，占比高达六成，充分体现了数字技术在乡村产业发展和乡村治理两个领域中的深度应用。

（3）不同经济地带呈现差异化发展。

由于我国地域辽阔，不同区域之间的自然禀赋、经济基础差异较大，这就导致数字乡村建设在不同区域之间呈现出差异化的发展模式。

我国东部地区地势平坦、经济基础好，其乡村建设多以产业和资本驱动，注重数据的融通共享，显现出集群化效应；我国中部地区地形以山地、平原和丘陵为主，农民多为"亦工亦农"的兼业状态，其数字乡村建设更为注重乡村文化、产业特色的挖掘，积极探索新业态引领乡村发展的新路径；我国西部地区地形以高原、山地和盆地为主，经济基础较差，其数字乡村建设则以特色农业、公共服务为突破口，倾向于通过这两个领域的数字化发展带动数字乡村的整体发展。

案例精选

我国不同区域乡村的数字发展新模式

位于我国东部的浙江省德清县凭借其县域内 300 余项省级以上改革试点的集成优势，结合其地理信息、人工智能等数字产业发展的先行优势，深入推进数字乡村集成改革，探索建立了"1+1+N"的数字乡村整体架构，即"1 个数字乡村标准化规范+1 个多跨协同乡村一体化智能化平台+N 个涉农场景功能"，成功打造了"农村电商+数字农业园区+产业数据汇集"的数字产业融合发展新模式。

位于我国中部的江西省井冈山市探索了"1423"数字乡村建设路径，即编制"数字乡村一张图"，完善乡村新基建、数字产业、数字治理、信息服务"四大体系"，建立资源共享、可持续发展"两项机制"，坚持"精准化""智能化""数字化"发展方向，创新推出与互联网结合的"微警务"与"井冈山全域一张图"相结合的"红色治理工作法"，积极探索以"井冈好物"为代表的"直播+乡村振兴"产业发展模式。

位于我国西部的新疆吉木乃县依托高山草原，围绕饲料生产、养殖管理、生产管理、供应链金融、产业大数据等关键环节，形成冰川牛羊产业数据"一张图"，打造了一批高质量绿色有机农畜产品生产基地。西藏米林县则通过提供基于互联网的医疗健康服务，推进了医共体建设，有效整合了县、乡、村三级医疗卫生资源，基本实现了该县基层医疗机构与大医院服务"同质化"，有效解决了边境村民看病难的问题。

（资料来源：中国信息通信研究院，《数字乡村发展实践白皮书（2024）》，中国信息通信研究院，2024 年）

3．数字乡村的发展历程

我国数字乡村与数字农业的发展历程大体一致，具体可分为萌芽期、起步期、发展期、扩散期和提速期 5 个时期，如表 7-1 所示。

表 7-1　我国数字乡村的发展历程

发展阶段	发展时间	主要特征
萌芽期	1979—1990 年	计算机初步应用于我国农业科学的计算
起步期	1991—2000 年	政府部门重视农村信息化发展，建成了多个大型农业信息网络，农业信息化应用也得到了系统化推广

表 7-1（续）

发展阶段	发展时间	主要特征
发展期	2001—2010 年	政府加强指导农业农村信息服务建设，积极启动推进多项农村信息化工程项目，致力于完善信息化基础设施建设
扩散期	2011—2018 年	政府提出了乡村振兴战略，为乡村治理数字化转型打下了坚实的基础
提速期	2019 年至今	政府明确了数字乡村发展的目标，对数字乡村工作做出了全面的部署

当前，全国一体化政务服务平台在农村的支撑能力和服务效能不断提升，乡村数字化治理水平不断提高，乡村智慧应急管理能力明显增强。

（1）乡村电子政务服务覆盖范围持续扩大。中国信息通信研究院数据显示，截至 2023 年 4 月，我国已建设 355 个县级政务服务平台，国家电子政务外网县级行政区域已实现 100%全覆盖、乡镇也达到 96.1%的覆盖率，随着政务服务"一网通办"的加速推进，农民群众的满意度、获得感不断提升。

（2）乡村基层综合治理水平不断提高。近年来，随着基于互联网的基层社会治理行动的落实推进，各地纷纷加大投入，将互联网、5G、大数据等数字技术运用到治理领域，完善乡镇（街道）与部门政务信息系统数据资源共享交换机制，推进村（社区）数据资源建设，实行村（社区）数据综合采集，实现一次采集、多方利用，有效提高了数据驱动的公共服务和社会治理水平。

同时，为了切实保障农村群众的财产安全，政府部门加大了对农村地区电信网络诈骗和互联网金融诈骗等违法犯罪行为的打击力度。

（3）乡村智慧应急管理基础能力明显增强。近年来，我国农业重大自然灾害和动植物疫病防控能力建设不断加强，监测预警水平不断提升。例如，我国气象信息预警系统为农业生产提供了及时、准确的气象信息，有效降低了气象灾害对农业生产的影响。

此外，全国农作物重大病虫害数字化监测预警系统也在不断完善中。中国信息通信研究院数据显示，截至 2023 年 4 月，该系统已与 22 个省级平台、4 000 多台物联网设备实现对接，有效支持重大病虫害的及时发现和防治。

2022 年，中央一号文件《中共中央 国务院关于做好 2022 年全面推进乡村振兴重点工作的意见》正式发布，文件对农村应急广播建设等提出了新要求：统筹推进应急管理与乡村治理资源整合，加快推进农村应急广播主动发布终端建设，指导做好人员紧急转移避险工作。在我国的老少边及欠发达地区，县级应急广播体系建设工程的深入实施也取得了显著成效，有效提升了该地区对重大自然灾害突发事件的应急响应效率。

案例精选

河南新野县应急广播体系建设

河南新野县地处豫鄂两省交界，是唐河、白河的交汇处，境内 8 条河纵贯环绕，特别是每到夏季发生暴雨，就会造成水位的快速上涨，对群众生命财产安全造成严重威胁。

为提高应急处理能力、加强基层宣传，新野县积极推进应急广播体系建设：建设了 1 个县级总播控平台、15 个乡镇（街道）分区播控平台、16 个社区播控台、253 个行政村播控台、1 500 个终端广播点，形成县、乡、村三级统一协调、上下贯通、可管可控、综合覆盖的全县应急广播体系。

新野县应急广播投入使用后，每天早、中、晚各播出一次，开办有《农业百宝箱》《新野新闻》《气象早知道》等 12 个栏目，融新闻性、知识性、服务性、娱乐性为一体，并播出有讲文明树新风公益广告、防灾减灾应急常识等，助力应急能力、社会治理和乡风文明建设，助力乡村振兴和经济社会发展。

通过应急广播，新野县政府及时发布党务、政务、商务等惠民信息，常态化开展政策宣讲，定时播出气象信息、健康知识、病虫害防治、养殖种植等农村实用科技知识等，打造空中便民服务站。自建成投入运行以来，新野县应急广播已经在"三夏"生产、种植养殖等方面发挥了不可替代的作用，解决了"宣传服务群众最后一公里"问题，架起了党委政府和群众之间的"桥梁纽带"，成为基层党员干部工作的"好帮手"。

（资料来源：中国信息通信研究院，《数字乡村发展实践白皮书（2024）》，中国信息通信研究院，2024 年）

二、对数字技术治理

在对数字技术的治理方面，提升常态化监管水平已成为当前数字治理监管工作的核心。

2022 年 12 月，中央经济工作会议强调，要大力发展数字经济，提升常态化监管水平，支持平台企业在引领发展、创造就业、国际竞争中大显身手。

为响应中央经济工作会议的号召，国家市场监督管理总局提出，要切实提升常态化监管水平，在数字经济等重点领域加强市场竞争状况评估，强化预防性监管措施，尤其是要综合运用行政指导、行政约谈、行政处罚等手段，帮助企业提升合规管理水平。

2023 年以来，数字经济治理的相关制度规则进一步完善。《互联网信息服务深度合成管理规定》正式实施，为深度合成服务划定了清晰的界限，确立了不可逾越的"底线"和"红线"，并详细规定了各相关主体的信息安全义务。2023 年 2 月，国家互联网信息办公室发布《个人信息出境标准合同办法》，规定了个人信息出境标准合同的适用范围、订立条件和备案要求，明确了标准合同范本，为向境外提供个人信息提供了具体指引。2024年3月，国家互联网信息办公室发布《促进和规范数据跨境流动规定》，促使我国数据跨境流动管理制度进一步完善。

此外，为了适应数字时代的监管要求，我国已正式出台了一系列反垄断法配套规章，包括《禁止垄断协议规定》《禁止滥用市场支配地位行为规定》及《经营者集中审查规定》等。这些规章的发布，不仅进一步完善了反垄断法律制度，还极大地提升了对数字经济领域新型垄断行为规制的精准度，使得市场主体的合规边界更加清晰。

调研我国智慧政务的应用情况

📑 任务要求

调研我国智慧政务的应用情况，了解其应用场景、各应用场景的应用平台及平台的应用方式等具体情况。

📑 任务流程

（1）学生分组：全班学生以5~8人为一组进行分组，各组选出一名成员担任本组的组长。

（2）展开调研：每位同学结合智慧政务的应用场景（如大学生灵活就业、驾驶证审验和换证、异地就医结算等），通过在线搜集资料、查阅文献等方式调研其应用平台及平台的应用方式。

（3）调研总结：每位同学根据调研情况进行总结，并将表7-2填写完整。

表 7-2　我国智慧政务的应用情况

应用场景	应用平台	应用方式

（4）展开讨论：以小组为单位，讨论下列问题。

① 我国智慧政务的应用主要有哪些场景？

② 这些智慧政务的应用场景分别依托于哪些平台？

③ 基于各应用场景的应用平台是如何应用的？

任务评价

各组成员按照表 7-3 中的评价标准对每个成员的任务实施完成情况进行自评和互评，并请老师进行评价。

表 7-3　任务评价

评价标准	分 值	自 评	互 评	师 评
能按照任务流程完成任务实施活动	25 分			
能积极参与讨论	25 分			
能了解我国智慧政务的应用场景	25 分			
能了解我国智慧政务各应用场景的应用平台及其应用方式	25 分			
合计	100 分			
总分=自评（30%）+互评（30%）+师评（40%）				

任务二　了解数字化治理的问题及发展

任务导入

数字化治理，推进了国家治理体系和治理能力的现代化水平，给人民群众带来了诸多便利，但是数字化治理也面临着诸多问题和挑战。新征程上，我国将继续完善数字政府治理、数字城市治理、数字乡村治理，并加强对数字技术的治理，从而提高治理科学化、精细化、智能化水平，不断增强人民群众的获得感、幸福感、安全感。

一、数字化治理的问题

（一）用数字技术治理存在的问题

1. 数字政府治理面临的问题

尽管我国中央政府和各地方政府都在数字政府建设上投入了大量资源，积极推动政府数字化转型并取得了显著成效,但是,数字治理也给政府治理带来了诸多新的问题,主要包括以下几个方面。

(1)数字政府治理存在数字鸿沟的困境。

我国幅员辽阔,东部、中部、西部的不同省份之间,甚至是同一省份内部的不同区域之间的经济发展水平差距较大,而经济发展水平极大地影响了数字政府治理的水平。尽管中央政府对于数字政府治理的推进进行了统一的部署,但是由于经济发展水平的不均衡,各省份在数字政府治理过程中能够调配的人力、物力、财力等资源不同,导致经济发达地区的数字政府治理水平明显高于经济发展水平一般地区的数字政府治理水平,从而形成了明显的数字鸿沟现象。

> **提示**
>
> 在数字政府治理过程中,尽管政府部门积极采用智能化、数字化和平台化等各种方式来提供公共服务,但是由于人民群众的受教育程度、生活状况及数字使用能力等存在差异,他们所感受到的公共服务水平也存在显著差别,导致在不同社会群体之间也存在明显的数字鸿沟现象。

(2)传统治理模式难以与新兴治理工具融合。

传统的政府治理模式由于已经经历了长期的实践而形成了强大的路径依赖和稳固的行为惯性,尽管数字政府治理的工具不断地创新和涌现,但在实际治理过程中,政府仍然面临着如何更好地将治理模式与新兴治理工具融合的巨大挑战。

(3)多元主体参与缺位。

数字政府治理的核心内容之一是构建多元化的治理结构,协同政府部门、非政府组织、企业和社会公众等多元主体参与共同治理。当前,我国的数字政府治理仍以各级政府为主导和核心,未能全面发挥多元主体参与机制的效能。

同时,地方政府对多元主体参与机制的认知存在偏差,对其重要性和必要性未能给予足够重视,导致在各地方的数字治理工作中,多元主体的参与程度较低,非政府组织和企业等社会主体参与途径不明,社会公众信任不足。

(4)数字政府治理的专业化人才匮乏。

数字人才关系到数字政府治理进程的推进质量,而政府工作人员作为数字政府治理进程的主要推动者,其信息化知识水平和数字技术应用能力在一定程度上直接影响着数字政府治理的水平。当前,我国政府数字人才仍较为匮乏,这不仅限制了数字政府治理的深入推进,也在一定程度上制约了政府服务效率和社会公众满意度的提升。

(5)数字政府治理的法律法规不完善。

当前,我国数字政府治理的法律法规尚不完善,关于数据的所有权、使用权、采集权、收益权等方面的法律界定仍比较模糊,存在个人隐私泄露、数据的过度挖掘或滥用等风险。

2. 数字城市治理面临的问题

在我国数字城市治理的过程中，也暴露出了一些问题，主要涉及以下几个方面。

（1）缺乏统一的治理机制。

现阶段，我国还没有形成统一的数字城市治理机制，这导致不同城市之间的数字治理发展水平存在显著的差异，部分城市数字治理的工作比较粗放，不能灵活地运用数字技术提高城市治理的效率，影响了数字城市治理的效果。

（2）城市数据融合和治理联动不够。

数据是城市治理数字化发展的关键要素。当前，我国大多数城市的数据数字化程度仍较低，数据的规范化和标准化程度尚未达标，导致数据收集、处理的效率较低，数据碎片化、数据孤岛和数据割据等问题突出，这严重制约了城市数据的有效融合与城市治理联动，限制了城市治理能力的提升。

（3）城市治理参与主体过于单一。

"共治共管、共建共享"是数字城市建设的主题。当前，大部分城市的数字治理参与主体尚显单一，即仍是以政府治理为主，非政府组织、企业和社会公众并没有深入参与到数字城市治理的过程中。

（4）数字城市治理人才不足。

数字城市治理的过程中处理的数据量很大，分析内容繁多，需要大量专业的数字人才。当前，部分城市相应的数字人才缺口较大，严重影响了数字城市的发展。

3. 数字乡村治理面临的问题

从数字乡村治理的实践来看，我国数字乡村治理的发展仍存在严重的不足，具体包括以下几个方面。

（1）新型基础设施建设存在不同程度的滞后。

随着国家信息化建设的推进，我国乡村的数字基础设施已经有所完善，但与城市相比仍有较大差距。特别是当前我国乡村支持电子商务发展的相关配套基础设施依然比较落后，限制了乡村电子商务的发展，阻碍了基于互联网的新商业模式在乡村的发展和应用。

（2）乡村居民对数字治理的认知程度较低。

由于大多数村民受教育程度有限，缺乏对数字治理的认识和接受能力，更愿意相信自己多年来所积累的经验，对于参与数字治理的积极性不是很高，导致数字乡村治理缺乏广泛的群众基础，这直接限制了数字乡村治理的发展。

（3）乡村数字人才匮乏。

当前，乡村人才流失问题较为突出，乡村数字人才匮乏成为制约数字乡村治理的重要原因之一。无论是来自城市还是农村的人才，大部分学有所成后都更倾向于留在城市发展，乡村人才引流、回流困难，乡村数字人才更是凤毛麟角。

（4）数据整合共享存在障碍。

当前，数字乡村治理还处于内部整合阶段，大多数乡镇政府部门间尚未建设统一的官方平台或平台建设得尚不成熟，导致数据传输尚未形成多方向的传递和共享，极大地降低了数字乡村治理的效率。

（二）对数字技术治理存在的问题

1. 数字经济治理体系不完善

随着数字经济的快速发展和数字治理的不断深入，数字经济治理体系的重要性日益凸显。当前，我国的数字经济治理体系仍存在诸多不完善之处。这不仅制约了数字经济的健康发展，也影响了数字治理的效率和效果。

2. 数字基础设施不健全

在数字时代，数字基础设施作为数字治理的基石，其安全性、稳定性和可靠性对于保障数字治理的顺利进行至关重要。当前，我国的数字基础设施仍不健全，制约了数字治理的效能。

3. 缺乏数字化转型支撑的服务生态

数字化转型支撑的服务生态能够为各企业和组织提供其数字化转型过程中所需的技术、工具、知识和专业服务等全方位的支持。当前，我国市场中仍缺乏数字化转型支撑的服务生态，制约了我国数字化转型发展的进程。

4. 数据要素作用未充分发挥

在数字经济中，数据要素发挥着至关重要的作用。当前，我国数据要素的作用尚未充分发挥。如何释放数据要素的价值，充分发挥数据要素的作用，是接下来我国数字经济发展中需要重点研究和解决的问题。

5. 公共服务数字化水平较低

在数字时代，提高公共服务数字化水平能够有效促进社会效率的提升。当前，我国公共服务数字化水平仍较低，面临着多方面的挑战。应对这些挑战，需要全社会共同努力，推动公共服务数字化水平的不断提高。

6. 数字经济安全体系不完善

近年来，在我国数字经济迅猛发展的同时，我国的数字经济安全体系却面临着严峻的考验。构建一个坚固、可靠、值得信赖的数字经济安全体系，不仅有助于维护国家安全和社会稳定，也有助于提升人民群众在数字经济时代的获得感、幸福感和安全感，确保我国数字经济的繁荣与安全。

二、数字化治理的发展

（一）用数字技术治理的发展

1. 数字政府的发展

（1）解决当前数字政府治理面临的问题。

解决当前数字政府治理面临的问题，需要从多个维度入手。

首先，要着重弥合数字鸿沟，即加大信息基础设施投入，优化网络服务，确保数字资源的普及和均衡分配。其次，要积极推进传统治理模式与新兴治理工具的融合，利用数字化工具提高数字政府治理效率，实现数字政府治理模式的创新与升级。再次，要鼓励多元主体主动参与数字政府治理，通过开放平台、建立合作伙伴关系等方式，吸引社会各界力量共同参与，形成治理合力。同时，要着重培养数字政府治理的专业化人才，加强教育培训，提高政府从业人员的数字素养和技术能力。最后，要不断完善数字政府治理的法律法规体系，确保数字政府治理过程有法可依、有章可循。

我国数字治理的发展趋势

（2）数字政府一体化建设。

数字政府一体化建设是指政府要统筹全局，降低各部门、各层级之间的壁垒，适应时代发展的变化，以增进整体效益为目的，加强技术、数据、设施等资源的流通，协同政府、企业、民众等多方主体，共同实现政府治理能力与治理体系的现代化。当前，我国数字政府"一体化"建设已初显成效，未来数字政府一体化建设将迎来重要窗口期。

为进一步系统性地推进数字政府一体化的建设，中国信息通信研究院提出了"1122"的总体建设框架，即以体制机制为驱动，以履职场景为牵引，以政务数据、平台支撑为两大支撑，以运维运营、安全防护为两大保障。数字政府一体化建设框架如图 7-1 所示。

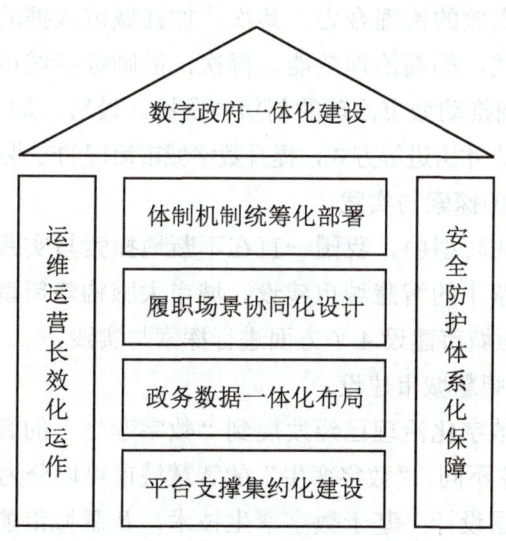

图 7-1　数字政府一体化建设框架

（资料来源：中国信息通信研究院）

数字政府一体化建设的"三大转变"

数字政府一体化建设的"三大转变"主要包括以下几个层面。

（1）机制层面：由各自为战转为规范统一。为打造具有一致性、稳定性的法治政府，应打破不同部门、不同层级政府原有的制度差异，适当统一其组织管理、业务流程、建设要求、标准规范、话语体系等。

（2）业务层面：由条块分割转为整体协同。为打造具备"高效办成一件事"能力的服务型政府，应注重全局统筹，坚持以人民为中心，减少行政壁垒和局部数据壁垒，促进行政资源在各层级政府、部门间的流通，强化政府、部门间的业务协同效能。

（3）技术层面：由被动响应转为主动求变。为打造改革"永远在路上"的现代化政府，应根据国家治理体系和治理能力现代化发展的要求，主动适应经济社会发展需求的变化，持续更新技术能力。

2. 数字城市的发展

（1）解决当前数字城市治理面临的问题。

解决当前数字城市治理面临的问题，应从以下几个方面入手。

首先，必须建立统一的数字城市治理机制，确保不同城市、不同层级、不同部门之间的协作与沟通，形成高效的治理合力。其次，加强城市数据的融合和治理联动，通过构建数据共享平台等方式，提高治理效能。再次，鼓励数字城市治理参与主体多元化，形成多元共治格局，共同推动城市治理的创新与发展。最后，加大城市数字治理人才的培养力度，通过教育培训、人才引进等方式，提升数字城市治理的专业化水平。

（2）数字城市治理的探索与实践。

在城市治理的数字化转型中，我国一直在不断地探索与实践。接下来，数字城市治理将主要围绕基于数字孪生的智慧城市建设、城市大脑构建新型智慧城市、区块链技术赋能城市治理和全光智慧城市建设4个方面进行探索与实践。

① 基于数字孪生的智慧城市建设。

当前，我国城市的数字化治理已经发展到"数字孪生"的智慧城市建设期，根据应用场景设计所面向的对象不同，"数字孪生"的智慧城市可以分为以下3种类型。

面向用户的应用场景设计。基于数字孪生技术，智慧城市能够构建社会公众用户数字孪生体，画像其需求，并对城市资源配置、服务供给进行仿真模拟，以检验其与用户服务需求之间的适配度，通过个性化定制、优化迭代、人机交互等为社会公众用户提供精品内容和优质服务。

面向管理者的应用场景设计。基于数字孪生、物联网、人工智能等技术，智慧城市可以分析、整合城市中的各模块、要素、资源及功能，赋能城市管理活动。通过城市物理空间在虚拟空间的关联映射及交互融合，建立城市物理实体在虚拟数字孪生体中共生融合的智慧管理模式。

面向服务的应用场景设计。基于数字孪生、物联网、人工智能等技术，城市物理空间及对象的动态数据能够被实时采集、自动评估，并据其诊断城市的运行和发展状况，形成大数据驱动决策、以城市用户需求为导向、自动供给的智慧城市服务。

② 城市大脑构建新型智慧城市。

当前，互联网正从网状结构向类脑模型演化，而城市大脑正是将互联网大脑架构与智慧城市建设相结合的产物，是城市级的"类脑复杂智能巨系统"。在数字孪生等前沿技术的支撑下，城市神经元网络和城市云反射弧将是城市大脑建设的重点，这将大大提高城市的运行效率。

③ 区块链技术赋能城市治理。

区块链所具有的去中心化、可追溯性、开放性、安全性等特性，使其与社会治理具有高度的适配性，为解决社会治理中的治理效率低下、数据孤岛等问题，提供了新的思路和方法。因此，区块链技术在政务服务、营商环境、公共安全、舆情治理及公益慈善等数字城市治理领域中的应用场景日趋丰富。

④ 全光智慧城市建设。

全光智慧城市是基于千兆光纤网络，融合了 5G、AI 等数字技术，构建的一个集立体感知、全域协同、精确判断和持续进化于一体的开放的智慧城市系统。全光智慧城市将凭借其强大的网络运力和算力，汇聚更多的数据，赋能智慧城市各领域智慧化场景，推动城市治理模式、产业模式、服务模式和发展理念的全面革新，提升数字城市治理能力现代化，释放出智慧城市的无限价值。

3. 数字乡村的发展

（1）解决当前数字城市治理面临的问题。

解决当前数字城市治理面临的问题，主要有以下几个途径。

首先，应建立并完善自治、法治、德治相结合的乡村治理体系，形成共建共治共享的乡村治理格局。其次，要进一步完善乡村新型基础设施建设，包括 5G 基站、大数据中心、工业物联网、人工智能等领域。再次，乡村政府应通过广泛宣传和正确引导来提高村民对数字乡村治理的认知。同时，各地政府应制定符合当地数字产业发展特色的专业人才引进政策，有计划、有目的地向乡村派遣相关数字人才，指导和管理乡村的数字技术建设，完善乡村数字人才的激励机制。最后，乡村政府应分阶段推进乡村公共数据信息开放，建立和完善农业大数据共享开放机制，打破数据孤岛的局面。

> **砥砺前行**
>
> 　　当前,我国数字化治理正处于快速发展的关键时期,亟需大批高素质数字人才助力政府、城市和乡村的数字化转型。大学生作为数字时代的青年力量,应紧跟数字时代的步伐,了解最新的数字技术和应用,积极加强自身的数字技能培养,注重将数字技能与专业知识相结合,提高自身的综合素养,为政府、城市和乡村的数字化转型贡献力量。

（2）数字乡村的发展方向。

2024年5月,中央网信办、农业农村部、国家发展和改革委员会、工业和信息化部联合发布《2024年数字乡村发展工作要点》,部署了9个方面28项重点任务,指明了我国数字乡村未来发展的方向,具体内容如下。

① 筑牢数字乡村发展底座,具体包括提升农村网络基础设施供给能力,加大农村基础设施改造升级力度,加快推进涉农数据资源集成共享。

② 以数字化守牢"两条底线",具体包括强化确保粮食安全数字化支撑,强化防止返贫监测和帮扶举措。

③ 大力推进智慧农业发展,具体包括加强农业科技创新与应用推广,提升农业全产业链数字化水平,以数字技术深化农业社会化服务。

④ 激发县域数字经济新活力,具体包括加快推进农村电商高质量发展,多措并举推动农文旅融合发展,释放涉农数据要素乘数效应,运用数字技术促进农民增收。

⑤ 推动乡村数字文化振兴,具体包括加快乡村文化文物资源数字化,丰富乡村公共文化服务数字供给。

⑥ 健全乡村数字治理体系,具体包括稳步推进农村"三务"信息化建设,提升农村社会治理数字化效能,增强农村智慧应急管理能力。

⑦ 深化乡村数字普惠服务,具体包括着力提升乡村教育数字化水平,持续推进乡村数字健康发展,增强农村数字普惠金融服务实效,加强农村特殊人群信息服务保障。

⑧ 加快建设智慧美丽乡村,具体包括加强农村人居环境整治数字化应用,提升农村生态环境保护监管效能。

⑨ 统筹推进数字乡村建设,具体包括加强跨部门跨层级协调联动,健全多元化投入保障机制,培养壮大乡村数字人才队伍,推进重点领域标准化建设,讲好新时代数字乡村故事。

（二）对数字技术治理的发展

1. 健全完善数字经济治理体系

（1）强化协同治理和监管机制。

规范数字经济发展,坚持发展和监管两手抓。探索建立与数字经济持续健康发展相适应的治理方式，制定更加灵活有效的政策措施，创新协同治理模式。明晰主管部门、监管机构职责，强化跨部门、跨层级、跨区域协同监管，明确监管范围和统一规则，加强分工合作与协调配合。

加快建立全方位、多层次、立体化监管体系，实现事前事中事后全链条全领域监管，完善协同会商机制，有效打击数字经济领域违法犯罪行为。加强跨部门、跨区域分工协作，推动监管数据采集和共享利用，提升监管的开放、透明、法治水平。探索开展跨场景跨业务跨部门联合监管试点，创新基于新技术手段的监管模式，建立健全触发式监管机制。

（2）增强政府数字化治理能力。

加大政务信息化建设统筹力度，强化政府数字化治理和服务能力建设，有效发挥对规范市场、鼓励创新、保护消费者权益的支撑作用。建立完善基于大数据、人工智能、区块链等新技术的统计监测和决策分析体系，提升数字经济治理的精准性、协调性和有效性。推进完善风险应急响应处置流程和机制，强化重大问题研判和风险预警，提升系统性风险防范水平。探索建立适应平台经济特点的监管机制，推动线上线下监管有效衔接，强化对平台经营者及其行为的监管。

（3）完善多元共治新格局。

建立完善政府、平台、企业、行业组织和社会公众多元参与、有效协同的数字经济治理新格局，形成治理合力，鼓励良性竞争，维护公平有效市场。多元协同治理能力提升工程如表7-4所示。

表7-4　多元协同治理能力提升工程

任　务	具体内容
强化平台治理	科学界定平台责任与义务，引导平台经营者加强内部管理和安全保障，强化平台在数据安全和隐私保护、商品质量保障、食品安全保障、劳动保护等方面的责任，研究制订相关措施，有效防范潜在的技术、经济和社会安全风险
引导行业自律	积极支持和引导行业协会等社会组织参与数字经济治理，鼓励出台行业标准规范、自律公约，并依法依规参与纠纷处理，规范行业企业经营行为
保护市场主体权益	保护数字经济领域各类市场主体尤其是中小微企业和平台从业人员的合法权益、发展机会和创新活力，规范网络广告、价格标示、宣传促销等行为
完善社会参与机制	拓宽消费者和群众参与渠道，完善社会举报监督机制，推动主管部门、平台经营者等及时回应社会关切，合理引导预期

2．优化升级数字基础设施

（1）加快建设信息网络基础设施。

建设高速泛在、天地一体、云网融合、智能敏捷、绿色低碳、安全可控的智能化综合性数字信息基础设施。有序推进骨干网扩容，协同推进千兆光纤网络和5G网络基础设施建设，推动5G商用部署和规模应用，前瞻布局第六代移动通信技术（6G）储备，加大 6G 研发支持力度，积极参与推动 6G 国际标准化工作。积极稳妥推进空间信息基础设施演进升级，加快布局卫星通信网络等，推动卫星互联网建设。提高物联网在工业制造、农业生产、公共服务、应急管理等领域的覆盖水平，增强固移融合、宽窄结合的物联接入能力。

(2) 推进云网协同和算网融合发展。

加快构建算力、算法、数据、应用资源协同的全国一体化大数据中心体系。加快实施"东数西算"工程，推进云网协同发展，提升数据中心跨网络、跨地域数据交互能力，加强面向特定场景的边缘计算能力，强化算力统筹和智能调度。推动智能计算中心有序发展，打造智能算力、通用算法和开发平台一体化的新型智能基础设施，面向政务服务、智慧城市、智能制造、自动驾驶、语言智能等重点新兴领域，提供体系化的人工智能服务。

(3) 有序推进基础设施智能升级。

稳步构建智能高效的融合基础设施，提升基础设施网络化、智能化、服务化、协同化水平。高效布局人工智能基础设施，提升支撑"智能+"发展的行业赋能能力。在基础设施智能升级过程中，充分满足老年人等群体的特殊需求，打造智慧共享、和睦共治的新型数字生活。

3. 培育数字化转型支撑的服务生态

建立市场化服务与公共服务双轮驱动，技术、资本、人才、数据等多要素支撑的数字化转型服务生态，解决企业"不会转""不能转""不敢转"的难题，数字化转型支撑服务生态培育工程主要包括以下几个方面。

(1) 培育发展数字化解决方案供应商。

面向中小微企业特点和需求，培育若干专业型数字化解决方案供应商，引导开发轻量化、易维护、低成本、一站式解决方案。培育若干服务能力强、集成水平高、具有国际竞争力的综合型数字化解决方案供应商。

(2) 建设一批数字化转型促进中心。

依托产业集群、园区、示范基地等建立公共数字化转型促进中心，开展数字化服务资源条件衔接集聚、优质解决方案展示推广、人才招聘及培养、测试试验、产业交流等公共服务。依托企业、产业联盟等建立开放型、专业化数字化转型促进中心，面向产业链上下游企业和行业内中小微企业提供供需撮合、转型咨询、定制化系统解决方案开发等市场化服务。制定完善数字化转型促进中心遴选、评估、考核等标准、程序和机制。

(3) 创新转型支撑服务供给机制。

鼓励各地因地制宜，探索建设数字化转型产品、服务、解决方案供给资源池，搭建转型供需对接平台，开展数字化转型服务券等创新，支持企业加快数字化转型。深入实施数字化转型伙伴行动计划，加快建立高校、龙头企业、产业联盟、行业协会等市场主体资源共享、分工协作的良性机制。

4. 充分发挥数据要素作用

（1）强化高质量数据要素供给。

支持市场主体依法合规开展数据采集，聚焦数据的标注、清洗、脱敏、脱密、聚合、分析等环节，提升数据资源处理能力，培育壮大数据服务产业。推动数据资源标准体系建设，提升数据管理水平和数据质量，探索面向业务应用的共享、交换、协作和开放。加快推动各领域通信协议兼容统一，打破技术和协议壁垒，努力实现互通互操作，形成完整贯通的数据链。推动数据分类分级管理，强化数据安全风险评估、监测预警和应急处置。深化政务数据跨层级、跨地域、跨部门有序共享。建立健全国家公共数据资源体系，统筹公共数据资源开发利用，推动基础公共数据安全有序开放，构建统一的国家公共数据开放平台和开发利用端口，提升公共数据开放水平，释放数据红利。

（2）加快数据要素市场化流通。

加快构建数据要素市场规则，培育市场主体、完善治理体系，促进数据要素市场流通。鼓励市场主体探索数据资产定价机制，推动形成数据资产目录，逐步完善数据定价体系。规范数据交易管理，培育规范的数据交易平台和市场主体，建立健全数据资产评估、登记结算、交易撮合、争议仲裁等市场运营体系，提升数据交易效率。严厉打击数据黑市交易，营造安全有序的市场环境。

（3）创新数据要素开发利用机制。

适应不同类型数据特点，以实际应用需求为导向，探索建立多样化的数据开发利用机制。鼓励市场力量挖掘商业数据价值，推动数据价值产品化、服务化，大力发展专业化、个性化数据服务，促进数据、技术、场景深度融合，满足各领域数据需求。结合新型智慧城市建设，加快城市数据融合及产业生态培育，提升城市数据运营和开发利用水平。

5. 持续提升公共服务数字化水平

（1）提高电子政务服务效能。

全面提升全国一体化政务服务平台功能，加快推进政务服务标准化、规范化、便利化，持续提升政务服务数字化、智能化水平，实现利企便民高频服务事项"一网通办"。建立健全政务数据共享协调机制，促进政务数据共享、流程优化和业务协同。推动政务服务线上线下整体联动、全流程在线、向基层深度拓展，提升服务便利化、共享化水平。开展政务数据与业务、服务深度融合创新，增强基于大数据的事项办理需求预测能力，打造主动式、多层次创新服务场景。聚焦公共卫生、社会安全、应急管理等领域，深化数字技术应用，实现重大突发公共事件的快速响应和联动处置。

（2）提升社会服务数字化普惠水平。

加快推动文化教育、医疗健康、会展旅游、体育健身等领域公共服务资源数字化供给和网络化服务，促进优质资源共享复用。加强信息无障碍建设，提升面向特殊群体的数字化社会服务能力。促进社会服务和数字平台深度融合，探索多领域跨界合作，推动医养结合、文教结合、体医结合、文旅融合。

(3) 推动数字城乡融合发展。

统筹推动新型智慧城市和数字乡村建设，协同优化城乡公共服务。加快城市智能设施向乡村延伸覆盖，完善农村地区信息化服务供给，推进城乡要素双向自由流动，合理配置公共资源，形成以城带乡、共建共享的数字城乡融合发展格局。

(4) 打造智慧共享的新型数字生活。

加快既有住宅和社区设施数字化改造，鼓励新建小区同步规划建设智能系统，打造智能楼宇、智能停车场、智能充电桩、智能垃圾箱等公共设施。引导智能家居产品互联互通，促进家居产品与家居环境智能互动，丰富"一键控制""一声响应"的数字家庭生活应用。鼓励建设智慧社区和智慧服务生活圈，推动公共服务资源整合，提升专业化、市场化服务水平。支持实体消费场所建设数字化消费新场景，推广智慧导览、智能导流、虚实交互体验、非接触式服务等应用，提升场景消费体验。

6．着力强化数字经济安全体系

(1) 增强网络安全防护能力。

加强网络安全基础设施建设，强化跨领域网络安全信息共享和工作协同，健全完善网络安全应急事件预警通报机制，提升网络安全态势感知、威胁发现、应急指挥、协同处置和攻击溯源能力。

(2) 提升数据安全保障水平。

建立健全数据安全治理体系，研究完善行业数据安全管理政策。依法依规加强政务数据安全保护，做好政务数据开放和社会化利用的安全管理。依法依规做好网络安全审查、云计算服务安全评估等，有效防范国家安全风险。健全完善数据跨境流动安全管理相关制度规范。推动提升重要设施设备的安全可靠水平，增强重点行业数据安全保障能力。进一步强化个人信息保护，规范身份信息、隐私信息、生物特征信息的采集、传输和使用，加强对收集使用个人信息的安全监管能力。

(3) 切实有效防范各类风险。

强化数字经济安全风险综合研判，防范各类风险叠加可能引发的经济风险、技术风险和社会稳定问题。

调研某乡村数字治理的现状

任务要求

调研某乡村数字治理的现状，了解当前数字乡村治理面临的问题及应采取的解决对策。

任务流程

(1) 学生分组：全班学生以 5～8 人为一组进行分组，各组选出一名成员担任本组的组长。

(2) 调研选择：各组搜集相关资料，选择某一乡村作为调研对象。

(3) 展开调研：每位同学通过在线搜集资料、实地考察、访谈、查阅文献等方式调研本组所选乡村的数字治理的现状。

(4) 调研总结：每位同学根据调研情况进行总结，并将表 7-5 填写完整。

表 7-5 某乡村数字治理的现状

调研对象	
面临的问题	
解决对策	

(5) 展开讨论：以小组为单位，讨论下列问题。

① 本组所调研乡村在数字治理过程中所面临的问题有哪些？

② 本组所调研乡村针对数字治理过程中所存在的问题，应当采取哪些解决对策？

任务评价

各组成员按照表 7-6 中的评价标准对每个成员的任务实施完成情况进行自评和互评，并请老师进行评价。

表 7-6 任务评价

评价标准	分 值	自 评	互 评	师 评
能按照任务流程完成任务实施活动	25 分			
能积极参与讨论	25 分			
能了解数字乡村治理面临的问题	25 分			
能了解针对数字乡村治理过程中存在的问题应采取的解决对策	25 分			
合计	100 分			
总分=自评（30%）+互评（30%）+师评（40%）				

项目实训

调研某省(市)数字治理的现状及发展趋势

用数字技术治理包括数字政府、数字城市和数字乡村的建设,请你选择某省(市)作为调研对象,分析其数字治理的现状及发展趋势,具体要求如下。

(1)搜集相关资料,选择某省(市)作为调研对象。

(2)展开调研,通过在线搜集资料、实地考察、查阅文献等方式调研所选省(市)数字治理的现状及发展趋势。

(3)分析所选省(市)数字治理的现状及发展趋势,并将表7-7填写完整。

表7-7 某省(市)数字治理的现状及发展趋势

调研对象	
现　状	
发展趋势	

(4)撰写调研报告,详细阐述所选省(市)数字治理的现状(如当前采取的政策、方式及取得的成效,所面临的问题及应采取的解决方案等),并结合调研现状分析预测该地区数字治理未来的发展趋势,以促进该地区数字治理的进一步发展和优化。

项目考核

（1）如何理解数字政府、数字城市和数字乡村的概念和特征？它们之间有什么区别和联系？

（2）当前我国数字政府治理面临着什么问题？社会公众如何参与到数字政府治理的过程中？

（3）当前我国数字城市治理面临着什么问题？如何进一步调动多元主体参与城市治理的积极性？

（4）当前我国数字乡村治理面临着什么问题？如何加快弥合城乡数字治理所产生的数字鸿沟？

（5）当前我国对数字技术治理面临着什么问题？我国对数字技术治理未来的发展趋势是什么？

参考文献

[1] 中国信息通信研究院. 中国数字经济发展研究报告（2023年）[R]. 北京：中国信息通信研究院，2023.

[2] 中国信息通信研究院. 数据要素白皮书（2023年）[R]. 北京：中国信息通信研究院，2023.

[3] 陈春花. 组织的数字化转型[M]. 北京：机械工业出版社，2023.

[4] 李刚，周鸣乐，李敏. 数字经济概论[M]. 北京：清华大学出版社，2023.

[5] 翟云. 走进数字政府[M]. 北京：国家行政学院出版社，2022.

[6] 姚建明. 企业数字化转型[M]. 北京：清华大学出版社，2022.

[7] 张平文，邱泽奇. 数据要素五论：信息、权属、价值、安全、交易[M]. 北京：北京大学出版社，2022.

[8] 孙毅. 数字经济学[M]. 北京：机械工业出版社，2021.